Roßnagel
Freiheit im Griff

EDITION UNIVERSITAS

Herausgegeben von Christian Rotta und Ingrid Jung

S. HIRZEL
Wissenschaftliche Verlagsgesellschaft Stuttgart

EDITION UNIVERSITAS

Freiheit im Griff

Informationsgesellschaft und Grundgesetz

Herausgegeben von
Prof. Dr. **Alexander Roßnagel**,
Darmstadt

S. HIRZEL
Wissenschaftliche Verlagsgesellschaft Stuttgart 1989

CIP-Titelaufnahme der Deutschen Bibliothek

Freiheit im Griff: Informationsgesellschaft und Grundgesetz / hrsg. von Alexander Roßnagel. – Stuttgart: Hirzel; Stuttgart: Wiss. Verl.-Ges., 1989
(Edition UNIVERSITAS)
ISBN 3-8047-1021-2
NE: Roßnagel, Alexander [Hrsg.]

Printed in the Federal Republic of Germany
Satz und Druck: Weberdruck, Pforzheim
Umschlaggestaltung: Hans Hug, Stuttgart

Inhalt

Einführung

Technische Entwicklung und grundgesetzliche Ordnung

Alternativen und Gestaltungsmöglichkeiten

Einführung

Technik und Recht – wer beeinflußt wen?

Alexander Roßnagel, Darmstadt

Wenn Wirklichkeit und Rechtsordnung sich widersprechen, gibt es grundsätzlich zwei Möglichkeiten: entweder die Wirklichkeit wird dem Recht oder das Recht wird der Wirklichkeit angepaßt. Welche normative Kraft rechtlichen Regelungen zukommt, hängt ab von den Bedingungen ihrer Verwirklichung. Diese werden sehr stark von der Entwicklung der Technik beeinflußt. Wenn die Rechtsordnung nicht die Technik steuert, kann es sehr leicht sein, daß die Technik die Entwicklung der Rechtsordnung bestimmt.

Unterstellt, unsere Energieversorgung sei zu einem künftigen Zeitpunkt einmal tatsächlich von Atomenergie abhängig und es zeigte sich, daß der Sicherungszwang der Atomenergie gegen ihren Mißbrauch eine umfassende Überwachung nicht nur der Beschäftigten, sondern auch potentieller „Risikogruppen" notwendig machte: Würde dann auf Energie und Wohlstand verzichtet, um die Atomnutzung einschränken zu können, oder würden eher bestimmte Freiheitsrechte restriktiv interpretiert?

Oder angenommen, die Bundesrepublik wäre für 300 Mrd. DM mit Glasfaser verkabelt und es stellte sich heraus, daß der Datenschutz in den meisten Telekommunikationsformen nicht im geforderten Maß gewährleistet werden könnte: Würde dann der Informationsaustausch in dem einzigen Kommunikationsnetz untersagt oder würden eher die Vorstellungen von

Prof. Dr. **Alexander Roßnagel**, geb. 1950, Professor an der Fachhochschule Darmstadt. Studium in Mannheim, Heidelberg und Gießen. Promotion 1981. Rechtsanwalt von 1978 bis 1984, von 1980 bis 1983 wiss. Mitarbeiter in dem am Forschungsprojekt der Vereinigung Deutscher Wissenschaftler (VDW) „Die Sozialverträglichkeit von Energiesystemen". Seit 1984 in Darmstadt. Von 1986 bis 1988 Leiter eines Forschungsprojekts zur Verfassungsverträglichkeit und Verletzlichkeit der Informations- und Kommunikationstechnik, wiss. Leiter der „Projektgruppe verfassungsverträgliche Technikgestaltung (provet)", Darmstadt. Veröffentlichungen u. a.: Bedroht die Kernenergie unsere Freiheit?, 2. Auflage, München 1983; Radioaktiver Zerfall der Grundrechte? München 1984; Recht und Technik im Spannungsfeld der Kernenergiekontroverse, Opladen 1984 (als Hrsg.); Rechtsprobleme der Wiederaufarbeitung, Baden-Baden 1987 (als Hrsg.); Die unfriedliche Nutzung der Kernenergie, Hamburg 1987; Die Verletzlichkeit der „Informationsgesellschaft" (zus. mit P. Wedde/V. Hammer/U. Pordesch), Opladen 1989.

Prof. Dr. Alexander Roßnagel, Häusserstraße 33, 6900 Heidelberg 1

Datenschutz leicht modifiziert? Oder unterstellt, die pharmazeutische Versorgung wäre weitgehend von gentechnischen Methoden abhängig und es zeigte sich, daß dadurch ein nicht unerhebliches Risiko erzeugt würde, gefährliche Krankheitserreger freizusetzen: Würde dann auf die gentechnische Produktion lebenswichtiger Arzneimittel verzichtet oder würde eher versucht werden, trotz negativer Auswirkungen für Freiheitsrechte die gentechnische Produktion umfassend zu sichern?

Anpassungszwänge der Technik

Die drei Beispiele zeigen zweierlei: Erstens kann die Entwicklung und Anwendung von Techniksystemen einen Anpassungsdruck erzeugen, dem die Rechtsordnung nachgeben muß. Zweitens gibt es keine Garantie dafür, daß sich die Rechtsordnung dabei zu ihrem und unserem Vorteil verändert.

Vor diesem Hintergrund ist es ein Gebot des Verfassungsschutzes, solche Anpassungszwänge rechtzeitig abzuschätzen, zu bewerten und bei den Entscheidungen über die Gestaltung von Techniksystemen zu berücksichtigen. Solche Zwänge sind um so eher zu befürchten, je stärker die Gesellschaft eine Technik nutzt und sich von ihr abhängig macht. Neben Atomtechnik, Chemie oder Gentechnik könnten insbesondere von den künftigen Informations- und Kommunikationstechniken positive und negative Auswirkungen auf Grundrechte und Verfassungsprinzipien wie Rechtsstaat, Sozialstaat und Demokratie ausgehen. Die Informationstechnik ist eine Universaltechnik, die in allen gesellschaftlichen Bereichen Anwendung finden wird. Die Digitalisierung der Nachrichtentechnik ermöglicht den Aufbau von Netzen, der die universelle Informationstechnik auch überall verfügbar macht. In dem Maß, wie die Informations- und Kommunikationstechniken gesellschaftliche Lebensbereiche durchdringen, prägen ihre Funktionsgesetzlichkeiten und ihre Anwendungsfolgen die Gesellschaft. Sie ersetzen oder unterstützen technisch das, was die Gesellschaft konstituiert und zusammenhält, nämlich die Verarbeitung und den Austausch von Informationen. Sie werden zu den Nervenzentren und Nervenbahnen der Gesellschaft.

Sie verändern die Bedingungen, Grundrechte und andere Verfassungsgrundsätze zu verwirklichen. Ihre Nutzung kann diese Bedingungen verbessern, aber auch verschlechtern. So ist es beispielsweise für die Verwirklichung der Informationsfreiheit von großer Bedeutung, ob die Informationsinfrastruktur durch kostenlose öffentliche Bibliotheken oder durch teure private Datenbanken geprägt wird.[1] Für die Persönlichkeitsrechte von Beschäftigten kann die Differenz sehr entscheidend sein, ob die Personalverwaltung mit Hilfe computergestützter Personalinformationssysteme geführt wird oder auf die üblichen Personalakten zurückgreift.[2] Die Freiheit, sich zu versammeln oder zu vereinigen, wird unterschiedlich verwirklicht, je nachdem, ob die Organe der inneren Sicherheit solche Aktivitäten in Computersystemen erfassen oder nicht.[3] Die Bedeutung von Freiheitsrechten ändert sich wesentlich, je nachdem, ob sie mit dem Sicherungszwang konfrontiert werden, der von Informations- und Kommunikationssystemen mit großen Schadenspotentialen ausgeht[4], oder ob die gesellschaftliche Abhängigkeit von solchen Techniksystemen reduziert wird.[5]

Auf eine veränderte Wirklichkeit reagiert das Verfassungsrecht, indem es entweder versucht, die Wirklichkeit zu verändern oder indem es sich ihr anpaßt. Denn die Geltung der Verfassungsordnung hängt weitgehend davon ab, ob es gelingt, die Diskrepanz zwischen Verfassungsrecht und Wirklichkeit zu reduzieren. Je umfassender das Grundgesetz gesellschaftliche Prozesse in ihren relevanten Aspekten erfaßt, desto eher ist bei gesellschaftlichem Wandel ein Auseinanderfallen zwischen Verfassungsrecht und gesellschaftlicher Wirklichkeit zu erwarten, desto stärker gerät die Verfassung unter Anpassungsdruck. Entweder wird – seltener – der Text der Verfassung verändert oder – meist – durch Bedeutungsänderung des Textes ein Verfassungswandel herbeigeführt [6]. Wer über technische Veränderungen entscheidet, betreibt in der Konsequenz also auch Rechtspolitik.[7]

Ein Wandel der Verfassung wird immer stattfinden. Deshalb ist er aber weder wertmäßig indifferent noch unbeeinflußbar. Vielmehr sollte verfassungspolitisch zwischen „gutem“ und „schlechtem“ Verfassungswandel unterschieden werden. Es ist daher eine Aufgabe des Rechtssystems, die Folgen abzuschätzen, zu bewerten und zu steuern. Wenn ihm eine bewahrende, schützende und entfaltende Funktion für die tragenden Grundprinzipien der Rechtsordnung zukommt, muß es auch reflexiv und prognostisch die Auswirkungen der technischen Veränderungen zu seinem Thema machen und diese nach eigenen Kriterien zu beeinflussen suchen.[8]

Defizite in der Bewältigung von Technikfolgen

Rechtswissenschaft und Rechtspraxis sind in dieser Hinsicht allerdings fast nur durch Defizite gekennzeichnet.[9] Daher sind sie auch kaum in der Lage, die Technik nach eigenen Zielsetzungen zu steuern. Vielmehr beeinflußen heute die Technik und die durch sie verstärkten Interessen die Rechtsentwicklung – und damit auch die Interessen, die auf den Schutz durch Recht angewiesen sind.

Schon das Problem wird kaum erkannt. Die Aufgabe des Rechts wird überwiegend darin gesehen, die Technikentwicklung von sozialen Hindernissen zu befreien. Es wird auf die sozial segensreiche Wirkung ihrer Entwicklungsdynamik vertraut und versucht, negative Folgen nachträglich einzugrenzen oder zu kompensieren. Auch dort, wo technische Vorhaben einer Kontrollerlaubnis unterzogen werden, besteht deren wichtigste Wirkung in dem Bestandsschutz der Technik und der Duldungspflicht der von ihren Auswirkungen Betroffenen. Die Notwendigkeit präventiven Grundrechtsschutzes wird geleugnet.[10] Es wird darauf vertraut, daß selbst dann, wenn die zur rechtlichen Anerkennung drängenden Fakten bereits geschaffen sind, es immer noch „geeignete und rechtsstaatliche Mittel geben kann, den befürchteten Gefährdungen der freiheitlichen Lebensordnung“ zu begegnen.[11] Es *fehlt* also meist schon das *Problembewußtsein.*

Selbst dort, wo der Glaube in die ausschließlich segensreiche Wirkung technischer Entwicklungen entfallen ist, wird nichts getan, um mögliche negative Folgen für Grundrechte und Verfassungsprinzipien zu begrenzen – nicht weil entsprechende Befürchtungen widerlegt wären, sondern weil sie nicht zu beweisen sind. „Erst die Zukunft wird erweisen, ob die Entscheidung für die Anwendung der (Brüter-)Technik mehr zum Nutzen oder zum Schaden gereichen wird.“ [12] Sind Freiheit und Demokratie tatsächlich taugliche Gegenstände für solche Experimente? Dürfen wir sie auch dann einem Test unterziehen, wenn ein negatives Testergebnis zu ihrer Deformierung führt? Besitzen wir dann noch die Strukturen und Mittel, sozialunverträgliche Technikentwicklungen im nachhinein korrigieren zu können? Das notwendige Wissen über künftige Technikfolgen ist bisher allerdings nicht ausreichend verfügbar. Selbst bescheidenste Ansätze zur Institutionalisierung von Technikfolgenabschätzung [13] werden aus politischen Gründen verhindert. Es *fehlt* also das erforderliche *Wissen* um künftige Entwicklungsmöglichkeiten.

Doch selbst wenn in ausreichendem Maß bekannt wäre, welche Folgen der Einsatz bestimmter Techniken hätte, müßten Kriterien zur Verfügung stehen, um deren Sozialverträglichkeit bewerten zu können. An sozialwissenschaftlichen Bewertungskriterien technischer Entwicklungen wird gearbeitet.[14] Allgemein anerkannte Kriterienkataloge existieren jedoch noch nicht. Auch die gegenüber sozialwissenschaftlichen Kriterien relativ klaren Bewertungsmaßstäbe rechtlicher Regeln können nicht einfach auf künftig mögliche Technikfolgen angewendet werden. Denn für erst künftig zu erwartende Auswirkungen ist das gegenwärtige Recht kein gültiger Maßstab. Wenn der Anpassungsdruck in der Lage sein kann, das Recht zu wandeln, verändert er damit den Bewertungsmaßstab. Eine künftige Wirklichkeit, die stark genug ist, die Rechtsordnung zu ändern, wäre immer rechtmäßig. Es *fehlen* also weitgehend geeignete *Bewertungsmaßstäbe.*

Problembewußtsein, ausreichende Zukunftsabschätzungen und geeignete Wertmaßstäbe helfen jedoch nur dann, wenn auch Entscheidungsmöglichkeiten bestehen. Die Freiheit zu entscheiden, setzt Handlungsalternativen voraus. Fehlen diese, können nur Sachzwänge vollzogen und deren negativen Folgen beklagt werden. Ob wir tatsächlich die Bedingungen für die beste aller Zukünfte setzen, können wir erst wissen, wenn wie auch die möglichen Alternativen kennen. Heute werden Entscheidungen in der Technologiepolitik jedoch nicht durch das öffentliche Aufzeigen von Alternativen vorbereitet. Vielmehr wird der Öffentlichkeit immer nur eine Möglichkeit als der einzig sachlich richtige Weg präsentiert. Nur wenn es der Öffentlichkeit – wie in der Energiediskussion – gelingt, auch alternative Entwicklungsmöglichkeiten zu den bürokratischen Planungen aufzuzeigen, gewinnt sie Entscheidungskompetenz. So war es beispielsweise ein enormer Fortschritt für die politische Diskussion, daß die Enquete-Kommission „Zukünftige Kernenergie-Politik" in Form von vier „Pfaden" zeigen konnte, daß sowohl Zukünfte mit als auch ohne Kernenergie gleichermaßen technisch und wirtschaftlich möglich sind, und daß es nur eine politische Entscheidung ist, welche der „Pfade" die Bundesrepublik beschreiten will.[15] Im Gegensatz dazu bestehen für die Informations- und Kommunikationstechnik bisher erst wenige Vorstellungen,[16] welche anderen Entwicklungen als die Konzernstrategien möglich sind. Es *fehlt an Alternativen.*

Sollen negative Einflüsse der Technik auf wichtige Verfassungsprinzipien vermieden und positive verstärkt werden, muß die Wahl zwischen sozio-technischen Alternativen politisch kontrolliert und gesteuert werden. Hierfür bedarf es geeigneter Instrumente. Für die *Gestaltung der Technik* legen Gesetze und Rechtsverordnungen bisher die Anforderungen in der Regel nicht selbst fest, sondern umschreiben den geforderten Standard mit generalklauselartigen Formulierungen („allgemein anerkannte Regeln der Technik" oder „Stand der Technik"). Diese rechtlichen Zielvorgaben werden in der Praxis durch die Regelwerke von Normungsverbänden ausgefüllt. Private Vereine von Technikern vollenden, was der Gesetzgeber offenläßt.

Aus Regeln der Technik werden in der Rechtspraxis so Regeln des Rechts. Da nicht die Gesetze, sondern die Regeln der Technik die praktisch-relevanten Steuerungskonzepte enthalten, entscheiden letztlich sie über die geforderte technische Gestaltung und das zulässige technische Risiko. In diesem Regelungsmodell steuert sich die Technik nach ihren eigenen Kriterien selbst.[17] Soziale Folgen wie auch die Rückwirkungen technischer Systeme auf das Recht werden dadurch im Rechtsdiskurs systematisch ausgeblendet.[18] Viele für die *Anwendung der Technik* bestehende Regelungsmechanismen wie zum Beispiel des Arbeits- und Sozialrechts, des Datenschutzrechts, der betrieblichen Mitbestimmung oder des Verbraucherschutzrechts werden durch die informationstechnische Vernetzung ausgehöhlt und unterlaufen, weil sie nicht für die neuen Möglichkeiten und Strukturen geschaffen sind. Konzepte, diese den neuen Anforderungen anzupassen, fehlen bisher.[19] Schließlich werden die wenigen rechtlichen und politischen Einflußmöglichkeiten auf die Entwicklung der Informations- und Kommunikationstechnik sogar aufgegeben. So soll die geplante Postreform jeden politischen Einluß auf die technische Entwicklung ausschließen und durch eine Unternehmensstruktur der Post, durch Privatisierung und Konkurrenz das volle Entwicklungspotential der Kommunikationstechnik ungehindert entfalten.[20] Es *fehlen* also auch geeignete *Steuerungsinstrumente.*

Während die Herstellerindustrie, große Technikanwender und die Deutsche Bundespost langfristige Konzepte verfolgen, die Informationstechnik und Kommunikationstechnik zu vermarkten und zu nutzen, haben weder Regierungen und Parlamente, Parteien und Gewerkschaften noch Kirchen oder Bürgerinitiativen Konzepte und Institutionen, soziale und politische Risiken zu erkennen, zu bewerten und zu bewältigen. Dabei wäre dies für alle politisch geboten. Die Abschätzung sozialer Technikfolgen, die Erörterung ihrer Ergebnisse in einem demokratischen Diskurs, die Entwicklung politischer Prioritäten sind die Voraussetzungen jeder sozialverträglichen Technikgestaltung.

Technikfolgenabschätzung und Technikgestaltung als Rechtspflicht

Für staatliche Organe kann die Erforschung sozialer Technikfolgen und die Gestaltung von Techniksystemen in ihrem Aufgabenbereich sogar verfassungsrechtlich geboten sein. Soweit Grundrechte nicht nur als subjektive Abwehrrechte gegen staatliche Eingriffe verstanden werden, sondern ihnen auch eine schützende und staatliches Handeln leitende Funktion zuerkannt wird, sind die Veränderungen ihrer Verwirklichungsbedingungen grundrechtsrelevante Tatsachen. Staatliche Organe sind danach nicht nur zu einer Abwehr von Schäden, sondern auch zu einer umfassenden, vorausschauenden Vorsorge verpflichtet.[21] Sie dürfen technische Systeme nicht zulassen, sondern müssen steuernd eingreifen, wenn deren Anwendung Grundrechten den Boden ihrer Verwirklichung zu entziehen droht. Wenn technische Entwicklungen jedoch in der Lage sind, Sachzwänge zu schaffen, werden nachträgliche Korrekturen weitgehend wirkungslos sein. Um die normative Wirksamkeit der Grundrechte für die Zukunft zu sichern, bedarf es daher vorausschauender Untersuchungen grundrechtsbedrohender Entwicklungen. Technikfolgenabschätzung erweist sich somit als ein Gebot des Grundrechtsschutzes.[22]

Daher hat das Bundesverfassungsgericht in seiner Entscheidung zum Schnellen Brüter in Kalkar zu Recht festgestellt, daß „die staatlichen Organe alle Anstrengungen zu unternehmen (haben), um mögliche Gefahren (für Grundrechte) frühzeitig zu erkennen und ihnen mit den erforderlichen, verfassungsmäßigen Mitteln zu begegnen“ [23]. Diese Beobachtungs- und Schutzpflicht kann nicht nur für die Risiken der Atomenergie gelten, sondern ist auf alle grundrechtsbedrohenden Techniken zu erweitern. Kriterien zu ihrer Konkretisierung zu finden, sollte eine der vorrangigen Aufgaben der Rechtswissenschaft sein.

Ein zweites verfassungsrechtliches Argument für das Gebot staatlicher Technikfolgenabschätzung und Techniksteuerung ergibt sich aus dem Demokratieprinzip. Dieses verpflichtet das Parlament, die wesentlichen Entscheidungen für das politische Leben und die staatliche und gesellschaftliche Ordnung selbst zu treffen.[24] Wenn technische Entwicklungen die Lebensbedingungen heute und für die Zukunft entscheidend prägen, dürfen die Entscheidungen über technische Alternativen nicht der Exekutive oder privaten Interessen überlassen werden. Sie müssen vielmehr Gegenstand demokratischer Willensbildung sein.[25]

Das Parlament und die demokratische Öffentlichkeit können aber nur sinnvoll über Techniksysteme entscheiden, wenn sie auch über die möglichen Alternativen informiert sind und deren unterschiedliche soziale Auswirkungen kennen. Wenn gerade schwerwiegende künftige gesellschaftliche Folgen der Technik die Entscheidung über Technikanwendungen zu „wesentlichen“ Entscheidungen machen, dann kann das Parlament seine Pflicht zur politischen Leitentscheidung nur erfüllen, wenn es auch seinen Entscheidungsgegenstand kennt. Gleiches gilt für die Einflußnahme der demokratischen Öffentlichkeit auf diese Parlamentsentscheidungen. Demokratische Techniksteuerung setzt somit notwendig soziale Technikfolgenabschätzung voraus.

Als drittes gilt es schließlich zu bedenken, was es bedeutet, wenn in Art. 79 Abs. 3 GG die in Art. 1 und 20 niedergelegten Grundsätze selbst dem demokratisch legitimierten, verfassungsändernden Gesetzgeber entzogen sind, die technische Entwicklung aber ein Neuverständnis dieser Grundsätze erzwingen könnte, das weder der vom Verfassungsgeber noch der von dem heutigen Konsens gewünschten Interpretation entspricht. Sind nicht sowohl der Gesetzgeber als auch die Regierung und das Bundesverfassungsgericht gefordert, die Identität der Verfassung auch gegenüber dem technischen „Fortschritt“ zu bewahren?

Vorarbeiten zu einer verfassungsverträglichen Technikgestaltung

Diesem Verfassungsgebot werden die staatlichen Organe zur Zeit nur in wenigen Ausnahmefällen gerecht. Es fehlt an politischer Nachfrage, an Institutionen, an Forschungsaufträgen, sonstigen Anreizen und daher auch an Angeboten aus der Wissenschaft, politik- und verfassungsrelevante Folgen neuer Technologien, alternative Entwicklungsmöglichkeiten, Bewertungskriterien und neue Gestaltungsinstrumente zu untersuchen. Eine wichtige Ausnahme dieser traurigen Bilanz ist das Forschungsprogramm „Mensch und Technik – sozialverträgliche Technikgestaltung“ des Landes Nordrhein-Westfalen. Von 1985 bis 1988 untersuchten etwa 100 Forschungsprojekte Fragen dieser Art, versuchten bewußt, Betroffene in den Forschungsprozeß einzubeziehen, präsentierten ihre Ergebnisse der Öffentlichkeit und boten vielfältige Gelegenheiten zur Diskussion sozialverträglicher Technikgestaltung. Im Rahmen dieses Programms untersuchte die „Projektgruppe verfassungsverträgliche Technikgestaltung" (provet) die Verfassungsverträglichkeit künftiger Anwendungen von Informations- und Kommunikationstechniken. Im Anschluß an einen Workshop, den „provet" im Januar 1988 in der Evangelischen Akademie Iserlohn durchgeführt hatte, haben sich die in diesem Buch versammelten Autoren zusammengefunden, um sich in einem ersten interdisziplinären Bemühen den analysierten Defiziten zuzuwenden. Sie versuchen abzuschätzen, welche Folgen der Einsatz von Informations- und Kommunikationstechnik für Verfassungsprinzipien haben dürfte. Sie hoffen, Problembewußtsein dadurch zu erzeugen, daß sie auf mögliche negative Entwicklungen aufmerksam machen, denen frühzeitig begegnet werden muß. Sie thematisieren Bewertungskriterien, indem sie ihren Gegenstand jeweils aus dem Blickwinkel einzelner Verfassungsgewährleistungen untersuchen. Schließlich werden im letzten Teil des Buches erste Überlegungen zu einer verfassungsverträglichen Techniksteuerung angestellt.

Die Sorge um die Erhaltung und Entfaltung von geschichtlich mühsam errungenen Rechtssicherungen humaner und sozialer Lebensweisen ordnet sich ein in das Bemühen, die Technik und ihre Anwendungen in allen gesellschaftlichen Bereichen sozialverträglich zu gestalten. Welchen Stellenwert die *Bewertungskriterien* der Sozialverträglichkeit für die juristische Technikbewertung haben können und sollen, erörtert v. Alemann in seinem Beitrag. Er sieht in den Kriterien der Sozialverträglichkeit Aufgaben der Rechts*politik* und will diese vor allem in Verfahren der Technikgestaltung berücksichtigt wissen.

Zu der Suche nach geeigneten Bewertungskriterien tragen aber auch die anderen Aufsätze dieses Buches bei, indem sie bestimmte Kriterien praktisch erproben. Sie messen die von ihnen prognostizierten künftigen Technikfolgen an heutigen Vorstellungen von verfassungsrechtlichen Gewährleistungen und deren gegenwärtigen Realisierungsbedingungen. Dadurch werden wichtige Aspekte zur Bewertung der Informations- und Kommunikationstechnik erarbeitet.

Diese Analysen schaffen eine wichtige Voraussetzung, das oben dargestellte Problem zu lösen, angesichts der geschichtlichen Entwicklung von Rechtsnormen kein geeignetes verfassungsrechtliches Kriterium zur Bewertung künftiger Technikauswirkungen zu besitzen. Denn auf dieser Grundlage kann abgeschätzt werden, welchem technikinduzierten Anpassungsdruck die Rechtsordnung ausgesetzt sein wird und wie sie auf diesen reagieren wird. Diese Kenntnisse ermöglichen es dann, die „Verfassungsverträglichkeit" als ein Kriterium zu nutzen, das die geschichtliche Entwicklung von Verfassungsrecht berücksichtigt und seinen Maßstab aus dem wertenden Vergleich zwischen überliefertem Recht und dem abschätzbaren Verfassungswandel gewinnt. Maßstab der Prüfung ist der heutige Standard an Freiheitsgewährleistungen, demokratischer Teilhabe, Kontrolle und Begrenzung sozialer und politischer Macht. Je stärker künftige Entwicklungen die Entfaltung von Grundrechten und die Erreichung verfassungspolitischer Ziele ermöglichen, desto verfassungsveträglicher sind sie, je mehr sie – gemessen an diesem Maßstab – Verfassungsgewährleistungen einengen, desto weniger.[26]

Das Schwergewicht der Beiträge bilden Analysen künftiger Entwicklungsmöglichkeiten und ihrer Auswirkungen auf verfassungsrechtliche Gewährleistungen. Sie tragen zusammen, was heute an Kenntnissen über die Entwicklungsbedingungen künftiger Techniknutzung verfügbar ist. Sie verdeutlichen, daß Aussagen zur künftigen Entwicklung zwar sehr schwierig, aber nicht unmöglich sind. Sie zeigen weiter: Die möglichen positiven wie negativen Auswirkungen der Informations- und Kommunikationstechnik sind so bedeutsam, daß die Anstrengungen erheblich verstärkt werden sollten, sie zu erkennen und sie selektiv zu fördern bzw. zu unterdrükken. Nur in dem Maß, in dem dies gelingt, schaffen wir eine Bedingung der Möglichkeit bewußter und freier Entscheidung über unsere Zukunft. Angesichts der befürchteten Gefahren nichts über die möglichen Folgen des Wegs in die „Informationsgesellschaft" zu wissen, aber ihn dennoch zu beschreiten, wäre verantwortungslos.

Die Möglichkeiten demokratischen Engagements und *demokratischer Willensbildung* in der „Informationsgesellschaft" ist das verbindende Thema der Beiträge von Haefner, Bull und Hammer. Haefner betont optimistisch die Gestaltungsfähigkeit der Informationstechnik in Richtung einer „human computerisierten Gesellschaft". Er erwartet, daß sowohl die Menschen als auch die Gesellschaft lernen, mit der Technik umzugehen, ohne sich von ihr abhängig zu machen. Dadurch können sie sich von lästigen geistigen Routinen entlasten und die Technik zur Entfaltung ihrer Fähigkeiten nutzen. Im Ergebnis werden für Haefner die Verwirklichungsbedingungen vieler Grundrechte und der Demokratie verbessert. Diese durchweg positive Zukunftseinschätzung steht allerdings unter der Prämisse demokratischer Gestaltungsfähigkeit der Technik.

Erheblich skeptischer sieht dagegen Bull die Hoffnungen, mit Hilfe von Informationstechnik demokratische Strukturen verbessern zu können. Er stellt die rein formale Unterstützung der Informationsverarbeitung durch Technik den inhaltlichen Prämissen der Demokratie gegenüber. Neue Informationstechnik allein schafft noch nicht die Informationen, die das Parlament zur Kontrolle der Regierung, Bürger für ihr politisches Engagement oder dezentrale Einheiten für ihre Koordination benötigen. Vielmehr ist zu befürchten, daß die von der neuen Technik ausgehenden Sicherheitszwänge, Manipulationsmöglichkeiten, Abhängigkeiten und Bequemlichkeiten die Verwirklichungsbedingungen der Demokratie verschlechtern könnten.

Für die Zukunft der Demokratie entscheidend wird sein, wie die künftige Informationsinfrastruktur für die Bürger die Chancen verändert, ihr Recht auf Informationsfreiheit zu realisieren. Hammer analysiert in seinem Beitrag, welche Informationsquellen künftig angeboten werden, welche finanziellen und qualifikatorischen Zugangsvoraussetzungen zu erwarten sind und wie sich die Technisierung, Privatisierung und Ökonomisierung von Informationen für die politische Mitwirkung der Bürger auswirken können.

Der *Rechtsstaat* könnte vor allem gefährdet sein, wenn seine einzelnen Elemente, die eine Begrenzung und Kontrolle staatlicher Macht gewährleisten sollen, durch neue technische Entwicklungen außer Kraft gesetzt oder überspielt werden. Besonders bedrohlich wäre eine solche Machtsteigerung in den Behörden, die das staatliche Monopol physischer Gewalt ausüben. Gerade hier könnte sich das Zusammentreffen der Informationstechnik und neuer Strategien polizeilichen Handelns als sehr gefährliches „Gemisch" für die Freiheitsrechte der Bürger erweisen. Ausgehend von der bisherigen Nutzung der Informationstechnik und ihren Grenzen untersucht Pordesch die künftigen technischen Möglichkeiten und die Anreize, mit ihrer Hilfe kriminalistischer und sicherheitspolitischer Probleme lösen zu wollen.

Aber nicht nur die Polizei, sondern die gesamte Verwaltung soll informationstechnisch aufgerüstet und vernetzt werden. Welche Folgen dies für Verfassungsgrundsätze wie die Gewaltenteilung, Ressortverantwortung und kommunale Selbstverwaltung sowie für das Verhältnis zwischen Bürger und Verwaltung haben kann, diskutiert der Beitrag von Wedde am Beispiel aktueller Informatisierungskonzepte wie dem Datenvermittlungssystem Nordrhein-Westfalens und dem Landessystemkonzept Baden-Württembergs. Er gelangt zu dem Ergebnis, daß eine zentrale Integration verwaltungstechnischer Informationsverarbeitung diese Verfassungsgrundsätze gefährden würden. Weniger an zentralen Steuerungskonzepten orientierte Verwaltungsvernetzungen würden weniger negative und zum Teil sogar positive Folgen hervorrufen.

Eine wichtige Errungenschaft der Verfassungsgeschichte ist die Begrenzung gesellschaftlicher und staatlicher Macht im *Sozialstaat.* Zum einen schafft der Sozialstaat Freiräume und Rahmenbedingungen für soziale Selbstverwaltung durch gleichwertige „Sozialpartner“. Zum anderen schützt er sozial Schwächere vor der Übermacht ihrer Gegenspieler und gewährleistet ihnen schließlich Daseinsvorsorge und Absicherung für Notfälle. Diese Errungenschaften des Sozialstaats können durch die informationstechnische Vernetzung gefährdet sein. Sie kann zu Machtverschiebungen zwischen Kapital und Arbeit, zu einer „Auflösung des Sozialorts Betrieb“, zu neuen Formen der Arbeitskontrolle und zur Aushöhlung von betrieblichen Mitbestimmungsrechten führen, wie Bahl aus engagierter gewerkschaftlicher Sicht in seinem Beitrag darlegt. Wenn diese tatsächlichen Voraussetzungen sozialstaatlicher Regelungen entfallen, dürften auch die Schutz- und Ausgleichsmechanismen des Arbeitsrechts versagen.

Die Informations- und Kommunikationstechnik wird große Fortschritte in der Medizintechnik und der medizinischen Informationsverarbeitung bewirken, sie wird aber gleichzeitig auch ermöglichen, sehr viele hochsensible Daten zu sammeln und zu verarbeiten. Mit ihrer Hilfe wird versucht werden, das Verhalten von Ärzten und Versicherten ökonomisch und gesundheitspräventiv zu beeinflussen. Welche Nachteile und welche positiven Wirkungen für die Grundrechte der Betroffenen damit jeweils verbunden sein können, untersuchen Hammer und Roßnagel in ihrem Beitrag zur Informatisierung der Gesundheitsversorgung.

Sofern für bestimmte Techniken und Anwendungskonzepte negative Auswirkungen analysiert wurden, ist die Frage zu beantworten, welche *Alternativen* bestehen und welche Auswirkungen diese auf Verfassungsgrundsätze haben. Alternative Gestaltungsmöglichkeiten sozio-technischer Systeme sind auf allen Ebenen zu suchen und zu entfalten: vom einzelnen Arbeitsplatz bis zu gesamtgesellschaftlichen Entwürfen. Sie sind die Voraussetzung jeder Techniksteuerung.

Systemalternativen diskutiert Kubicek am Beispiel der Infrastruktur für die künftige Telekommunikation. Er zeigt an vier möglichen Optionen, daß es je nach politischem Willen tatsächlich verschiedene Ausbaustrategien mit unterschiedlichen sozialen und verfassungsrechtlichen Folgen geben kann.

Alternativen im Detail werden in den Einzelbeiträgen erörtert. Von den untersuchten Verfassungsprinzipien oder

Grundrechten ausgehend wird gezeigt, wie deren Verwirklichungsbedingungen verbessert werden könnten: Ein Informationszugangsrecht etwa würde sowohl die Demokratie als auch das Recht auf Informationsfreiheit stärken (Bull, Hammer), eine Verschlüsselung der Telekommunikation das Fernmeldegeheimnis sichern (Pordesch), eine strikte informationelle Gewaltenteilung auch in Verwaltungsnetzen das Grundrecht auf informationelle Selbstbestimmung schützen (Wedde, Hammer/Roßnagel).

Die *Mittel,* verfassungsverträgliche Gestaltungen der Informationstechnik auch durchzusetzen, sind in vielen Beiträgen angesprochen. Explizit wenden sich dieser Frage die Beiträge von Däubler und Roßnagel zu. Däubler verweist auf die begrenzten Möglichkeiten staatlicher Regelungen und auf die bisher vernachlässigte, aber wichtige Möglichkeit der Techniksteuerung durch Akzeptanzverweigerung. Hier sieht er eine wichtige Aufgabe und Möglichkeit für Gewerkschaften, auf die technische Entwicklung Einfluß zu nehmen. Roßnagel knüpft in dem abschließenden Beitrag an die Gestaltungsfähigkeit und Gestaltungsbedürftigkeit von Informations- und Kommunikationstechniken an. Eine verfassungsverträgliche Techniknutzung ist in vielen Anwendungsfeldern möglich, setzt aber nicht nur eine gezielte Gestaltung der technischen Systeme, sondern auch Veränderungen ihrer sozialen und politischen Anwendungsbedingungen voraus. Die Nutzung von Informations- und Kommunikationstechniken muß Freiheitsrechte und Demokratie nicht gefährden. Die emanzipativen Gehalte des Grundgesetzes können erhalten und entfaltet werden, wenn die Technik verfassungsverträglich gestaltet wird. Werden ihre Gefährdungen durch unreflektierte oder machtbewußte Techniknutzung erkannt und werden die Möglichkeiten der Technik, sie zu fördern, ergriffen, müßten künftige Jubiläen des Grundgesetzes vielleicht weniger Anlaß zur Besorgnis sein als – an der Schwelle zur „Informationsgesellschaft" – sein vierzigster Jahrestag.

[1] Siehe z. B. *Becker:* Die Verteilung und Kommerzialisierung öffentlichen Wissens. In: Schiller: Die Verteilung des Wissens. Frankfurt 1984. S. 11 ff. – [2] Siehe z. B. *Ortmann:* Der zwingende Blick. Frankfurt 1984. – [3] Siehe BVerfGE 65, 1 (42). – [4] Siehe hierzu z. B. Metall Nr. 10 vom 15. Mai 1987, S. 19 und Nr. 23 vom 13. November 1987, S. 19; *Hammer/Pordesch/Roßnagel:* Freiheit oder Sicherheit – ein Widerspruch informationstechnischer Vernetzung?, In: Valk (Hrsg.): Vernetzte und komplexe Informatik-Systeme, 18. Jahrestagung der Gesellschaft für Informatik 1988, S. 506 ff. – [5] Siehe hierzu *Roßnagel/Wedde/Hammer/Pordesch:* Die Verletzlichkeit der „Informationsgesellschaft". Opladen 1989. – [6] Siehe hierzu näher *Bryde:* Verfassungsentwicklung. Baden-Baden 1982; *Roßnagel:* Die Änderungen des Grundgesetzes. Frankfurt 1981; ders.: Der Staat 22 (1983), S. 551 ff. – [7] Siehe näher *Roßnagel:* Freiheit und Großtechnik. In: Däubler-Gmelin/Adlerstein: Menschengerecht. 6. Rechtspolitischer Kongreß der SPD. Heidelberg 1986. S. 364 ff.; ders.: Radioaktiver Zerfall der Grundrechte. München 1984. S. 231 ff. – [8] Siehe hierzu näher *Roßnagel:* Auf der Suche nach einem zeitgemäßen Verhältnis von Recht und Technik. In: ders. (Hrsg.): Recht und Technik im Spannungsfeld der Kernenergiekontroverse. Opladen 1984. 13 ff. – [9] Siehe hierzu auch *Ueberhorst:* Normativer Diskurs und technologische Entwicklung. In: Roßnagel (Anm. 8), S. 244 ff., der für die Atomtechnik und das Atomrecht ähnliche Defizite festgestellt hat. – [10] Siehe hierzu z. B. *Scholz:* Technik und Recht. In: Festschrift zum 125jährigen Bestehen der Juristischen Gesellschaft zu Berlin. Berlin 1984. S. 691 f.; *Bullinger:* Kommunikationsfreiheit im Strukturwandel der Telekommunikation. Baden-Baden 1980. S. 75 ff. – [11] BVerfGE 49, 89 (131). – [12] BVerfGE 49, 89 (131). – [13] Siehe z. B. den Vorschlag der Enquete-Kommission „Technikfolgen-Abschätzung", BT-Drs 10/5844. – [14] Siehe z. B. *Müller-Reißmann/Bohmann/Schaffner:* Kriterien der Sozialverträglichkeit. Hannover 1988. – [15] Enquete-Kommission „Zukünftige Kernenergie-Politik", Zur Sache 1/80, S. 48 ff., 193 f. – [16] Eine der wenigen Ausnahmen ist die Studie von *Berger/Kühn/Kubicek/Mettler-Meibom/Voogd:* Optionen der Telekommunikation. Düsseldorf 1988; siehe hierzu auch den Beitrag von *Kubicek.* – [17] Siehe näher *Roßnagel,* UPR 1986, S. 46 ff.; siehe auch den Beitrag von Däubler. – [18] Siehe hierzu

näher *Roßnagel,* UPR 1986, S. 51 ff. – [19] Siehe hierzu *Steinmüller:* Rechtspolitik im Kontext einer informatisierten Gesellschaft. In: ders. (Hrsg.): Verdatet und vernetzt. Frankfurt 1988. S. 142 ff. – [20] Siehe hierzu näher *Roßnagel/Wedde,* DVBl 1988, S. 562 ff. – [21] Siehe hierzu z. B. Enquete-Kommission „Technikfolgen-Abschätzung", BT-Drs 10/5844, S. 6. – [22] In diesem Zusammenhang ist z. B. die Forderung des BVerfG zu sehen, künftig immer wieder Alternativen zu einer Vollerhebung bei Volkszählungen zu überprüfen, siehe BVerfGE 65, 1 (55 f.); siehe auch *Roßnagel* (Anm. 7), S. 23 ff.; *Podlech:* Unter welchen Bedingungen sind neue Informationssysteme gesellschaftlich akzeptabel? In: *Steinmüller* (Hrsg.) (Anm. 19), S. 118 ff. – [23] BVerfGE 49, 89 (132); siehe auch *Bull,* RuP 1987, S. 131. – [24] Siehe hierzu näher *Roßnagel:* Gesetzesvorbehalt für die Wiederaufarbeitung? In: ders. (Hrsg.): Rechtsprobleme der Wiederaufarbeitung. Baden-Baden 1987. S. 17 ff., mwN aus der Rechtsprechung des BVerfG. – [25] Siehe hierzu auch Enquete-Kommission „Technikfolgen-Abschätzung" (Anm. 21), S. 12 f. – [26] Siehe hierzu näher *Roßnagel* (Anm. 7), S. 13 f.; ders., RuP 1987, S. 4 ff; ders.: Die Sozialverträglichkeit von Computern – rechtlich gesehen. In: Bechmann/Rammert: Technik und Gesellschaft 5 (1988).

Sozialverträglichkeit neuer Technologien: Grundrecht oder Grundwert?

Ulrich von Alemann, Hagen

Trendbegriff

Die Diskussion über die Verfassungsverträglichkeit neuer Technologien ist eingebettet in die umfassende Debatte um ihre Sozialverträglichkeit. Welchen Einfluß sollte dieses „Modekriterium" auf die juristische Technikbewertung ausüben? Sollte die Forderung nach sozialverträglicher Technikgestaltung in Form eines Grundrechts Berücksichtigung finden? Dieser Frage wird in drei Richtungen nachgegangen: Nach einigen Anmerkungen zur Geschichte des Begriffs Sozialverträglichkeit folgen Überlegungen zur Frage „Sozialverträglichkeit als Grundrecht?". Schließlich werden einige Vorschläge zu einem politischen Verständnis von Sozialverträglichkeit als Grundwert entwikkelt. Sie münden in ein Plädoyer für ein demokratisch ausgestaltetes Verfahren von Technikgestaltung.

Der Begriff Sozialverträglichkeit ist neuerdings in aller Munde. Selbst bei der geplanten Schließung des Rheinhausener Krupp-stahlwerkes sollten die Folgen für die „Betroffenen" – noch ein Trendbegriff – „sozialverträglich" sein. Darin waren sich die Betreiber, die politischen Instanzen, die Tarifparteien und die politischen Parteien in ihren öffentlichen Erklärungen einig. Wie eine solche Lösung konkret auszusehen habe – darüber herrschte natürlich keine Einigkeit. Ist damit bereits die Crux des Begriffs benannt: ein schönes Wort, aber leider allen wohl und niemand weh? Wegen der prekären Mißbrauchsmöglichkeit des Begriffs für etwas diffus Gutes ist er bei denen in die Kritik geraten, die ihn

Prof. Dr. **Ulrich von Alemann**, geb. 1944, Professor für Politikwissenschaft an der Fernuniversität Hagen. Studium in Münster, Köln, Bonn und Edmonton/Kanada. Von 1972 bis 1977 wiss. Assistent am Seminar für Politische Wissenschaft der Universität Bonn, von 1978 bis 1984 Professor für Politikwissenschaft an der Pädagogischen Hochschule Rheinland, Abteilung Neuß, und an der Universität – Gesamthochschule – Duisburg, seit 1984 in Hagen. Seit 1984 Projektleiter am Rhein-Ruhr-Institut für Sozialforschung und Politikberatung e.V. an der Universität Duisburg; mitverantwortlich für das Programm „Mensch und Technik: Sozialverträgliche Technikgestaltung" des Landes Nordrhein-Westfalen. Veröffentlichungen u. a.: Methodik der Politikwissenschaft (mit E. Forndran), 3. Auflage Stuttgart 1985; Parteien und Wahlen in Nordrhein-Westfalen (Hrsg.), Stuttgart 1985; Mensch und Technik. Grundlagen und Probleme einer sozialverträglichen Technikgestaltung (mit H. Schatz u. a.), 2. Auflage Opladen 1987; Organisierte Interessen in der Bundesrepublik, Opladen 1987.

Prof. Dr. Ulrich von Alemann,
Fernuniversität Hagen, Postfach 94058, Hagen 1

für zu defensiv, zu kompromißlerisch, zu versöhnlerisch, zu sozialpartnerschaftlich halten.[1] Die Kritiker suchen nach härteren Kriterien der Technikbewertung: Soziale Beherrschbarkeit oder Technikkontrolle stehen hier deshalb als Konzept höher im Kurs.

Daneben sollten nicht die Kritiker der anderen Seite vergessen werden, die vor der „Prüfung der Sozialverträglichkeit neuer Technologien oder Forschungsvorhaben als Voraussetzung der Förderung und Unterstützung wirtschaftlicher Initiativen" nur warnen können.[2] Im Lichte solcher Positionen bleibt Sozialverträglichkeit trennscharf genug als Unterscheidungskriterium und verkommt noch nicht zu einem Allerweltsbegriff oder Schmusewort. Es lohnt deshalb weiterhin, das Konzept näher unter die Lupe zu nehmen.

Begriffsgeschichte

Die Entstehung des Begriffs Sozialverträglichkeit ist eng an die Debatte um die Nutzung von Kernenergie in den siebziger und frühen achtziger Jahren gekoppelt. Schon 1972 hatte A. Weinberg die bisher allein um die Fragen der Sicherheit und der Wirtschaftlichkeit kreisende Kernenergiediskussion erweitert um die Diskussion der Vereinbarkeit der Atomenergie mit vorfindbaren gesellschaftlichen und politischen Institutionen.[3] Insbesondere wurde von ihm der Zeitfaktor problematisiert: Können wir für die gleichen „Halbwertzeiten" über Jahrzehnte und Jahrtausende Stabilität und Verantwortung unserer sozialen Verhältnisse gewährleisten? Durch die Arbeiten von K. M. Meyer-Abich[4] sind diese Überlegungen aufgenommen und zum Kriterium „Sozialverträglichkeit" für die Beurteilung von Energiesystemen geprägt worden.

Die Enquete-Kommission „Zukünftige Kernenergiepolitik" des achten Deutschen Bundestages hat dieses Kriterium adaptiert und gleichberechtigt neben die drei übrigen Kriterien zur Beurteilung zukünftiger Energiesysteme gestellt:
- Wirtschaftlichkeit,
- Internationale Verträglichkeit,
- Umweltverträglichkeit sowie
- Sozialverträglichkeit.

Wissenschaftlich vertieft und wissenschaftspolitisch verbreitert wurde die Debatte um Sozialverträglichkeit durch zwei umfangreiche Forschungsprojekte, die das Bundesministerium für Forschung und Technologie, zum Teil als bewußt kontrovers operierende „Parallelforschung" angelegt, finanzierte:
- „Die Sozialverträglichkeit verschiedener Energiesysteme in der industriegesellschaftlichen Entwicklung", geleitet durch K. M. Meyer-Abich und durch B. Schefold (1980 bis 1985), die ihre Ergebnisse in einer achtbändigen Schriftenreihe „Die Sozialverträglichkeit von Energiesystemen" publizierten[5];
- „Die Sozialverträglichkeit von Energieversorgungssystemen", geleitet durch die Programmgruppe „Mensch und Technik" der Kernforschungsanlage Jülich, die ihre Ergebnisse in einer sechsbändigen Reihe „Sozialverträglichkeit von Energieversorgungssystemen" publizierten.[6]

Bis Mitte der achtziger Jahre war der Begriff Sozialverträglichkeit also als spezielles Teilkriterium der Energiedebatte festgelegt.[7] Die Grundfrage von Meyer-Abich ist eher normativ geprägt und lautete: Was ist sozial akzeptabel? Hier geht es um rationale Bewertungskriterien von Atomenergie und deren Kompatibilität mit der gesellschaftlichen Ordnung und Entwicklung, insbesondere auch mit Verfassungsnormen und gesellschaftlichen Werten. Eine Parallele dazu ist die Entwicklung von Sozialindikatoren in den siebziger Jahren, um der bislang rein ökonomisch orientierten Betrachtung des wirtschaftlichen Wachstums nach dem Maßstab des Bruttosozialproduktes entgegenzuwirken. Es handelt sich also hier auch um eine Wende vom Quantitativen hin zum Qualitativen.

Das Jülicher Projekt dagegen ist eher empirisch und analytisch orientiert mit der Kernfrage: Was wird sozial akzeptiert? Hier steht die quantitative Messung von Einstellungen und Bewertungen der Kernenergie im Vordergrund, abgestützt durch eine partizipative Umsetzung in „Planungszellen". Der Jülicher Ansatz ist insofern stark der empirischen Akzeptanzforschung verpflichtet.[8]

Erstmals mit dem Programm „Mensch und Technik: Sozialverträgliche Technikgestaltung" des Landes Nordrhein-Westfalen von 1984 ist das Konzept auf eine breitere Basis gestellt und als generelles Kriterium zur Bewertung und Gestaltung neuer Technologien – hier an der Querschnitts- und Schlüsseltechnologie Mikroelektronik in Informations- und Kommunikationstechnologien – eingeführt worden.[9] In den programmatischen Formulierungen dieses in dieser Form bisher einmaligen Forschungs- und Gestaltungsprogramms wurde der Begriff Sozialverträglichkeit bewußt offen definiert:

„Bei der Frage nach den Bewertungskriterien des Begriffs Sozialverträglichkeit muß zunächst die Illusion aufgegeben werden, schnell und einfach eine objektivierbare und operationalisierbare Definition von Sozialverträglichkeit festschreiben und abhaken zu können. Die Diskussion um Lebensqualität sollte als Warnung dienen, einen Zauberbegriff gegen alles Böse der neuen Technik aus dem Hut ziehen zu können. Der Begriff Sozialverträglichkeit muß trotz seiner breiten Bezüge ein durchschaubarer und vorläufiger Arbeitsbegriff bleiben; er darf keine zu große Erklärungskraft für sich reklamieren wollen. Das Konzept der Sozialverträglichkeit kann allerdings nicht wie zum Beispiel bei der Energiediskussion quasi nebenbei als soziale Bestandssicherung und Abwehr sozialer Schäden eingeführt werden. Die Informations- und Kommunikationstechnologien sind eben gleichzeitig auch soziale Tatbestände, die die Gesellschaft in jedem Fall verändern.

Eine politische und verfassungsrechtliche Legitimation für die Forderung nach sozialverträglicher Technologiegestaltung kann aus dem Sozialstaatspostulat des Grundgesetzes abgeleitet werden. (...)

Der Kerngedanke unseres Konzepts von Sozialverträglichkeit ist, die Durchsetzungschancen derjenigen gesellschaftlichen Bedürfnisse und Interessen zu stärken, die von der technischen Entwicklung im Bereich der Informations- und Kommunikationstechniken besonders betroffen sind und aufgrund struktureller Gegebenheiten keine angemessenen Möglichkeiten haben, sich gegen die einseitige Abwälzung der sozialen Kosten der technischen Entwicklung zur Wehr zu setzen.

Der hierin enthaltene Schutzgedanke wird auf das Sozialstaatspostulat des Grundgesetzes bezogen und geht davon aus, daß die sozialen Kosten der technischen Entwicklung insgesamt zu minimieren und gleichzeitig so zu verteilen sind, daß diese Kosten vor allem von denen getragen werden, die auch den Nutzen haben. Darüber hinaus geht es um die Beeinflussung der technischen Entwicklung in Richtung auf eine sozial ausgewogene Interessenberücksichtigung, das heißt eine Steigerung des sozialen und ökologischen Nutzens von Technik und dessen gerechte bzw. gerechtere Verteilung."[10]

Auch vier Jahre nach Formulierung dieser Ziele ist noch nicht der Zeitpunkt gekommen, um ein Fazit aus den verschiedenen Projekten zu ziehen, die explizit Kriterien der Sozialverträglichkeit zu entwikkeln hatten oder implizit den Begriff Sozialverträglichkeit angewandt, weiterverwandt und weiterentwickelt haben. Bereits jetzt ist es aber durchaus möglich, einige Erfahrungen aus der bisherigen Arbeit in die alternative Formel zu prägen: sozialverträgliche Technikgestaltung – Grundrecht oder Grundwert?

Sozialverträglichkeit – ein Grundrecht?

Technik und Recht sind keine zwei Welten [11], wie früher oft argumentiert wurde. Der dynamischen Technik sei das statische Recht wesensfremd; dem kreativen und sich selbst vorantreibenden technischen Forschritt dürften keine rechtlichen Fesseln angelegt werden. Technik sei Empirie, Recht sei Norm: Diese Dichotomien haben keinen ernsthaften Bestand im Schrifttum mehr, obwohl sie als zähes Vorurteil in der mündlichen Debatte immer noch gern aufscheinen.

Beide, Technik und Recht, sind nicht ahistorisch und asozial zu denken, sondern beide sind gesellschaftliche Fertigkeiten oder Kulturtechniken. Recht ist nicht nur als Rechtsfortbildung im Richterrecht und in der Rechtsanwendung durch Bürokratie und Verwaltung flexibel und anpassungsfähig, jedenfalls mehr oder weniger, sondern auch als gesetztes Recht der Legislative.

Technik ist keine Domäne freischwebender Erfinder und emsiger Anwender, sondern immer auf Bedürfnisse, Interessen und damit gesellschaftliche Tatbestände hin entwickelt. Mit dem Recht auf informationelle Selbstbestimmung und dem Prinzip der Umweltverträglichkeit existieren zwei Fälle für die dynamische Fortentwicklung von Recht im Hinblick auf neue technologische Entwicklungen – einmal durch Richterrecht des Bundesverfassungsgerichts, zum anderen durch Gesetzesrecht, wenn auch zur Zeit noch im Stadium einer Kabinettsvorlage für die Umweltverträglichkeitsprüfung von Großprojekten.

Ist analog nicht ein Recht oder gar Grundrecht auf Sozialverträglichkeit neuer Technologien zu fordern oder abzuleiten?

Generell wird kaum mehr bestritten, daß dem Staat eine Technikkontrolle aufgegeben ist. Allerdings findet sich keine konkrete Formulierung im Grundgesetz, die dem Staat eine Technikregulierung, -aufsicht oder -kontrolle überantwortet. Eine verfassungsrechtliche Begründung der staatlichen Technikkontrolle wird deshalb eher aus allgemeinen, grundgesetzlichen Prinzipien abgeleitet werden können.[12] Hierfür bieten sich zwei Bereiche an: zum einen die Staatszielbestimmungen und zum anderen die Grundrechte.

Beide Wege schlägt auch Roßnagel ein, wenn er für das Meyer-Abich/Schefold-Projekt die Verfassungsziele und die Grundrechte ergänzt durch gesellschaftliche Werte als Kriterien für die Prüfung von Sozialverträglichkeit vorschlägt. So werden in der Ergebnispräsentation von Meyer-Abich/Schefold [13] Implikationen der Verfassungsziele für die zwei unterschiedlichen Energiepfade anhand folgender Kriterien geprüft:

– Rechtsstaat,
– Gewaltenteilung,
– Demokratie,
– Sozialstaat,
– Föderalismus,
– Kommunale Selbstverwaltung und
– Verfassungsstaat.

Zieht man die Grundrechte heran, so ist hier ebenfalls an einen ganzen Katalog von möglicherweise einschlägigen Artikeln zu

denken, die in irgendeiner Weise von dem massiven Einsatz neuer Technologien tangiert werden könnten:
– Würde des Menschen nach Art. 1 Abs. 1 sowie
– die freie Entfaltung der Persönlichkeit nach Art. 2 Abs. 1 als ganz übergreifende Normen;
– das Recht auf Leben und körperliche Unversehrtheit nach Art. 2 Abs. 2, das besonders bei technischen Risiken in Frage kommt;
– die Meinungs-, Presse- und Informationsfreiheit nach Art. 5 Abs. 1, die bei Informations- und Kommunikationstechnologien inklusive neuer Medien einschlägig sind;
– die Versammlungs- und Vereinigungsfreiheit nach Art. 8 und 9, die individuelle und kollektive Meinungsbildung und -durchsetzung garantieren.

Verfassungsziele und Grundrechte zu schützen vor Einschränkungen, die als technische Sachzwänge erscheinen, ohne gewollte Verfassungsänderungen vorzunehmen, und in Szenarien die möglichen zukünftigen Bedrohungen für Grundrechte und Verfassungsziele aufzuzeigen – dies sind in der Tat wichtige Aufgaben für die Analyse von Folgen neuer Technologien für die Verfassungsverträglichkeit. Ist der Begriff Verfassungsverträglichkeit schon komplex und durchaus auch umstritten genug, so ist Sozialverträglichkeit ein noch umfassenderer Begriff, der soziale, wirtschaftliche, gesundheitliche, politische, kulturelle und sozialpsychologische Folgen neuer Technologien umgreift.

Den Optimismus, daß sich ein Kriterium Sozialverträglichkeit genauso nach einigen Jahren durchsetzen und konkretisieren läßt wie das Recht auf informationelle Selbstbestimmung oder die Umweltverträglichkeitsprüfung, kann ich nicht mehr teilen. Denn beide sind doch im wesentlichen Freiheits-, Schutz- und Abwehrrechte. Ein Recht auf Sozialverträglichkeit müßte zwar die soziale Schutzkomponente als kleinsten gemeinsamen Nenner des Sozialstaatspostulates enthalten; aber darüber hinaus müßte ein aktiv gestaltbares soziales Grundrecht daraus entwickelt werden können. Und dies wird sich kaum vereinbaren lassen, wo schon das Sozialstaatsgebot selbst keine konkretisierbaren, in Prioritäten ausdrückbaren und die gegensätzlichen Interessen berücksichtigenden Folgerechte schaffen konnte.

Die notwendige, wenn auch unter Juristen umstrittene Analyse der Verfassungsverträglichkeit von neuen Technologien erscheint uns als eine überaus nützliche und wichtige Komponente von Sozialverträglichkeitsuntersuchungen. Dies impliziert aber keineswegs ein neues Grundrecht oder Staatsziel Sozialverträglichkeit. Die Analogie zum Sozialstaatspostulat, die wir vertreten, nimmt das Schutz- und auch das Kompensationsgebot auf, ohne die programmatische Ebene in einklagbare konkrete Forderungen umwandeln zu müssen oder zu können.

Sozialverträglichkeit – ein Grundwert?

Wenn die Etablierung eines neuen Grundrechts oder Staatszieles Sozialverträglichkeit abgelehnt wird, ist damit keineswegs ein Abschied von dem Begriff oder ein Abstrich von der Forderung, die dahinter steht, verbunden. Sozialverträglichkeit muß deshalb nicht als neues Grundrecht propagiert werden, weil es allgemein in der Summe von Grundrechten und Staatszielbestimmungen des Grundgesetzes bereits enthalten ist. Auf der Ebene der großen Ziele herrscht kein Begründungsnotstand, denn Demokratiegebot, Freiheits- und

Gleichheitsrechte, persönlicher Schutz vor Schaden und Sozialstaatsgebot normieren Sozialverträglichkeit genug. Schwer wird es mit der Konkretisierung.

Da bringen auch die traditionellen Generalklauseln aus dem Bereich technischer Normen nicht viel weiter. Von diesen wird meist angenommen, daß sie immerhin drei Stufen technischer Standards ausdifferenziert vorschreiben:

– die „allgemein anerkannten Regeln der Technik" als weiteste und weichste Norm,
– den „Stand der Technik" als mittlere, verbindlichere Vorgabe und
– den „Stand von Wissenschaft und Technik", der am verbindlichsten nicht nur die Berücksichtigung eingeführter Techniken, sondern auch neuer und kontroverser wissenschaftlicher Erkenntnisse verlangt.

Mit solchen Generalklauseln als „unbestimmten Rechtsbegriffen" übergibt die Legislative der Exekutive einen beträchtlichen Gestaltungs- und Beurteilungsspielraum in allen technischen Normierungsfragen. Die sich aus dieser Debatte um Normierung beziehungsweise Regulierung durch den Staat oder durch private Vereinigungen oder aber durch staatlich-private Verbünde und Aushandlungsmodelle ergebenden Möglichkeiten und Probleme verlangen noch intensive weitere Analyse und Auswertung.[14]

Wenn dies für die Normierung technischer Sicherheitsstandards und baulicher Schutzvorschriften schon schwer genug ist, so muß bezweifelt werden, daß der wahrlich unbestimmte Rechtsbegriff Sozialverträglichkeit sich in der Normierungsdebatte in konkretere Kriterien umgießen läßt.

Sozialverträglichkeit erscheint mir sinnvoller ein politischer Grundwert zu sein als ein justitiables Grundrecht. Natürlich ist man damit der Mühsal der Konkretisierung nicht enthoben. Grundwerte sind auch in der Programmatik politischer Parteien wohlfeil und oft austauschbar, wie Freiheit, Gerechtigkeit und Solidarität in den Grundsatzprogrammen von SPD und CDU gleichlautend formuliert, deutlich machen. Die Ableitungsarbeit muß auch bei einem Grundwert erst noch geleistet werden. Sie verlangt aber keine allgemeine konsentische Hierarchie von Ober-, Mittel- und Einzelwerten. Vielmehr ist ihre Konkretisierung an gesellschaftliche Interessen und Bedürfnisse benennbarer Gruppen und Schichten anzubinden.

Die Frage nach Sozialverträglichkeit von Tele-Heimarbeit zum Beispiel bedeutet, die Interessenkonflikte aufzugreifen zwischen Beschäftigten und Arbeitslosen, zwischen Unternehmern, Kammern und Gewerkschaften, zwischen Frauen, die einen flexiblen Nebenjob suchen, und Frauen, die tariflich geschützte Vollarbeitsplätze brauchen, undsoweiter. Diese Konflikthaftigkeit von Sozialverträglichkeit ist nicht auflösbar in Konsens für Akzeptanz und Kompensation. Es ist auch nicht einfach damit getan, mutig Partei zu ergreifen, etwa im Sinne einer „arbeitnehmerorientierten Wissenschaft". So sympathisch dies sein mag, so wenig sind damit die Probleme gelöst. Denn nicht zuletzt die Debatte um die Analysen Kern/Schumanns zu den Rationalisierungsgewinnern und -verlierern angesichts neuer Technologien in den Betrieben (und zwar innerhalb der Arbeitnehmerschaft) zeigen, wie widersprüchlich auch nach einer solchen normativen Positionsentscheidung die Lage bleibt. An der Diskussion um die Thesen von Oskar Lafontaine läßt sich das Dilemma genausogut exemplifizieren. Position sollte in der politischen Debatte ergriffen werden. In der wissenschaftlichen Analyse um Sozialverträglichkeit kann ein politischer Grundwert formuliert werden, der durchaus Richtungsentscheidung angezeigt, der aber keine Anleitung zur konkreten Ableitung von Einzelmaßnahmen vorgeben kann.

Das verlangt nicht, mit dem hohen Wert Sozialverträglichkeit auf den Lippen, aber mit leeren Händen stehen zu bleiben. Sozialverträglichkeit konkretisiert sich in Verfahren, in Beteiligung und in gesellschaftlich vermittelter Technikgestaltung.

Sozialverträglichkeit als Verfahren

Die Antwort auf meine im Titel gestellte Frage lautet also: Das Konzept Sozialverträglichkeit eignet sich nicht, um als neues Grundrecht oder Staatszielbestimmung neben die bisherigen zu treten, denn es ist so allgemein, daß es in den traditionellen Grundrechten und Staatszielen bereits enthalten ist. Auch das Recht auf informationelle Selbstbestimmung ist keine Erfindung des Bundesverfassungsgerichts, das Urteil zum Volkszählungsgesetz ist „nicht die Geburtsstunde eines neuen Grundrechts".[15] Die Norm Sozialverträglichkeit muß nicht als Grundrecht neu erfunden werden. Sie eignet sich besser als ein politischer Grundwert, allerdings nicht, um im Wertehimmel von Parteiprogrammen zu entschwinden, sondern um in die politische Auseinandersetzung eingebracht zu werden.

Dies eint übrigens die Begriffe Sozialverträglichkeit und Umweltverträglichkeit durchaus. Denn es ist eine oft formulierte Illusion, die Umweltverträglichkeit sei ja so viel leichter empirisch, quantitativ, naturwissenschaftlich zu bestimmen. Das einfache Motto, was der Umwelt schadet, ist schädlich und deshalb umweltunverträglich, trägt nicht weit. Denn die Bestimmung von Grenzwerten bleibt immer eine politische Abwägung, wenn die Analyseverfahren einerseits und die globale Pollution andererseits soweit fortgeschritten sind, daß „reine" Stoffe nicht mehr nachweisbar sind. Und Konflikte um Interessen kennt die Debatte um Umweltverträglichkeit nicht minder.

Auch ein weiterer Grenzwert im Zusammenhang von Umweltverträglichkeit und Sozialverträglichkeit hat sich zunehmend aufgelöst: Die Kategorie Betroffenheit von Umweltgefahren muß zunehmend liquidiert werden, weil die Grenzziehungen seit Tschernobyl, seit Ozonloch, seit Meeresvergiftung und Grundwasserbedrohung sich auflösen. Mit denselben Entgrenzungsproblemen hat der Begriff Sozialverträglichkeit zu kämpfen: Wer ist nicht betroffen von den Folgen forcierter Einführung der Informations- und Kommunikationstechnologien auf der Basis der Mikroelektronik weltweit?

Technikentstehung ist als Prozeß der sozialen Organisation von Wissen, der Integration und Transformation von Wissensbeständen aufzufassen.[16] Technik wird sozial gestaltet, es muß und soll nur bewußter, breiter, transparenter und mit mehr Beteiligung geschehen. Dazu kann durchaus der Staat Verfahren verbessern, öffnen, Dialog organisieren oder zumindest anstoßen.

Auch in der ursprünglich so wissenschafts- und rationalitätsgläubigen Technikfolgenabschätzung wird jetzt ein demokratisches Modell favorisiert, „in dem der Öffentlichkeit eine konstitutive Funktion in der Bewertung von Technik zukommt".[7] Vor dem Hintergrund der Konflikte um technische Entwicklungen müsse Technikfolgenabschätzung zwar Sachinformationen und Erkenntnisse über Technikfolgen bereitstellen, aber insbesondere „Interessen und Betroffene in der technischen Entwicklung zu identifizieren und offenzulegen" versuchen.[18] Diskurs und gesellschaftliche Reflexivität seien gefragt.

Dies ist auch konstitutiver Ansatz des

Programms Sozialverträgliche Technikgestaltung.[19] „Partizipation und öffentlicher Diskurs“ [20] gehören zu den Kerngedanken. Sozialverträglichkeit als gesellschaftlich verpflichtetes organisiertes Verfahren von Technikgestaltung ist so verstanden vielleicht weniger als ein neues Grundrecht oder ein hehrer Grundwert, aber es ist schwer genug.

[1] Vgl. z. B. *Gleich:* Werkzeugcharakter, Eingriffstiefe und Mitproduktivität als zentrale Kriterien der Technikbewertung und Technikwahl. In: ders./Lucas/ Schleicher: Blickwende, Werkstattbericht Nr. 33 des SoTech-Programms Nordrhein-Westfalens. 1988. S. 1. — [2] *Schulenberg:* Chancen kooperativen Handelns erkennen. In: Presse und Informationsdienst (Hrsg.): Nordrhein-Westfalen Initiative Zukunftstechnologien. 1984. S. 30. — [3] Siehe *Meyer-Abich/ Schefold:* Die Grenzen der Atomwirtschaft. 1986. S. 33. — [4] *Meyer-Abich:* Gesellschaftliche Rahmenbedingungen der Energieversorgung — Kriterien zur Technologiefolgenabschätzung von Energiesystemen. In: Gesellschaft für Zukunftsfragen (Hrsg.): Zukunft, Energietrends und Alternativen. 1976. — [5] Vgl. besonders den letzten Band *Meyer-Abich/Schefold* (Anm. 3). — [6] Vgl. besonders den ersten Band *Renn* u. a.: Sozialverträgliche Energiepolitik. 1985; und den letzten Band *Jungermann* u. a. (Hrsg.): Die Analyse der Sozialverträglichkeit für Technologiepolitik. 1986. — [7] Vgl. *Bechmann:* TA-Konzept, Verfahren, Institutionalisierung und gesellschaftliche Folgeprogramme. In: Lange/Bogumil: Sozialverträglichkeit und Soziale Beherrschbarkeit, polis, Heft der Fernuniversität Hagen 1988. — [8] Kritisch dazu *Alemann:* Partizipation oder Akzeptanz. In: Jungermann u. a. (Anm. 6), S. 28 ff. — [9] *Alemann/Schatz/Viefhues:* Mensch und Technik. 1986. — [10] Ebenda S. 32 bis 34. — [11] *Battis/Gusy:* Technik und Recht. 1988. S. 170. — [12] Ebenda S. 162. — [13] *Meyer-Abich/Schefold* (Anm. 3), S. 78 bis 86; siehe hierzu auch *Roßnagel:* Radioaktiver Zerfall der Grundrechte? 1984. — [14] *Battis/Gusy* (Anm. 11); *Wolf:* Der Stand der Technik. 1986; *Bolenz:* Technische Normung zwischen „Markt“ und „Staat“. 1987. — [15] *Simitis,* NJW 1984, S. 398 ff.; *Denninger:* Das Recht auf informationelle Selbstbestimmung und innere Sicherheit. In: Hessendienst der Staatskanzlei (Hrsg.): Informationsgesellschaft oder Überwachungsstaat. 1984. — [16] *Dierkes:* Zwischen Technik, Determinismus und sozialer Gestaltbarkeit der Technik: Organisationskultur und Professionsorientierung als Einflußfaktoren der Technikgenese. Referat zum Kolloquium des Verbunds sozialwissenschaftlicher Technikforschung, Bonn, 30. Mai 1988. — [17] *Bechmann* (Anm. 7). — [18] Ebenda. — [19] Dazu im einzelnen *Alemann:* „Sozialverträgliche Technikgestaltung“ als beteiligungsorientiertes Programm. In: Kißler (Hrsg.): Computer und Beteiligung. 1988. S. 18 ff.— [20] *Alemann/Schatz/Viefhues* (Anm. 9), S. 43.

Technische Entwicklung und grundgesetzliche Ordnung

Grundrechtsentfaltung durch Informationstechnik

Klaus Haefner, Bremen

Wer nur auf die negativen Auswirkungen der Informations- und Kommunikationstechnik starrt, läuft Gefahr, die epochalen Chancen zu übersehen, die diese Techniken für eine Entfaltung von Freiheit und Demokratie bieten. Eine human computerisierte Gesellschaft eröffnet weitreichende Möglichkeiten für eine bessere Verwirklichung von Grundrechten. Wenn die bestehenden Gestaltungsspielräume konstruktiv genutzt werden, kann die neue Technik insbesondere zu direkteren Formen der Demokratie führen.

Ausgangspunkt meiner Überlegungen ist die Erkenntnis, daß wir in einem Lande leben, in dem es möglich ist, über gesellschaftliche Prozesse einen demokratischen Diskurs zu führen und Freiheit zu realisieren. Wir haben heute mehr Freiheit, als wir es jemals in der Geschichte Deutschlands hatten. Ich gehe davon aus, daß uns diese Möglichkeit der individuellen Mitgestaltung politischer Strukturen erhalten bleibt.

Vor diesem Hintergrund erwarte ich als Konsequenzen der Computerisierung auch positive Entwicklungen für die Grundrechtsentfaltung. Könnte ich nicht von den genannten Prämissen ausgehen, wäre ich in der Tat auch sehr skeptisch, ob es uns gelingen wird, die Informationstechnik im Sinne tradierter verfassungsrechtlicher Rahmenvorstellungen weiter zu entwickeln. Ich habe jedoch Vertrauen in die jetzigen Kontroll- und „Checks- and Balance"-Strukturen: Wir haben Wechsel in den Regierungen, es ist möglich, neue Parteien in der Bundesrepublik zu gründen. Wir sehen, daß Bürgerinitiativen entstehen, und daß viele Bewegungen – wie im Kerntechnikbereich – nach langer Dis-

Prof. Dr. **Klaus Haefner,** Dipl.-Physiker, geb. 1936, Professor für angewandte Informatik an der Universität Bremen. Von 1965 bis 1968 Assistant Professor an der University of Texas, 1969 Habilitation in Genetik, 1970 bis 1972 Prorektor in Freiburg, 1969 bis 1982 Berater des Bundesministers für Forschung und Technologie, 1983 bis 1986 Sprecher des Fachbereichs „Ausbildung und Beruf" der Gesellschaft für Informatik, 1987 Abteilungsleiter im Ministerium für Umwelt Baden-Württemberg. Veröffentlichungen u. a.: Der „große" Bruder – Chancen und Gefahren für eine informierte Gesellschaft, Düsseldorf 1980; Mensch und Computer im Jahr 2000, Basel 1984; Denkschrift zum 100jährigen Jubiläum des Kraftfahrzeugs: Das vollautomatische Auto-Mobil, Bremen 1985; „Denkzeuge" – Was leistet der Computer? Was muß der Mensch selbst tun?, Basel 1987.

Prof. Dr. Klaus Haefner, FB Mathematik und Informatik, Universität Bremen, Bibliothekstraße, 2800 Bremen 33

kussion sogar zu geschlossenen alternativen Konzepten von Parteien führen können.

Insgesamt bin ich also optimistisch, daß die Bürger die gesellschaftlichen Zukünfte in der Bundesrepublik mitgestalten können. Es ist allerdings wichtig klarzustellen, daß andere als die im folgenden dargestellten gesellschaftlichen Konsequenzen erwartet werden können, wenn die obigen Prämissen anders bewertet werden.

Die human computerisierte Gesellschaft

Ich möchte zunächst die Vision einer human computerisierten Gesellschaft vorstellen, die ich in meinem Buch „Mensch und Computer im Jahre 2000 – Ökonomie und Politik für eine human computerisierte Gesellschaft" detaillierter charakterisiert habe. Diese konstruktive Utopie ist für mich quasi eine Extrapolation meiner Prämisse, also die Umsetzung gesellschaftlichen Handelns unter intensiver Nutzung der Informationstechnik. In dieser Gesellschaft spielt für mich der Mensch als Individuum eine sehr zentrale Rolle. Im Gegensatz dazu erscheinen mir die meisten der sozialwissenschaftlichen Diskussionen als zu analytisch destruktiv und „unmenschlich" systemorientiert.

In meiner Utopie geht es um den Menschen, um das Individuum. Ich möchte ihn den Homo sapiens informaticus nennen. Es ist der Mensch, der in der Lage ist, mit dieser Technik so umzugehen, wie er es in der Vergangenheit gelernt hat, mit dem elektrischen Strom oder mit der Verkehrstechnik umzugehen. Sein selbstverständlicher Umgang mit der Informations- und Kommunikationstechnik wird es ihm ermöglichen, seine Grundrechte intensiver zu verwirklichen. Wir haben in der Tat Anlaß zu hoffen, daß wir in einer human computerisierten Gesellschaft unsere Grundrechte erweitern können. Insbesondere wird es möglich sein, die jetzige Form der repräsentativen Demokratie zu erweitern und zu einer neuen Form der Demokratie zu gelangen, die ich die direktere Demokratie nenne.

Selbstverständlicher Umgang mit den modernen Informations- und Kommunikationstechniken: mit diesem Vicoset-Gerät kann man nicht nur den Gesprächspartner sehen, sondern auch Dokumente übermitteln.
(Foto: Siemens München)

Um anzudeuten, was ich unter einer human computerisierten Gesellschaft verstehe, will ich diese gesellschaftliche Entwicklungsstufe in die geschichtliche, ja sogar evolutionäre Vergangenheit des Menschen einordnen. Wenn wir uns anschauen, wie sich die Menschheit entwickelt hat, muß man feststellen, daß der erste große Sprung nach vorne die Einigung auf eine sprachliche Artikulation in der Horde war, die es erlaubt hat, relativ komplizierte Sachverhalte zu vermitteln. Die Gruppe war dadurch ausgezeichnet, daß sie so etwas wie Regeln, Gesetze und Prinzipien kannte. Ein schriftlicher Kodex, mehr oder weniger verfestigt, schrieb gewisse Grundwerte fest, etwa die Bibel, die entsprechenden Bücher der anderen großen Religionen oder die Kodifizierung des Rechts. Dies ermöglichte die Entstehung von Staaten, von Verwaltungen, von übergreifenden Organisationen und von geordneter Kommunikation.

Dies ist der Zustand, in dem wir uns jetzt befinden. Dabei ist es sehr wichtig, zur Kenntnis zu nehmen, daß wir heute nicht am Ende der Entwicklung stehen. Es gibt keinen Grund anzunehmen, daß die Welt im Jahre 1989 ihren endgültigen Zustand erreicht hat oder daß gar die Gesellschaftsstruktur in dem heutigen Entwicklungsstand kulminiert. Ich gehe vielmehr davon aus, daß die Gesellschaft sich weiterentwickelt und daß der Kommunikations-, Speicherungs- und Verarbeitungsprozeß von Informationen in der Gesellschaft vorangetrieben wird, so wie auch biologische Organismen sich evolutiv entwickelt haben. Die so entstehende Form der integrierten Verarbeitung und Speicherung von Informationen sowie deren Transport in sozialen und technischen Systemen ist das, was ich das sozio-technische Gesamtsystem nennen möchte. Dies ist für mich die nächste Stufe gesellschaftlicher Entwicklung. Erst wenn dieser Ansatz akzeptiert wird und nicht angenommen wird, daß die Welt so stehenbleibt, wie sie heute ist, kann man sinnvoll darüber nachdenken, welche Folgen die künftige Nutzung der Informationstechnik verursachen wird.

Geeignete Infrastruktur

Die Informationstechnik wird sich in der Verwaltung, in der Produktion, in militärischen Bereichen und last not least in allen privaten Bereichen flächendeckend durchsetzen. Sie wird nahezu alle gesellschaftlichen Bereiche durchdringen, weil sie zum einen eine wettbewerbsverschärfende Technik ist, zum anderen aber vor allem, weil sie vielen menschlichen Grundbedürfnissen entgegenkommt.

Diese beiden Aspekte der Informationstechnik sind mir besonders wichtig. In vielen Diskussionen, die wir über die Konsequenzen der Informationstechnik führen, stellen wir immer nur große abstrakte Systeme in den Mittelpunkt, aber wir vergessen, daß die einzelnen Menschen in ihrer Privatsphäre Informationstechnik intensiv nutzen. Das fängt beim Telefon an, das ja ein Stück Informationstechnik ist, und läuft über den Taschenrechner bis zur Nutzung von Videorecordern und Personal Computern.

Die so entstehenden Strukturen erscheinen mir ausbaufähig, wenn es gelingt, Grundrechte so zu entfalten, daß politische Divergenzen artikuliert werden können und in einem freien Rechtsstaat für politisch unterschiedliche Standpunkte argumentiert werden kann. Wenn es uns gelingt, die Informatisierung und Computerisierung der Gesellschaft durchzustehen, dann glaube ich, daß wir auch zu einem anderen demokratischen System kommen, weil wir dann auch einen anderen Typ von Menschen haben werden: Der nicht-demokratische Mensch konnte nicht lesen und nicht schreiben. Mit der Alphabetisierung erreichten wir eine erste Stufe der Demokratie – die der repräsentativen Demokratie. Mit der Computerisierung, der persönlichen Fähigkeit einer Nutzung technischer Informationsverarbeitungsmechanismen, erscheint es mir möglich, die nächste Stufe der Demokratie zu erreichen. Dies kommt uns allerdings heute ähnlich utopisch vor, wie es etwa den

Bauern des 13. Jahrhunderts unmöglich erschien, ihren Fürsten zu wählen. Sie waren weit davon entfernt zu verstehen, daß sie im Prinzip eine Bildungsfähigkeit hatten, die es ihnen erlaubte, einen solchen Entscheidungsprozeß politisch zu realisieren.

Wir haben sehr früh angefangen, unsere Extremitäten zu unterstützen – mit der Axt, dem Pferd, dem Wagen. Wir haben angefangen unsere Sinnesorgane zu unterstützen – bis hin zum Radio, bis hin zum Fernsehen im Sinne von wirklichem Fern-Sehen. Heute sind wir mit der Informationstechnik dabei, die Leistungen des Gehirns zu unterstützen und wesentlich zu erweitern.

Das fordert natürlich eine geeignete Infrastruktur. Viele Beunruhigungen, die zur Zeit vorhanden sind, entstehen daraus, daß wir noch nicht verstehen, wie dieser Homo sapiens informaticus, der die Informationstechnik nutzt, sich in einer angemessenen Infrastruktur „bewegen" kann. Viele der Sorgen beruhen auf dem Vorverständnis, einer bestimmten – negativ bewerteten – Infrastruktur ausgeliefert zu sein, und es wird dabei übersehen, daß man diese unterschiedlich gestalten kann. Die humane Gestaltung der Informationsinfrastruktur halte ich deshalb für eine sehr wichtige Aufgabe.

Im Zentrum der Gestaltungsprinzipien und -aufgaben steht für mich das Prinzip der psychischen Mobilität mit Informationstechnik. Wir sollten eine Arbeitsteilung vornehmen zwischen typisch menschlichen Leistungen und den kognitiven Routinen, die ich informationstechnisch abgebildet sehen möchte. Diese Entwicklung ist vergleichbar mit der Tatsache, daß wir einfache Bewegungen vor Ort mit unseren Extremitäten machen, aber sobald wir uns über größere Distanzen bewegen, also größere Leistungen erbringen müssen, die Verkehrstechnik nutzen.

Typisch menschliche Handlungen sind zum Beispiel das Entwickeln von Perspektiven, Konzepten, Visionen, juristische Verfahren, sowie Fragen der Sozialisierung und Kommunikationsfähigkeit. Dem gegenüber glaube ich, daß der Mensch zum Beispiel die Informationsspeicherung, also die Nutzung von großen Informationsmassen, die Abwicklung schneller Algorithmen, das Aufsuchen von Information mit Retrievalprozessen den Computer-Aided-X-Systemen überlassen sollte.

Recht auf Leben und Grundversorgung

Unter diesen Rahmenbedingungen sind folgende Erweiterungen von Grundrechten entsprechend der Systematik der UNO-Menschenrechtskonvention und des Grundgesetzes zu erwarten:

Erstens können wir bezüglich des *Rechts auf Leben* erkennen, daß die Informatisierung und Computerisierung unser Recht auf Leben so verbessert, wie dies der Menschheit früher *nie* möglich war. Die moderne Medizin bietet durch Nutzung der Informationstechnik einen breiten Spielraum, das Leben zu verlängern. (Ob das immer sinnvoll ist, ist eine zweite Frage.) Intensivstationen, so wie sie heute betrieben werden und wie sie vielen Menschen zum Beispiel bei Verkehrsunfällen helfen, sind ohne moderne Informationstechnik nicht denkbar. Sie ermöglichen eine Abnahme der Zahl der Verkehrstoten trotz Zunahme der Verkehrsunfälle. Auf dem Gebiet der Prothetik, im Bereich des Ausgleichs von Anomalien, in der Bekämpfung von Langzeitfolgen kann der Mensch durch Nutzung von Informationstechnik ein neues Lebensgefühl gewinnen. Wir hatten bisher schon eine einfache Prothetik, aber das, was heute mit moderner Technik möglich ist, bietet eine ganz andere Form, das Recht auf Leben zu realisieren. Manchmal führt dies sogar zu Ergebnissen, die nicht immer ohne weiteres akzeptabel sind – wir haben zum Beispiel die Diskussion um das humane Sterben auch grundgesetzlich noch lange nicht abgeschlossen.

Zweitens kann die moderne Informatisierung und Computerisierung die *Potenzen einer materiellen Grundversorgung für breite Schichten der Bevölkerung* enorm verbessern. Die Computerisierung der Produktion, die Computerisierung der Materialwirtschaft und die Computerisierung der Märkte machen es möglich, daß jedermann mit einem Minimum an Arbeit oder sogar ganz ohne Arbeit – mindestens in den Industrienationen, mittelfristig vielleicht sogar weltweit – sich ernähren, sich kleiden und kommunikativ sein kann, ohne dafür lohnabhängig arbeiten zu müssen. Dies ist eine Perspektive, die uns bisher keine andere Technik bieten konnte. Denn alle bisher realisierten Techniken brauchten notwendigerweise den Menschen als Kontrolleur. Keine noch so gute Drehbank arbeitete alleine; heute kann sie durch Lochstreifensteuerung oder eben durch Computersteuerung automatisch arbeiten. Ein CAD-System ist heute in der Lage, aus einer Konstruktionszeichnung automatisch die Stückliste zu erzeugen und die notwendigen Warenwirtschaftssysteme zu aktivieren.

Die Frage, die sich an diese Entwicklung anschließt, ist dann allerdings: Wie gestalte ich die Verteilung von Produktivität in der Gesellschaft? Wir haben uns angewöhnt – und zwar in den letzten zweihundert Jahren – Produktivität nur über Arbeit zu verteilen. Das ist ein mehr oder minder zufälliger Mechanismus. In den Jahrhunderten oder Jahrtausenden geschichtlicher Entwicklung war dies keineswegs immer so. Im Gegenteil: Die Reichen haben früher eigentlich immer wenig gearbeitet. Es ist also durchaus eine Fortschreibung unseres jetzigen Systems vorstellbar, in dem der Verteilungsmechanismus anders läuft und der Zugriff zur Produktivität, genauso wie der Zugriff zum Straßennetz oder zu Bildung, ein *Allgemeingut* ist, für das der einzelne nicht individuell durch Arbeit bezahlen muß.

Dazu muß man ökonometrisch rechnen, welche technisch „vollautomatisch" gestützte Produktivität benötigt wird. Ferner bedarf es natürlich einer politischen Willensbildung, die eine neue Art von Verteilung der Produktivität erlaubt. Ich glaube, daß wir in der Bundesrepublik in dieser Hinsicht auf keinem schlechten Weg sind. Wer sich die Transfereinkommen im öffentlichen Haushalt ansieht, wird feststellen, daß zur Zeit ein Drittel des gesamten Nettoeinkommens bereits sozial verwendet wird. Im Haushalt des Bundes ist ein Transfereinkommen von 70 bis 80 Mrd. DM zur Zeit verfügbar. Wenn man Teile des „Sozialeinkommens" in Produktivitätskapazität umwandeln und nicht primär als Konsum nützen würde, dann wäre es möglich, im Jahre zweitausendund-x eine „kostenlose" Grundversorgung zu realisieren. Die Informationstechnik ermöglicht uns einen ökonomischen Sprung nach vorn, den wir uns bisher in einer Welt ohne Informationstechnik nicht denken konnten.

Freiheit, Sicherheit, Gerechtigkeit

Der *dritte* Bereich, den ich untersuchen möchte, betrifft *Freiheit und Sicherheit.* Die psychische Mobilität mit Informationstechniken ermöglicht natürlich einen anderen Status von Freiheit. Der Zugang zu Informationen, die Möglichkeit, Information abzugeben, die Freiheit, weltweit zu kommunizieren, dies alles sind Konsequenzen der psychischen Mobilität mit Informationstechnik. Vor allem – und das ist sehr wichtig – stand uns bisher nur das „begrenzte Gehirn“ für die Verarbeitung von Informationen zur Verfügung. Mit persönlichen Denkwerkzeugen ist es jedoch möglich, Information selektiv für sich aufzuarbeiten oder für sich verarbeiten zu lassen und dann die so verarbeitete Information zu nutzen. Daß wir all dies heute noch nicht in voller Breite können, ist einsichtig. Vor achtzig Jahren konnten in Deutschland auch nur etwa fünf bis acht Prozent der Bevölkerung Auto fahren. Heute haben etwa neunzig Prozent derjenigen, die überhaupt fahren dürfen, einen Führerschein.

Warum also sollen die Menschen nicht lernen, in Zukunft Mobilität mit Informationstechnik zu realisieren? Eine Konsequenz der Nutzung der Informationstechnik ist die verbesserte Möglichkeit der Mitwirkung, weil die Verfügbarkeit von Wissen und die Kommunikationsfähigkeit wesentlich erhöht werden. Verbessert werden dadurch auch die Möglichkeiten, sich zu solidarisieren, Informationen auszutauschen und gemeinsam zu verarbeiten. Das sind neue Freiheiten – bis hin zur direkten Demokratie.

Der *vierte* hier zu untersuchende Bereich betrifft das *Anhörungsrecht*. Die verbesserte Kommunikationsinfrastruktur wird uns auch in dieser Hinsicht mehr Möglichkeiten bieten. Komplementär wird die breite Nutzung von Informationen und der relativ leichte Zugang zur Information natürlich auch die Geheimhaltung von Tatsachen reduzieren, die bisher Anhörungen so erschwert haben. Hier arbeiten also zwei antagonistische Mechanismen für eine Verbreiterung dieses Rechts.

Fünftens dürfte die Nutzung der Informations- und Kommunikationstechnik auch die *Gerechtigkeit* erhöhen. Zum Beispiel wird die Verfügbarkeit von Datenbanken über Gerichtsurteile zu mehr Gleichheit führen. Man sieht das im „Legal System“ in den USA, wo es wegen der Computerisierung der wesentlichen Gerichtsentscheidungen außerordentlich schwer ist, Entscheidungen herbeizuführen, die sich wesentlich von bereits getroffenen unterscheiden. Ich halte dies für einen echten Fortschritt.

In der Bundesrepublik zeigen Untersuchungen, wie groß heutzutage die Unterschiede der Verurteilungen zum Beispiel im Verkehrsrecht sind. Es ist ein großer Unterschied, ob jemand in Hamburg oder Bayern verurteilt wird. Ich halte dies nicht für gerecht. Wenn Richter und natürlich auch Kläger oder Beklagte die Möglichkeit haben, unmittelbar in entsprechenden Datenbanksystemen ihre Information aufzusuchen, dann ist dies sehr viel transparenter – eine Möglichkeit, die wir bisher angesichts der Masse der schwer lesbaren juristischen Literatur nicht hatten. Ein differenzierter Informationszugang führt zu größerer Gerechtigkeit, weil der einzelne in der Lage ist, sich die Information, die ihm nutzt, schneller und effizienter zu beschaffen. In diesem Sinne glaube ich, daß die Computerisierung auch ein Stück Gerechtigkeit erzeugt. Die Informationstechnik wird immer kostengünstiger; Speichermedien, die früher Millionen gekostet haben, sind heute im Tausend-Mark-Bereich zu haben und werden in ein paar Jahren im Zehn-Mark-Bereich liegen. Es wird dadurch möglich sein, sehr große „Informationsmassen“ sehr billig zu erwerben. Damit wird eine soziale Gleichheit des Informationszugangs möglich.

Schutz der Privatsphäre und Meinungsfreiheit

Sechstens kann die Potenz der Dezentrali-

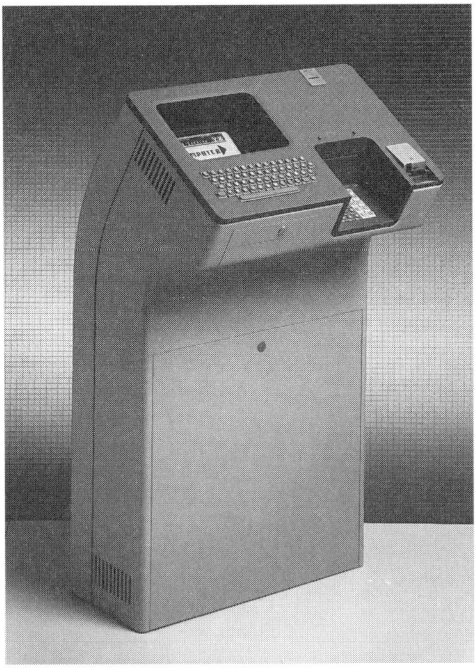

Öffentliches Btx-Terminal mit vertiefter Tastatur und Bildschirm, damit vertrauliche Daten nicht von Dritten mitgelesen werden können. (Foto: SEL Stuttgart)

sation der Datenerhaltung durch moderne optische Speichertechniken für den *Schutz der Privatsphäre* wesentliche Verbesserungen bringen. Es ist interessant, daß die Amerikaner, von denen wir ja sonst einen relativ „rauhen" Umgang mit der Informationstechnik gewöhnt sind, gerade in diesem Bereich zu einer Nutzung der Gesundheitsdaten gekommen sind, die einer human computerisierten Gesellschaft adäquat ist: Jeder trägt seine Gesundheitsdaten auf einer optischen Speicherkarte bei sich, ohne daß sie zentral gespeichert werden. Die Ärzte können die Karte inspizieren, wenn dies notwendig ist und der Patient einwilligt. Sie dürfen die Daten nicht speichern, können sie aber ergänzen. Die optische Karte ist ein individueller Gesundheitspaß des einzelnen. (Man darf sie natürlich nicht verlieren und man kann sich Gedanken machen, ob es sinnvoll ist, irgendwo eine Kopie zu hinterlegen.)

Der generelle Ansatz des Datenschutzrechts, so wie er in der Bundesrepublik umgesetzt und verfolgt wird, ist ein richtiger Weg. Allerdings gehe ich davon aus, daß in einem sozio-technischen Gesamtsystem mehr Daten transparent sein werden, als das früher üblich war. Das heißt, ich gehe davon aus, daß es uns aus technischen Gründen mittelfristig nur gelingen wird, einen relativ kleinen Bereich an Kerndaten zu schützen. Das hängt im wesentlichen damit zusammen, daß die Massenspeichertechnologie der nächsten Jahre eine gigantische Reduktion des Volumens von Massenspeichern zur Folge haben wird. Die Bundessozialdatenbank wird in einigen Jahren in einen Zuckerwürfel passen. Es wird sehr schwer sein, alle Personen, die damit irgendwie zu tun haben, davon abzuhalten, diesen Zuckerwürfel eines Tages zu schlucken und ihn aus dem Rechenzentrum herauszutragen! Unter diesen Bedingungen wird sich die Frage stellen: Was ist besser: die Beschäftigten immer 48 Stunden in Quarantäne zu halten, bevor man sie nach Hause läßt, und ihren Stuhl zu untersuchen oder sich größerer Transparenz zu öffnen?

Ein siebter Bereich, der eine Erweiterung der Grundrechte eröffnet, ist *das Recht auf Meinungsäußerung.* Das elektronische Dokument ohne Mindestauflage, so wie es zum Beispiel im Bildschirmtext realisierbar ist, ist ein völlig neues Phänomen. Wir haben bisher, wenn wir auf Papier etwas Neues publizieren wollten, die Druckkosten und eine Mindestauflage finanzieren müssen. Dies ist jetzt nicht mehr notwendig. Wir haben mit Electronic Mail und Mail-Box-Systemen eine neue Art der Meinungsäußerung und Meinungsverbreitung. Daß sich nicht alle derart differenziert informieren wollen und weiterhin lieber zum Beispiel die BILD-Zeitung lesen, ist ein anderes Problem. Aber die Technik bietet zum ersten Mal die Möglichkeit, mit geringen Kosten individuelle Meinungen zu verbreiten. Bei der französischen Nutzung des Bildschirmtextsystems sieht man, daß dies auch genutzt wird.

Wir stehen vor einer deutlichen Verbilligung der Telekommunikationskosten (bei konstanter Leistung), die dazu führt, daß wir mehr Telekommunikationsleistungen nutzen können. Wer das Telefonverhalten der Deutschen betrachtet, kann sehen, daß die Zeit, die die Deutschen zur telefonischen Meinungsäußerung nutzen, dramatisch angestiegen ist.

Versammlungsfreiheit und Freizügigkeit

Im *achten* Bereich, *der Versammlungsfreiheit,* bietet die Computerkonferenz, also die Möglichkeit, Ideen einer telekommunikativen Gruppe verfügbar zu machen und diese Gruppe zu einer Konsensbildung zu bringen, einen neuen von Ort und Zeit unabhängigen Weg. Sie ermöglicht eine virtuelle Versammlung, die jederzeit einberufen und zu der jedermann von Garmisch bis Flensburg eingeladen werden kann – und all dies bei außerordentlich geringen Kosten. Davon wird in der Bundesrepublik wenig Gebrauch gemacht. Aber das ist nicht eine Problematik der Technik, sondern betrifft die Frage, ob es gelingt, einen mündigen Bürger zu qualifizieren, der diese Technik im Sinne der Versammlungsfreiheit wirklich nutzt.

Mit der modernen Telekommunikationstechnik ist die Möglichkeit des „Pollings", des Einsammelns von verschiedenen Meinungen gegeben. Wir haben also grundsätzlich die Möglichkeit, unterschiedliche Positionen zu einer Frage über telekommunikative Systeme zusammenzubringen.

Technisch verbesserte Kommunikation bis hin zur Nutzung von vollautomatischen Simultanübersetzern wird *neuntens* dazu führen, daß wir zu einer ganz ande-

Bildschirmkonferenz: Versammlungsmöglichkeit unabhängig von Ort und Zeit. (Foto: Siemens München)

ren Art von *Freizügigkeit* gelangen. Es ist bekannt, daß die Japaner und die Amerikaner an einem gemeinsamen Projekt der Simultanübersetzung auf den Telefonleitungen zwischen Japan und USA arbeiten. Wir werden künftig über die Möglichkeit verfügen, uns telekommunikativ relativ freizügig zu bewegen. Wir werden dann irgendwann einmal auch den handgehaltenen Simultanübersetzer haben.

Auf dem Weg zu einer direkteren Demokratie

Abschließend einige Bemerkungen zur *direkteren Demokratie.* Ich bin überzeugt, daß in den nächsten zwanzig Jahren wesentliche demokratische Verbesserungen möglich sind. Demokratie, wie sie heute funktioniert, organisiert ja Problemlösungen in Paketen, die von einigen wenigen Parteien angeboten werden. Der Wähler hat also zur Zeit im wesentlichen nur die Möglichkeit, eine Partei mit einem Block von gemischten Problemlösungen zu wählen. Dies ist ein *altertümlicher* Umgang mit Sachentscheidungen. (Man stelle sich vor, man könne im Kaufhaus nur abgepackte alternative Warenkörbe kaufen!) Die Bürgerinitiativen auf der einen Seite, aber auch die Praxis plebiszitärer Komponenten zum Beispiel in der Schweiz und in den USA zeigen, daß andere Organisationsmuster möglich sind.

Es ist also sinnvoll, sich zu überlegen, wie man alternative Problemlösungen in öffentlichen Datenbanken verfügbar machen kann. Es ist möglich, Entscheidungssysteme aufzubauen, die es erlauben, eine direktere Mitwirkung durch den Wähler zu realisieren. Man erhält dadurch eine direkte Rückkoppelung zwischen den Problemen und dem Wählerwillen.

Dieser Vorschlag darf nicht als ein Plädoyer für eine „Knopfdruckdemokratie" mißverstanden werden. Ich unterstelle natürlich, daß es möglich ist, Sachkenntnis zu einzelnen Entscheidungen differenziert auszubreiten, bevor über ein Problem abgestimmt wird. Wenn ich das Konzept des mündigen Bürgers ernstnehme, muß ich es natürlich auch in Detailfragen tun. Ich gehe auch davon aus, daß solche Entwicklungen zunächst lokal geübt und gelernt werden müssen, schließlich aber auch auf Landesebene und irgendwann einmal auf Bundesebene praktiziert werden können.

Voraussetzung hierfür ist jedoch, daß wir willens sind, unsere demokratische Organisation, unseren demokratischen Prozeß voranzutreiben. Ich habe mich gewundert, daß niemand Klage gegen den Bildschirmtextstaatsvertrag erhoben hat, der in seiner jetzigen Form eben diese Art der repräsentativen Demokratie *verbietet.* Es ist erstaunlich, daß wir die demokratischen Möglichkeiten des Bildschirmtextes nicht nutzen und stattdessen nur über die negativen Konsequenzen klagen.

Mehr Grundrechte und Demokratie

Zusammenfassend kann festgehalten werden: Wir stehen erst ganz am Anfang einer die Grundrechte erweiternden Nutzung der Informationstechnik. Dies hat seine Ursache darin, daß wir es bisher nicht geschafft haben, den Menschen mit den Möglichkeiten der Informationstechnik wirklich vertraut zu machen. Wir argumentieren so, wie man um die Jahrhundertwende beim Kraftfahrzeug argumentiert hat: „Einige wenige werden sich das Automobil anschaffen und damit den Rest der Menschheit überfahren."

Diese Grundhaltung scheint mir bei vielen Sozialwissenschaftlern in der Bundesrepublik besonders verbreitet zu sein. Im Gegensatz dazu müssen wir uns darüber

Bringt die Realisierung einer human computerisierten Gesellschaft auch eine Erweiterung der verbürgten Grundrechte mit sich? Sind wir auf dem Weg zu einer direkteren Demokratie? (Hier das volldigitale Vermittlungssystem EWSD) (Foto: Siemens München)

klar werden, daß wir uns an der Schwelle einer neuen Phase der menschlichen Evolution befinden. Wir müssen den durch Informationstechnik erweiterten und ergänzten Homo sapiens informaticus zur Kenntnis nehmen.

Zu einer Gruppe von so ausgestatteten, arbeitenden und lebenden Menschen gehören andere *erweiterte* Grundrechte. Diese führen zu einer anderen Form der sozialen Integration und letztlich natürlich auch zu einem veränderten Verfassungsrecht, zu einer anderen Grundstruktur des menschlichen Miteinanders. Für diese Entwicklung wird die direktere Demokratie eine wesentliche Komponente sein. Ich halte unsere Demokratie, so wie wir sie zur Zeit praktizieren, durchaus für entwicklungsfähig und für eine Basis zur Entwicklung einer human computerisierten Gesellschaft – wenn wir die Gestaltungsmöglichkeiten konstruktiv nutzen!

Literatur

Haefner, K.: Mensch und Computer im Jahr 2000 – Ökonomie und Politik für eine human computerisierte Gesellschaft. 1984. – *Haefner, K./Eichmann, E./Hinze, C.:* Denkzeuge – Was leistet der Computer? – Was muß der Mensch selber tun? 1987.

Telekommunikative Traum-Demokratie?

Auswirkungen der Informationstechnik auf die verfassungsmäßige Ordnung

Hans Peter Bull, Kiel

Viele erhoffen sich von dem umfassenden Einsatz der Informations- und Kommunikationstechnik eine Belebung der Demokratie. Sie erwarten, daß die neuen Techniken die demokratischen Entscheidungs- und Kontrollprozesse erleichtern, den Informationsvorsprung der Exekutive gegenüber dem Parlament und der Öffentlichkeit abbauen, die organisatorischen Hürden unmittelbarer Demokratie senken und zu einer Dezentralisierung von Macht beitragen. Gegenüber einem solchen „telekommunikativen Traumland" ist jedoch Skepsis angebracht. Versprechungen dieser Art sind kritisch nach ihren Verwirklichungsbedingungen und den unbeabsichtigten Nebenfolgen ihrer Verwirklichung zu befragen. Nur so kann ein realistisches Bild der Auswirkungen der neuen Technologien auf die demokratische Ordnung gewonnen werden.

Die Demokratisierung der Hochschulen hat dazu geführt, daß heute regelmäßig Wahlen zu den akademischen Gremien stattfinden; sie werden in der Regel als Briefwahlen durchgeführt. Stimmzettel, die den Willen des Wählers nicht zweifelsfrei erkennen lassen, sind ungültig; so bestimmt es zum Beispiel die Wahlordnung der Universität Hamburg vom 31. Mai 1978.[1] Die Stimmzettel werden vielfach schon maschinell gelesen, aber die Geräte können mit all den Stimmzetteln nichts anfangen, auf denen nicht genau an der vorgesehenen Stelle ein Bleistiftstrich angebracht ist. Solche Stimmzettel müssen ausgesondert und vom Wahlleiter besonders geprüft werden; der Wahlleiter entscheidet in solchen „Zweifelsfällen" über die Gültigkeit der Stimmzettel.[2]

Die „manuelle" Bearbeitung aller Stimmzettel, die nicht „ordentlich" ausgefüllt sind, ist der Verwaltung jedoch nicht selten zu mühsam. So legte die Hamburger Universitätsverwaltung dem Akademi-

Prof. Dr. **Hans Peter Bull,** geb. 1936, Innenminister des Landes Schleswig-Holstein. Studium der Rechtswissenschaft und Referendarausbildung. 1963 Promotion, 1972 Habilitation für Staats- und Verwaltungsrecht an der Universität Hamburg, seit 1973 dort Professor für öffentliches Recht. Von 1978 bis 1983 Bundesbeauftragter für den Datenschutz, 1983 Wiedereintritt in die Universität Hamburg. Veröffentlichungen u. a.: Die Staatsaufgaben nach dem Grundgesetz, 2. Auflage Kronberg/Ts. 1977; Datenschutz oder Die Angst vor dem Computer, München 1984; Sicherheit durch Gesetze? (Hrsg.), Baden-Baden 1988.

Prof. Dr. Hans Peter Bull, Innenminister des Landes Schleswig-Holstein, Düsternbrooker Weg 92, 2300 Kiel 1

schen Senat vor einiger Zeit einen Änderungsvorschlag zur Wahlordnung auf den Tisch, wonach künftig alle Stimmzettel ungültig sein sollten, die den Stimmabgabevermerk nicht an der vorgesehenen Stelle und in der vorgesehenen Form enthielten. Auf den Willen des Wählers sollte es also nicht mehr ankommen.

Der Akademische Senat lehnte diese Änderung einstimmig ab. Man mag den Fall damit für abgeschlossen halten, aber ich fürchte, daß solche Vorstöße wiederholt und auch an anderer Stelle unternommen werden. Man mag den Fall auch für unbedeutend halten – mir scheint er symptomatisch zu sein für das Bestreben von Verwaltungen, lästige Nebenfolgen des Einsatzes von Informationstechnik abzuwälzen und dabei wichtige normative Vorgaben für das Verwaltungshandeln zu vernachlässigen.

Zumindest dies sollte feststehen:

- Für die Gestaltung des Wahlverfahrens und seiner Modalitäten dürfen nicht die Bedingungen der Informationsverarbeitung ausschlaggebend sein; vielmehr muß das vorrangige Ziel beachtet werden, daß der Wille der Wähler zur Geltung gebracht wird.
- Andere Aspekte, wie die Wirtschaftlichkeit und Effizienz der Verwaltung, können allenfalls als nachrangige Argumente in eine Abwägung einbezogen werden. (Der Einsatz von Informationstechnik kann zu Einsparungen führen, er kann aber auch die Kosten erhöhen, zum Beispiel weil zur Kompensation nachteiliger Folgen ein erhöhter Beratungs- und sonstiger Personalbedarf entsteht.)
- Bei der Beurteilung der Benutzerfreundlichkeit von Informationstechnik darf nicht der Datenverarbeitungsexperte zum Maßstab gemacht werden. Nicht der Informationstechnik-Kenner, sondern der „Durchschnittsbürger" muß in die „Rechnung" eingestellt werden. Führt eine solche realistische Einschätzung dazu, daß mit einer hohen Fehlerquote gerechnet werden muß, so sollte auf den Einsatz der Technik verzichtet werden.

Die Hoffnungen und ihre Prämissen

Manche Politiker und Wissenschaftler sowie viele Vertreter der Wirtschaft erwarten von dem umfassenden Einsatz der Informationstechnik eine Belebung der Demokratie. In dem „telekommunikativen Traumland",[3] das sich dem naiven Betrachter aus all den gängigen Verheißungen aufbaut, haben auch demokratische Werte – Chancengleichheit, Transparenz und Selbstverwirklichung – eine neue Qualität erlangt. Mit Hoffmann-Riem[4] und anderen[5], die vor der unkritischen Hoffnung auf dieses Paradies gewarnt haben, ist der Appell zu einer nüchternen, die vorhandenen und voraussehbaren Gegenkräfte einbeziehenden Bewertung geboten.

Erleichterung der politischen Entscheidungs- und Kontrollprozesse?

Informationstechnik erweitert gewiß die praktischen Möglichkeiten, große Gruppen oder das ganze Volk über politische Fragen abstimmen zu lassen. Der technische Aufwand für *Wahlen und Abstimmungen* kann geringer werden, und vielleicht fördert das die Neigung, Volksbegehren und Volksabstimmungen einzuführen. Die Chance, von der „Zuschauerdemokratie"[6] wegzukommen und ergänzend zum repräsentativen System auch Elemente unmittelbarer Demokratie einzuführen, würde damit größer.

Freilich ist die technische Durchführung solcher neuer Formen demokratischer Teilhabe das geringste Problem von allen, die sich in diesem Zusammenhang stellen.

Andere Fragen sind viel schwieriger zu beantworten: etwa die nach den zu erwartenden positiven und negativen Folgen für die Verfassungsentwicklung im ganzen.[7]

Auch die Arbeit des *Parlaments,* insbesondere seine Kontrolle gegenüber der Exekutive, könnte durch Einsatz von Informationstechnik gestärkt werden. Aber auch hier ist sogleich zu fragen, welche Art von Nutzen konkret gemeint ist, wenn mit der neuen Technik große Hoffnungen verbunden werden. Dem Parlament werden Arbeitserleichterungen mannigfacher Art versprochen, und diesen Verlockungen ist jedenfalls der Deutsche Bundestag schon erlegen. Mit dem Programm „Parlakom" soll die Arbeit der Abgeordneten informationstechnisch unterstützt werden, damit sie mehr Informationen schneller und profunder verarbeiten können. Dies soll sich bei der Gesetzgebung wie bei der Kontrolle der Exekutive günstig auswirken.[8]

Tatsächlich scheinen die technischen Erleichterungen vor allem der Wahlkreisarbeit der Abgeordneten zu nützen. Durch „elektronische Briefkästen", Weiterschaltung von Telefonanrufen, Konferenzschaltungen, Telefax, Textverarbeitung im Abgeordneten- und Wahlkreisbüro und ähnliche informationstechnische Angebote kann der Kontakt zwischen den Abgeordneten und ihren Wählern, Mitarbeitern und Parteifreunden verbessert werden.

Inwieweit aber die Parlamentsarbeit selbst inhaltlich durch Informationstechnik verändert werden kann oder tatsächlich verändert wird, ist noch kaum untersucht. Um dies zu klären, wäre zunächst zu fragen, wo die Abgeordneten wirklich Probleme sehen. Schaffen sie ihr Pensum deshalb nicht, weil sie *zu wenig* wissen oder weil sie *zuviel Papier* auf den Tisch bekommen? Die Anforderungen an die Informations*verarbeitung* – also zunächst einmal das Lesen und Verstehen der vielen Materialien – sinken nicht durch Technik. Meist wird sogar mehr Information angeboten als bei traditionellen Techniken; die Strukturierungs- und Selektionsarbeit des Benutzers kostet dann entsprechend mehr Zeit.[9]

Sodann ist von der Art des Informationsbedürfnisses der Abgeordneten auszugehen. Dieses dürfte wesentlich von den jeweils anstehenden Themen der politischen Auseinandersetzung abhängen, also höchst unterschiedlich ausfallen und im Lauf der Zeit vielfach wechseln. Statistiken und wissenschaftliche Gutachten zu speziellen Fragen gehören ebenso dazu wie Presse- und Literaturdokumentationen und gewiß häufig auch (personenbezogene!) Informationen über andere politische Akteure und über aktuelle Geschehnisse in Wirtschaft und Gesellschaft, also Angaben, die *gezielt* beschafft werden müssen und von den Betroffenen und den damit befaßten amtlichen Stellen *geheimgehalten* werden (beziehungsweise nach Rechtsvorschriften geheimgehalten werden *müssen).*

Informationszugang: kein technisches, ein politisches Problem

Ein erheblicher Teil dieser Informationen liegt in schriftlicher Form ausschließlich außerhalb von Dateien, in Akten und Büchern vor, ist also über Informationstechniken nicht oder noch nicht zugänglich. Die sensibelsten Angaben – die etwa zur Aufklärung von Vorwürfen und Skandalen dienen könnten – werden in der Regel strengstens gehütet und gelangen allenfalls durch Indiskretion an Dritte. Auch bei den Angaben, die zum Beispiel zu Zwecken politischer Planung und zum Umweltschutz benötigt würden, ist die Zugänglichkeit primär kein technisches, sondern ein Machtproblem. Kurz: das Herrschaftswissen liegt nicht „auf der

Straße", so daß es nur (mit informationstechnischer Hilfe) aufgesammelt zu werden bräuchte. Auch die Exekutive wird dieses Wissen dem Parlament nicht bereitwillig zur Verfügung stellen. Ohne entsprechende gesetzliche Verpflichtungen wird die beste Technikausrüstung die Informationslage des Parlaments nicht entscheidend verbessern.

Vorrangig ist daher jedenfalls die Diskussion über die *Öffentlichkeit der Verwaltung* (Informationsfreiheit, Informationszugangsrecht, Aktenöffentlichkeit). Das immer noch geltende Prinzip, daß das Wissen der Exekutive geheimzuhalten ist und nur in Ausnahmefällen, kraft besonderer Rechtfertigung den Beteiligten oder Dritten zur Verfügung gestellt wird, muß zugunsten des umgekehrten Grundsatzes, nämlich der Transparenz der Verwaltung, abgeschafft werden. Wenn nach dem Vorbild des amerikanischen Freedom of Information Act und der ähnlichen skandinavischen Gesetze die Öffentlichkeit der Verwaltung zum Prinzip erhoben wird,[10] werden sich natürlich auch die Informationsbeziehungen zwischen Parlament und Exekutive wesentlich ändern. Selbst wenn zunächst noch keine umfassende Informationsfreiheit zugunsten von jedermann eingeführt wird, muß das Parlament insofern eine stärkere Rechtsposition erhalten,[11] wenn seine verbesserte Ausstattung mit Informationstechnik eine rentierliche Investition sein soll.

Da die Einführung von Informationstechnik heute nicht mehr mit der Einrichtung großer zentraler Rechenzentren gleichzusetzen ist, sondern es möglich geworden ist, an jedem Arbeitsplatz kleine Computer (Personal Computer) zu installieren und diese auf vielfältige Weise zu vernetzen, rechnen manche mit einer neuen Welle der *Dezentralisierung* und damit der Machtverteilung von „oben" nach „unten". Daran dürfte richtig sein, daß mit Hilfe kleiner Computer auch manche – keineswegs alle! – komplizierten Verwaltungsaufgaben von Sachbearbeitern auf der unteren Stufe der Verwaltung erledigt werden können, die früher Spezialisten auf höheren Ebenen vorbehalten waren. Manche Aufgaben aber wurden früher gar nicht erledigt; mit der Leistungsfähigkeit der Technik sind auch die Ansprüche an die Verwaltung gestiegen, und die Gesetze konnten komplizierter werden (Steuerrecht, Sozialrecht!). Ob solche Entwicklungen aber auch die Macht der unteren Instanzen stärken, ist zweifelhaft. Die Handlungsspielräume hängen – nach wie vor – zum Beispiel davon ab, ob der Gesetzgeber Ermessen oder Einschätzungsprärogativen eingeräumt hat und wie intensiv die Gesetzesausführung durch Vorgesetzte, Gerichte und andere Instanzen kontrolliert wird. Mittels ihres Weisungsrechts können die Fachaufsichtsbehörden in die informationstechnikgestützte Verwaltungsarbeit ebenso hineinwirken wie in die traditionellen Formen der Gesetzesausführung. Selbst wenn die an der „Basis" benutzten Computer nicht mit der Zentrale vernetzt sind, kann die vorgesetzte Stelle ihre Richtlinie durchsetzen; dazu trägt auch die Erwartung des Publikums bei, daß die Gesetze überall gleich angewendet werden.

Andererseits sind die in früheren Etappen der Verwaltungstechnisierung gehegten Befürchtungen, daß die unteren Instanzen, insbesondere die Gemeinden, durch Konzentration der Informationskapazität auf den höheren Etagen entmachtet würden, unbegründet. Nachdem die Kenntnis der Informationstechnik so weit verbreitet ist, werden die Informatiker auch keine Herrschaftselite werden. Wenn in fast allen Verwaltungen diese Technik eingesetzt wird, werden sich die dadurch verursachten Machtverschiebungen weitgehend gegenseitig neutralisieren; aber die Außenstehenden, die sich keine Informationstechnik leisten können – kleine Verbände und Vereine, vor allem aber Private – werden es schwerer haben, gegen die Übermacht der zusätzlich informationstechnik-gestützten Organisationen anzukommen.

Mehr Teilhabe?

Wird der Einsatz der Informationstechnik die sozialen, politischen und individuellen *Voraussetzungen* demokratischer Willensbildungs- und Entscheidungsprozesse beeinflussen? Wird insbesondere der angestrebte höhere Grad an *Informiertheit* eine neue Qualität der politischen Auseinandersetzungen, ein höheres Maß an Rationalität der Entscheidungen, gar eine neue politische Kultur mit sich bringen? Derartige Prognosen werden immer noch aufgestellt, aber fundierte Untersuchungen dazu fehlen. Sie sind auch schwer durchführbar; denn es läßt sich kaum mit Sicherheit nachweisen, welche Faktoren jeweils welche Folgen bewirken. Dennoch wäre es wichtig, wenn die konstruktiven („prosozialen") Wirkungen von Fernsehen und anderen Medien genauer untersucht würden (Ansätze dafür finden sich offenbar in amerikanischen Forschungen zur „Sesamstraße").

Allerdings dürfte in jedem Fall Skepsis gegenüber hohen Erwartungen angebracht sein. Politische Erfahrung ist jedenfalls nicht über die passive Rolle des Medienkonsumenten zu erwerben. Darüber hinaus ist auch zweifelhaft, welche Art von Informiertheit die politische Teilhabekompetenz der Informationsnutzer erhöht und ob die gegenwärtigen Informationsangebote dazu beitragen. Es kommt wohl entscheidend darauf an, *worüber* der Bürger informiert ist. Politische Mündigkeit wird kaum dadurch gefördert, daß jeweils die neuesten Katastrophen, Skandale, Verbrechen und Krisen ausführlich referiert werden. Im Idealfall kann man erwarten, daß das Wissen über Flugzeugabstürze und Beinahe-Abstürze die Kenntnis von den Zusammenhängen zwischen den Verhältnissen auf dem Luftfahrtmarkt (zum Beispiel: „Deregulierung" und Verkehrsausweitung) einerseits und den damit verbundenen Risiken andererseits verbessert – aber ich wage zu bezweifeln, ob dieser Zusammenhang sich beim Zuschauer/Zuhörer normalerweise tatsächlich herstellt. Skandale sind für die Entwicklung des demokratischen Systems notwendig, aber nur, wenn sie nicht bloß oberflächlich dargestellt, sondern die Gründe aufgedeckt werden. Hoffnungen auf eine bessere politische Kultur kraft besserer Information sind also nur begründet, wenn eine spezifische Qualität von Information angeboten und von den Menschen angenommen wird.[12]

Zur Begründung der Verkabelungspolitik wird auch angeführt, daß ein höherer Grad von *Partizipation* an politischen Entscheidungen erreicht werden könne, wenn nur schnellere und leichtere Informationsübermittlung möglich sei. Man denkt insbesondere an Abstimmungen, die durch Kommunikationstechnik durchgeführt werden – dann entstehen für diejenigen Mitmenschen keine besonderen Probleme, die nicht in der Lage sind, sich zu Abstimmungslokalen zu begeben, also insbesondere Heimbewohner und Menschen in abgelegenen Gebieten. Ehe hier genauere Aussagen möglich sind, muß aber untersucht werden, aus welchen Gründen die Partizipation an politischen Vorgängen tatsächlich geringer ist als sie sein könnte (sie ist übrigens in der Bundesrepublik insgesamt recht hoch). Es könnte sein, daß nicht der Mangel an Übermittlungsmöglichkeiten, sondern die Unzufriedenheit mit politischen Entwicklungen und dem politischen Personal ausschlaggebend ist; die nötige wissenschaftliche Diskussion sollte auf jeden Fall breiter angelegt werden und auf die seit langem vorliegenden Arbeiten zur Demokratietheorie zurückgreifen.[13]

Die Nebenfolgen und ihre Bewältigung

Ohne Anspruch auf Vollständigkeit sollen abschließend einige Konsequenzen des Einsatzes von Informationstechnik aufgezeigt werden, deren Beachtung und, soweit möglich, Vermeidung zu den Akzeptanzbedingungen gehört.

Abhängigkeit

Durch Gewöhnung an eine Technik kann der Nutzer von ihr abhängig werden. Das kann so weit führen, daß die Fähigkeit, die gegebenen Aufgaben auf konventionelle Weise zu lösen, mehr und mehr verlorengeht. Die notwendigen Sicherungsmaßnahmen gegen Verlust und Verfälschung der Informationen helfen dagegen nicht. Es muß gewährleistet sein, daß die alten Kulturtechniken des Lesens, Schreibens und Rechnens nicht untergehen, daß das menschliche Gedächtnis nicht durch Apparate ersetzt und die dauerhafte Dokumentation nicht durch flüchtige Computerspeicherung substituiert wird. Solche Entwicklungen vollziehen sich aber größtenteils unabhängig von staatlicher Einflußnahme durch Marktprozesse und nur in so langen Zeiträumen, daß es schwerfällt, die entscheidenden Einschnitte rechtzeitig zu bemerken. So wird vermutlich der Staat eines Tages genötigt sein, traditionelle Verfahrensweisen und Medien zu subventionieren, wenn er die weitgehende Abhängigkeit von Informationstechnik vermeiden will. Möglicherweise wird einmal die Lage eintreten, daß der Staat zu solchen kompensierenden Förderungsmaßnahmen verfassungsrechtlich verpflichtet ist (letztlich aus dem Sozial- und Kulturstaatsprinzip).

Sicherheitsbedürfnis

Rechenzentren, Leitungen und auch die kleinen Personal Computer müssen gegen unbefugten Zugriff geschützt werden. Sind viele Rechner miteinander vernetzt, so ist die Gewährleistung korrekter Abläufe noch schwieriger und aufwendiger. Wenn zusätzlich die Risiken steigen oder zumindest der Eindruck vorherrscht, daß dies so sei – etwa weil terroristische Aktivitäten zunehmen –, kann ein extremes Sicherheitsbedürfnis entstehen, das zur Rechtfertigung umfassender Kontrollen gegenüber allen führen könnte, die in die Nähe der Computernetze gelangen. Damit würden Grundrechte gefährdet. Auch wenn eine solche Tendenz von niemandem gewollt wäre – sie würde auf die Realisierung des Überwachungsstaates hinführen.[14] (Daneben besteht die – inzwischen allgemein erkannte – Gefahr, daß die Informationstechnik unmittelbar zur intensiven Überwachung genutzt wird.)

Nur am Rande sei bemerkt: Manche Risiken der Informationsverarbeitung lassen sich durch Verschlüsselung der Daten herabsetzen, aber keineswegs alle. Es reicht nämlich nicht aus, den Zugriff Dritter während des Transportes der Daten zu verhindern; Gefahren bestehen auch während des zulässigen Verarbeitungsprozesses selbst und bei der Nutzung, und auch den an sich berechtigten Nutzern und Verarbeitern wird Mißtrauen entgegengebracht. Die Sicherheitsüberprüfung der Mitarbeiter ist heute schon in großen

Werden in Zukunft per Knopfdruck am Btx-Terminal politische Entscheidungen gefällt?
(Foto: Siemens München)

Rechenzentren üblich – wird sie überall zur Routine werden?

„Lehnsessel-Demokratie"?

Zur Teilnahme an politischen Auseinandersetzungen gehört es nach herkömmlichen Vorstellungen, daß die Akteure tatsächlich am gleichen Ort sind. Dafür spricht vor allem, daß die Möglichkeiten zum *Austausch* von Meinungen und zur gegenseitigen *Reaktion* auf die gemachten Äußerungen – also auch zu Kompromissen und zu Modifikationen der vorliegenden Vorschläge – größer sind. Gewiß können Versammlungen manipuliert werden, aber diese Gefahr besteht bei Fernsehübertragungen kaum weniger – ist hier doch die Art der Fragestellung kaum noch durch Rückfragen und Diskussion veränderbar. Der Aufwand, sich an einen gemeinsamen Versammlungsort zu begeben, ist also gerechtfertigt; für kompliziertere Entscheidungen dürfte er unverzichtbar sein.

So verlockend es erscheinen mag, den Aufwand für Wahlen und Abstimmungen zu minimieren – auch die Notwendigkeit, das Wahllokal aufzusuchen, hat ihre besondere Funktion. Die Einsamkeit des Wählers in der Wahlzelle soll seine Entscheidungsfreiheit bis zu eben diesem Augenblick der Stimmabgabe garantieren; sie soll aber auch den Wahlvorgang aus der Fülle der alltäglichen Situationen so herausheben, daß seine Bedeutung dem Wählenden selbst bewußt ist. Der Knopfdruck am Btx-Terminal im Wohnzimmer kann diese Funktionen nicht erfüllen.

Stimmungsdemokratie

Auf den ersten Blick mag es verlockend erscheinen, die Ansichten der Menschen zu allen möglichen politischen Entscheidungsfragen in kurzen Abständen unmittelbar einzuholen. Aber die ständige Befragung der Wähler zu aktuellen Gegenständen würde der „Bewußtseinsindustrie" eine noch stärkere Stellung einräumen. Ständige Meinungsumfragen würden das Prinzip der repräsentativen Demokratie aushöhlen – ein Prinzip, das zwar nicht verabsolutiert werden darf und sehr wohl durch Formen plebiszitärer Demokratie ergänzt werden kann und sollte, nicht jedoch durch die unkritische Anbindung der Repräsentanten an die jeweilige Stimmung in der Bevölkerung, die auf durchaus fragwürdige Weise zustande kommen kann und der Manipulation durch interessierte Mächte offensteht. Es ist deshalb sehr zu begrüßen, daß im Bildschirmtext-Staatsvertrag (Art. 11 Abs. 1) Meinungsumfragen mittels Bildschirmtext über Angelegenheiten, die in den gesetzgebenden Organen des Bundes, der Länder, in den entsprechenden Organen der Gemeinden, der sonstigen kommunalen Gebietskörperschaften, in den Bezirksverordnetenversammlungen oder Bezirksversammlungen behandelt werden, für unzulässig erklärt wurden.[15]

Technikgerechte Menschen oder menschengerechte Technik?

In einer früheren Phase der Verwaltungsautomation wurde viel darüber nachgedacht, welche Bedingungen „automationsgerechte Rechts- und Verwaltungsvorschriften" erfüllen müßten.[16] Inzwischen sind die Computer so leistungsfähig geworden, daß selbst komplizierteste Vorschriften mit automatisierter Datenverarbeitung durchgeführt werden können. Gleichwohl sei wiederholt und verallgemeinert, was zur Einstimmung in die Thematik gesagt wurde: politische und soziale Prozesse dürfen nicht nach dem Maß der zufällig verfügbaren Technik geregelt werden, sondern nach den unabhängig davon gegebenen verfassungsmäßigen oder sonst konsentierten Zielen und Aufgaben.

[1] Amtlicher Anzeiger 1978, S. 917, § 25 Abs. 3 Nr. 4. — [2] § 25 Abs. 4 Satz 1. — [3] *Hoffmann-Riem, W.:* Zeitschrift für Rechtspolitik 1976, S. 291. — [4] *Hoffmann-Riem, W.* (Anm. 3), S. 292 ff. — [5] Insbesondere *Kevenhörster, P.:* Politik im elektronischen Zeitalter. Baden-Baden 1984. — [6] *Wassermann, R.:* Die Zuschauerdemokratie. Düsseldorf, Wien 1986; siehe auch *Pestalozza, Ch.:* Der Popularvorbehalt. Berlin 1981. — [7] Vgl. aus der umfangreichen Diskussion nur *Evers, T.:* Kritische Justiz 1986, S. 423. Ein eigener Kommentar dazu erscheint demnächst in der Zeitschrift „einspruch". — [8] Arbeitsgemeinschaft GMD-ADV/ORGA: Studie über die Möglichkeiten der Unterstützung der Tätigkeiten der Abgeordneten durch neue Informations- und Kommunikationstechniken und -medien, Endbericht von E. Vorwerk, K. Bahr, S. Dickhoven, H. König, P. Mambrey, H. Sarbinowski, J. Schmid und G. Wurch. St. Augustin/Wilhelmshaven 1986; vgl. auch *Skarpelis, C./Skarpelis-Sperk, S.:* VOP 1986, S. 236 ff. und 1987, S. 43 ff; zur Parlakom-Studie siehe auch *Lange, H.-J.:* Informatisierung des Parlamentarismus. Polis-Sonderband. Fernuniversität Hagen. S. 134 ff., insbes. die Kritik S. 161 ff. (unzureichende Bedarfsanalyse), S. 196 ff. (zur demokratischen Legitimität informationstechnischer Reformen) und S. 209 ff. (Einzelkritik). — [9] Bezeichnenderweise beklagen manche Abgeordnete, daß die Antworten, die der Wissenschaftliche Dienst des Bundestages ihnen auf ihre Fragen erteilt, zu umfangreich ausfielen (so die in Anm. 8 genannte Studie, S. 19). Sie versprechen sich von einem DV-technischen Zugang zum Wissenschaftlichen Dienst eine bessere Kommunikation mit den Bearbeitern. Dabei dürften die Bedingungen wissenschaftlicher Arbeit ebenso verkannt werden wie die Arbeitsbedingungen auf der eigenen, der Empfängerseite. *Kevenhörster, P.* (Anm. 5), S. 77 ff. hat die Informationskrise des Parlaments und den Zeithaushalt der Abgeordneten genauer erläutert; danach bleibt für gezielte fachliche Unterrichtung nur wenig Zeit, nämlich lediglich vier Stunden in der Woche, um zu lesen, und weitere zweieinhalb Stunden für fachliche und politische Vorbereitung (S. 79). — [10] Vgl. *Seifert, J.:* Plädoyer für ein Informationszugangsgesetz. In: Informationszentrale Staat und Bürgerrechte — Brauchen wir ein Informationszugangsgesetz? Reihe: Recht und Politik, hrsgg. vom Gesprächskreis Politik und Wissenschaft der Friedrich-Ebert-Stiftung. Bonn 1986. S. 11 ff.; *Rotta, C.:* Nachrichtensperre und Recht auf Information. Stuttgart 1986. S. 147 ff. Aus der früheren Literatur insbesondere *Scherer, J.:* Verwaltung und Öffentlichkeit. Baden-Baden 1978; *ders.:* 1979, S. 389 ff. — [11] So auch *v. Schoeler, A.:* Informationszugangsgesetz: Von der Idee zur Praxis, in dem in Anm. 10 zitierten Heft, S. 23 ff., 40 ff.; *Lange, H.-J.* (Anm. 8), S. 211 ff. — [12] Zur Art der Mediennutzung und zur Qualität der verfügbaren Informationen vgl. *Hoffmann-Riem, W.* (Anm. 3), S. 294 ff. und *Kevenhörster, P.* (Anm. 5), S. 27 ff. — [13] Vgl. dazu *Scharpf, F.:* Demokratietheorie zwischen Utopie und Anpassung. 1975. Mit zahlreichen Nachweisen auch aus der ausländischen Literatur. — [14] Für den Parallelbereich der Kernenergie vgl. *Roßnagel, A.:* Radioaktiver Zerfall der Grundrechte? München 1984. — [15] Siehe dagegen die konträre Einschätzung in dem Beitrag von K. Haefner. — [16] So der Titel der Dissertation von *v. Berg, M.:* Automationsgerechte Rechts- und Verwaltungsvorschriften. Köln/Berlin 1968.

Die künftige Informationsinfrastruktur und das Grundrecht auf Information

Volker Hammer, Darmstadt

Wissen ist Macht! – Wird die Informationsgesellschaft die in sie gesetzten Hoffnungen nach überall zugänglichen Informationen erfüllen? Wird dadurch das Volk als Souverän in seiner Beteiligung an politischen Prozessen und bei der Kontrolle des Parlaments gestärkt? Der vorliegende Aufsatz untersucht die Weiterentwicklung der Informationsinfrastruktur sowie Chancen und Risiken, die daraus für die politische Mitwirkung des Bürgers entstehen.

Informationszugang und politische Willensbildung

Die gleichberechtigte Zugangsmöglichkeit zu Informationen ist eine unabdingbare Voraussetzung für eine demokratische Gesellschaft. Informationen werden vom Bürger benötigt, um zu Sachentscheidungen zu gelangen, um Vertreter wählen und um deren Handeln kontrollieren zu können. Ohne Information ist eine freie Entscheidung nicht möglich, weil Handlungsalternativen nicht erkannt werden können. Ohne Information sind die Chancen zur freien Entfaltung der Persönlichkeit eingeschränkt. Die Wahrnehmung fast jeden Grundrechts setzt den freien Zugang zu Informationen voraus. Das Grundrecht, sich aus allen öffentlich zugänglichen Quellen ungehindert informieren zu können, wird daher als notwendiger Bestandteil von Freiheit und Demokratie in Art. 5 Abs. 1 Grundgesetz (GG) gewährleistet. Dieses Grundrecht ist jedoch nicht voraussetzungslos, sondern muß auf der Grundlage der derzeit bestehenden Informationsmöglichkeiten verstanden werden. Verändern sich die Zugangsmöglichkeiten zu Informationen, so können auch die Verwirklichungsbedingungen des Grundrechts auf Information und damit aller anderen Grundrechte betroffen sein.

Dipl.-Inform. **Volker Hammer,** geb. 1959. Studium in Darmstadt, seit 1986 wiss. Mitarbeiter der „Projektgruppe verfassungsverträgliche Technikgestaltung (provet)“, Darmstadt. Arbeitsschwerpunkte: Verletzlichkeit und Verfassungsverträglichkeit informationstechnischer Systeme; Informatisierung der Gesundheitsversorgung und der Politik; Software-Engeneering und Formalisierung. Veröffentlichungen u. a.: Der Software-Life-Cycle (zus. m. E. Gaede/U. Pordesch), Darmstadt 1986; Die Verletzlichkeit der „Informationsgesellschaft“ (zus. mit A. Roßnagel/P. Wedde/U. Pordesch), Opladen 1989.

Volker Hammer, Eugen-Bracht-Weg 6, 6100 Darmstadt

Die heute und in der Zukunft verfügbaren Informationssysteme werden Veränderungen im Umgang mit Informationen auslösen. Für die politische Entscheidung über den Einsatz von Informationstechnik ist es deshalb notwendig zu wissen, welche Konsequenzen die Technik für die Informationsinfrastruktur haben wird, welche Gestaltungsmöglichkeiten bestehen und welche Vorkehrungen zur Sicherung des Grundrechts auf Information zu treffen sind.

Gegenstand der Untersuchung ist, wie die künftigen digitalen Informationsmittel die Informationsinfrastruktur und damit die langfristige politische Willensbildung verändern werden. Ihr Bezugspunkt sind die Chancen des politisch engagierten Bürgers, am öffentlichen Leben und an der politischen Meinungsbildung in der Gesellschaft teilzunehmen sowie politische und wirtschaftliche Macht demokratisch zu kontrollieren. Der Zugang zu Informationen soll ihm eine freie Meinungsbildung und eine angemessene Mitwirkung an der politischen Willensbildung ermöglichen – sei es allein, in Form von außerparlamentarischen Interessengruppen, innerhalb der Parteien oder durch Wahl seiner politischen Vertreter.

Bürger einer Demokratie benötigen zu ihrer politischen Orientierung einschlägige Informationen. Je nach Fragestellung müssen sie die Möglichkeit haben, ihr Wissen aus anderen Quellen zu ergänzen. In diesem Sinne wird *Information* als neues Wissen verstanden. Informationen werden immer subjektiv im jeweiligen Kontext verstanden und bewertet. Sie sind bedeutsam, weil sie Veränderungen in Entscheidungen von Menschen herbeiführen können und damit ihr Handeln beeinflussen. Auch ob eine Information wesentlich ist, vermag nur der Betroffene aus seiner jeweiligen Situation heraus zu entscheiden. Ein prinzipiell ungehinderter Informationszugang ist deshalb eine wesentliche Voraussetzung für eine fundierte Meinungsbildung.

In der Bundesrepublik bieten vielfältige Institutionen als „Hersteller" und „Anbieter" dem einzelnen an, ihm Informationen zugänglich zu machen oder zu erschließen. Mit *Informationsinfrastruktur* wird die Gesamtheit aller Mittel und Organisationen sowie deren innere Ordnung und die Beziehungen der Organe untereinander bezeichnet, die am Entstehungs- und Verteilungsprozeß von Informationen in der Gesellschaft beteiligt sind. Dazu gehören die Massenmedien genauso wie Fachzeitschriften, Bücher oder moderne Informationssysteme.

Die heutigen Realisierungsbedingungen des Grundrechts auf Information begründen sich auf Art. 5 des Grundgesetzes: „Jeder hat das Recht, seine Meinung in Wort und Bild frei zu äußern und zu verbreiten und sich aus allgemein zugänglichen Quellen ungehindert zu unterrichten." Ferner wird dort die Presse-, Funk- und Filmfreiheit garantiert. Der allgemeine Zugang zu Informationen wird im Alltag über eine pluralistische Struktur gewährleistet. Neben den öffentlich-rechtlichen Rundfunkanstalten tragen die kommerziell organisierten Zeitschriften- und Buchverlage zur Medienvielfalt bei. Öffentliche Institutionen, wie Ministerien oder zum Beispiel die Bundeszentrale für politische Bildung, sind weitere Informationsanbieter. Eine besondere Rolle in der heutigen Informationsinfrastruktur spielen die öffentlichen Bibliotheken. Sie sind der Garant für kostenlosen Zugang zu (fast) aller veröffentlichten Literatur. Ihre Zukunft hat für die Funktionsfähigkeit der Informationsinfrastruktur besonderes Gewicht. Diese verschiedenen Institutionen sollen die von der Verfassung garantierte Informationsfreiheit gewährleisten. Sofern sich durch die Anwendung von Informations- und Kommunikationstechnik Verschiebungen zugunsten einzelner Institutionen ergeben, eine Monopolisierung stattfindet oder durch eine Kommerzialisierung Zugangshürden entstehen, würde das die Verwirklichungsbedingungen der Informationsfreiheit einschränken.[1] Sie ist zwar nur gewährleistet für allgemein zugängliche Quellen, die Zugangsbedingungen und ihre Veränderung sind jedoch entscheidend für die Realisierungsmöglichkeiten dieses Grundrechts. Eine Einschränkung des Informationszugangs würde den Bürger in seiner politischen Handlungsfähigkeit beschränken und zu einer Machtverschiebung zugunsten informationsstarker Institutionen führen.

Die Anwendung neuer Telekommunikationsmittel und die Nutzung der neuen Medien werden neben den Wirkungen auf die Informationsinfrastruktur auch beispielsweise Veränderungen im sozialen Verhalten hervorrufen.[2] Obwohl auch diese die politischen Mitwirkungsmöglichkeiten beeinflussen können, betreffen sie nur in geringem Maße die Möglichkeiten des Informationszuganges. Sie werden deshalb im folgenden wie auch die Wirkungen auf andere Grundrechtsgüter nicht weiter diskutiert.

Die heutige Informationsinfrastruktur

Durch die Presse, das Interesse von Wissenschaftlern an Fachveröffentlichungen und die allgemeine Zugänglichkeit von Fachliteratur in Bibliotheken ist heute eine weitgehende Öffentlichkeit von Informationen garantiert. Der allgemeine Zugang ist insbesondere gewährleistet, weil kaum rechtliche, finanzielle oder technische Hürden bestehen. Die im Schulsystem vermittelten „Kulturtechniken“ reichen häufig aus, um sich die gewünschten Informationsquellen zu erschließen. Die bereits angebotenen neuen Medien erfordern allerdings weitere Qualifikationen, die erst von wenigen beherrscht werden.

Die heutige Informationsinfrastruktur befindet sich in einem Übergangsstadium. Für einige Zwecke werden moderne Informations- und Kommunikations-Systeme (IuK-Systeme) bereits eingesetzt, zum Beispiel Dateien in Form von Datenbanken. Sie beginnen, herkömmliche Mittel zu ergänzen und manchmal zu substituieren. Ihr Einsatz hat aber noch keine deutlich spürbaren Umstrukturierungen im Informationssektor verursacht. Nach wie vor ist die Situation von einem Nebeneinander von öffentlich zugänglichen Bibliotheken, firmeninternen oder privaten Informationsbeständen, der Presse, den Funkmedien und natürlich persönlichen und informellen Informationswegen geprägt.

Die künftige Informationsinfrastruktur

Auch die Erstellung und Verwertung von Informationen unterliegt den zentralen Prinzipien einer Industriegesellschaft. Auftraggeber wie Konsumenten erwarten kostengünstige und zielgerichtete Informationen; große Informationsmengen sollen in kürzester Zeit bearbeitet werden. Bisher gibt es für viele Fragestellungen allerdings keine Mittel, um dies effizient und ökonomisch zu erreichen. Die modernen Informations- und Kommunikationssysteme versprechen, künftig diesem Bedarf gerecht zu werden.

Die bisherigen papiergebundenen Informationsträger haben gegenüber den modernen elektronischen einige Nachteile: Sie können nur physisch transportiert werden und haben deshalb lange „Zugriffszeiten“. Sie sind nur mit großem Aufwand umorganisierbar oder nach bestimmten

Gesichtspunkten auswertbar. Bis zur Erfindung des Kopierers war außerdem der Aufwand zur Vervielfältigung in kleinen Auflagen sehr hoch.

Informations- und Kommunikationssysteme verbessern die Zugangs- und die Auswertungsmöglichkeiten von Daten oder Texten. Sie ermöglichen, diese annähernd ohne Kosten in ihrer elektronischen Form zu duplizieren. Durch Datenübertragungsdienste wird die Menge der erreichbaren Daten potenziert. Zum einen werden örtliche Begrenzungen aufgehoben, zum zweiten wird die Geschwindigkeit des Zugangs wesentlich erhöht. Sehr große Datenbestände können ihrer Form nach innerhalb kurzer Zeit mit rein technischem Aufwand durchsucht, verändert oder zusammengefaßt werden. Die relative Unabhängigkeit der Datenauswertung von einer festgelegten Systematik macht unspezifische Datensammlungen „auf Vorrat" ökonomisch tragbar und sinnvoll. Die Möglichkeiten der Textverarbeitung, Texte elektronisch zu kopieren, sie zu verändern, sie mit anderen zu kombinieren und mit höchster Qualität auszudrucken, führen zu einem gewaltigen quantitativen Wachstum des Literaturausstoßes. Die Möglichkeit der Zentralisierung und die allgemeinere Sammlung von Daten zu verschiedenen Fragestellungen sind wiederum Voraussetzung für die Kommerzialisierung von Informationsdienstleistungen. Wo früher spezifische Informationen mühsam beim Interessenten selbst bedarfsorientiert aufbereitet wurden, können in Zukunft Datenbanken und Expertensysteme in wenigen Stunden kostengünstig Auskunft geben. Um Informationen für Datenbankbetreiber „marktfähig" werden zu lassen, müssen sie exklusiv sein. Die kommerziellen Anbieter von Informationsdienstleistungen werden deshalb in der Zukunft ein starkes Interesse haben, Informationen zu *privatisieren*, sie zu *zentralisieren* und sie *exklusiv auswerten* zu können.[3]

Angesichts der stärkeren Technisierung des Informationszugangs wird eine weite Verbreitung der Informationstechnik allerdings eine der wesentlichen Voraussetzungen für den künftigen Informationszugang sein. Der Trend zu immer kleineren Geräten und der starke Preisverfall bei gleichzeitiger Leistungssteigerung bei Mikrocomputern wird dafür mittelfristig die Voraussetzungen schaffen. Durch das derzeit im Aufbau befindliche Integrierte Text- und Datennetz (ISDN) und einheitlich gestaltete, komfortable Benutzerschnittstellen werden weitere technische Hürden abgebaut.[4] Nach den derzeitigen Planungen der Post ist bis zum Jahr 2000 ein flächendeckendes Angebot an ISDN-Anschlüssen zu erwarten. Während zwar fast alle Unternehmen um das Jahr 2000 über einen Anschluß verfügen werden, ist für die Privathaushalte allerdings erst gegen 2020 mit einer Vollversorgung zu rechnen. Primär werden die neuen Informationsdienste und Informationsträger ergänzend zu den traditionellen angeboten. In einigen Marktsegmenten werden bis 2020 allerdings auch erhebliche Substitutionsprozesse festzustellen sein.

Angesichts steigender Risiken für die Gesellschaft und das Individuum durch die Belastung der Umwelt, durch Verteilungskämpfe um soziale Transferleistungen oder die Veränderungen im Gesundheitswesen wird bei vielen das Interesse wachsen, sich an politischen Entscheidungen zu beteiligen. Die größeren Gefahren und die wachsende Komplexität der Gesellschaft tragen zur Verwissenschaftlichung von Diskussionen und Entscheidungen auch in der Politik bei, Erfahrungswissen wird entwertet. Fachinformationen werden immer wichtiger, um vor dem politischen Gegner bestehen und eigene Interessen durchsetzen zu können. Für ihr stärkeres Engagement in politischen Sachfragen benötigen deshalb auch Bürger in der Zukunft mehr Informationen, wenn sie sich aussichtsreich in Entscheidungsprozesse einschalten wollen. Der Zugang zur Informationsinfrastruktur und ihre Leistungsfähigkeit wird deshalb eine weit stärkere Voraussetzung für ein aussichtsreiches politisches Engagement werden als heute. Dieses wird, wenn die bisherigen Trends sich fortsetzen, voraussichtlich auf die im folgenden genannten Realisierungsbedingungen treffen.

Informationsträger

Die papiergebundenen *Informationsträger* werden weiter ergänzt durch zusätzliche zentrale oder verteilte Datenbanken. Als weitere Trägermedien sind optische Platten, Chips oder Chip-Karten denkbar. Sie könnten zum Beispiel ein Buch oder eine Datenbank zum Mitnehmen beinhalten, die auf dem Personal Computer oder einem leistungsfähigen tragbaren Gerät ausgewertet werden. Auf einem ISDN-Kanal können etwa drei Seiten pro Sekunde übermittelt werden. Ein Roman mit 180 Seiten wäre in etwa einer Minute verfügbar, zu Hause über das ISDN-Kabel, unterwegs oder am Strand über das Funk-Telefonnetz. Alle wichtigen Unterlagen können unmittelbar durch einen angeschlossenen Drucker in hoher Qualität ausgegeben werden.

Informations- und Kommunikationstechnik wird auch zu Verbesserungen bei *Büchern* als den klassischen Informationsträgern führen. Textsysteme, Computer- und Photosatz oder elektronisch gesteuerte Druckmaschinen lassen billigere und qualitativ hochwertigere Produktionen zu. Informationssysteme bei Handel und Vertrieb befriedigen den Informationsbedarf von Kunden vollständiger und schneller. Gängige Literatur und aufwendige Ausgaben (zum Beispiel Farbdrucke) werden weiterhin durch den Buchhandel vertrieben. Das Bestellwesen wird online organisiert und die Lieferfrist dadurch weiter verkürzt. Seltener benötigte Literatur produzieren einzelne Verlage schon heute nur noch auf Bedarf. Um das Jahr 2000 wird diese Strategie bereits von vielen Verlagen angewandt. Lediglich einige Pflicht- und Nachweis-Exemplare werden zu Beginn der Produktion hergestellt und verteilt. Der Buchhändler oder der Kunde kann solche Titel direkt beim Verlag ordern. In einem vollautomatischen Prozeß wird das Buch von einer Satzdiskette ausgegeben und gebunden. Die kostengünstige Produktion, die insbesondere ohne Lagerhaltung auskommt, ermöglicht eine weitgehend risikolose Angebotsausweitung der Verlage. Die Zahl der veröffentlichten Titel wird zunächst sprunghaft steigen. Manuskripte für „publishing on demand" werden vom Autor bereits für den Satz aufbereitet an den Verlag übermittelt. Einige Verlage werden deshalb als Unternehmensphilosophie eine sehr gezielte Auswahl von Manuskripten anstreben. Sie werden die Funktion des Lektors erheblich aufwerten und so nur mit einem renommierten Programm am Markt erscheinen.

Bücher sind auch elektronisch verfügbar. Bereits in den nächsten 15 Jahren werden sogar Sprachausgaben entwickelt sein, die einen automatischen Vorleser ermöglichen. Die besonderen Qualitäten von Büchern oder „richtigen" Zeitungen bezüglich Blättern, Lesekomfort, Qualität der Darstellung oder auch die Ästhetik des Produkts können durch elektronische Systeme aber nur teilweise erreicht werden. Papier und optische Speichermedien, Nachschlagewerke und Datenbanken werden deshalb nebeneinander bestehen.

Farbige Wochen*zeitschriften* und die Regenbogenpresse werden nach wie vor am Kiosk vertrieben. Wissenschaftlich hochspezialisierte Fachzeitschriften werden allerdings nur noch über elektronische Medien angeboten. Immer sind die einzelnen Artikel über Datenbanken langfristig zugänglich. Sie werden oft schon vom Autor mit den notwendigen Schlagworten versehen und elektronisch direkt an den Datenbankhersteller übermittelt.

Wie bei den anderen Informationsträgern werden auch die Zeitungsverlage neben ihrem Print-Produkt elektronische *Tageszeitungen* anbieten. Sie enthalten aktuelle Meldungen, so daß mit einer elektronischen Zeitung Informationen genauso schnell wie über den Rundfunk verbreitet werden können; über Informationsdienste kann auch auf die Meldungen von Nachrichtenagenturen direkt zurückgegriffen werden. Im Jahr 2020 ist es denkbar, daß die Verfahren der Künstlichen Intelligenz so vollkommen werden, daß der „persönliche Pressereferent" für eingegrenzte Themengebiete realisierbar ist. Zumindest werden Interessenten sich umfangreiche Schlagwortkataloge und semantische Strukturen definieren können, für die aktuelle Nachrichtendatenbanken ausgewertet werden. Für Fakteninformationen (nicht für Kommentare) wird eine qualitativ gute automatische Zusammenfassung auf verschiedenen Abstraktionsniveaus möglich sein. Solche Auswertungen werden auch im Jahr 2020 noch eine leistungsfähige Hardware und sehr komplexe Software benötigen. Gelegenheitsbenutzer werden deshalb auf professionelle Dienstleistungsanbieter zurückgreifen, um sich Auswertungen erstellen zu lassen. Große Unternehmen werden über ausreichende eigene Kapazitäten verfügen.

Gegenüber heute werden *Datenbanken* bereits im Jahr 2000 eine bedeutende Rolle spielen. Eine Vielzahl von Informationen, die heute auf Papier verbreitet werden, findet der Interessent dann auch in verschiedenen elektronischen Medien. Es werden *Referenzdatenbanken* angeboten, die Literaturhinweise zu abgegrenzten Themengebieten enthalten. Viele Anbieter werden aber einen Schritt weitergehen und *Volltext-Datenbanken* aufbauen, die dem Benutzer den gesamten Text eines gewünschten Aufsatzes liefern. Erschlossen werden die Texte wie in Referenzdatenbanken durch Schlüsselworte und Abstracts. Die Erstellung der Stichwortlisten ist nach wie vor ein zentrales Problem für solche Datenbanken. Qualitativ hochwertige Ergebnisse werden nur erzielt, wenn der Datenbankhersteller Fachleute zur Einordnung und Bewertung von Texten einsetzt. Heutige automatische Verfahren *(automatische Indexierung)* sind noch unzureichend. Bis zum Jahr 2020 kann aber damit gerechnet werden, daß für eine Reihe technischer und naturwissenschaftlicher Fachgebiete mit Hilfe von Verfahren der künstlichen Intelligenz eine weitgehende automatische Indexierung möglich ist. In *Nachweis-Datenbanken* kann der Interessierte feststellen, wer Experte für ein bestimmtes Gebiet ist, oder wo man ein spezielles Produkt erhalten kann. Ebenso werden in Form von *Fakten-Datenbanken* elektronische Äquivalente zu Nachschlagewerken angeboten.

Bisher mußten solche Datenbanken immer auf Großrechnern betrieben werden, da die Suchverfahren und die Menge der zu speichernden Daten große Verarbeitungs- und Speicherkapazitäten benötigen. Die weitere Leistungssteigerung von Personal Computern und der Einsatz von optischen Platten ermöglicht die Nutzung von Datenbanken im privaten Rechner. Solche Benutzungsformen sind vor allem für weitgehend stabile Datenbestände interessant (Fakten-DB).

Bereits um das Jahr 2000 können die einzelnen Datenbank-Anfragesprachen weitgehend automatisch ineinander übersetzt werden. Durch entsprechende Normung werden die Datenbanken kompatibel sein. Datensätze aus verschiedenen Quellen können dann leicht miteinander kombiniert werden. Die heutigen Kulturtechniken Lesen und Schreiben werden für den gezielten Umgang mit Datenbanken allerdings nicht mehr ausreichend sein. Bereits heute ist für das Verständnis wissenschaftlicher Texte ein erhebliches Kontextwissen erforderlich. Dieses Kontextwissen und das Wissen um die Zugriffsmöglichkeiten und den Aufbau des Datenbestandes (Strukturwissen, zum Beispiel Thesaurus, Schlagwortverzeichnis) werden neben Geld die wesentliche Voraussetzung für die effektive Nutzung von Datenbanken sein. Nur der Fachmann oder der qualifizierte Laie wird mit gezielten Suchanfragen schnell zu befriedigenden Ergebnissen gelangen.

Die Datenbankangebote im Jahr 2020 werden im Vergleich zu heute erheblich erweitert sein. Die heutige Zahl von etwa 3000 Datenbanken wird sich bis 2020 verdoppeln. Heute noch als Kartei gepflegte Datenbestände oder nur intern in Unternehmen genutzte Datenbanken werden dann zum Teil auch kommerziell verwertet. Die künftigen Datenbanken werden größere Fachgebiete abdecken als heute, einige Datenbanken werden sinnvoll miteinander kombiniert. Die häufig genutzten Angebote sind in den Bereichen Wirtschaftsinformationen, technisch-wissenschaftliche Literatur, Nachrichten- und Pressedatenbanken und Produkt- und Preisvergleiche zu finden. Unternehmen werden hauptsächlich die ersteren nutzen, Privathaushalte dagegen Nachrichtendatenbanken und lokale Produkt- und Preisinformationen nachfragen.

Für weitverstreute Interessengruppen, Vereine, Freundeskreise und lokale Gruppen werden *Mailboxen* eine wichtige Informationsquelle und Austauschmöglichkeit sein. Engagierte Amateure oder Fachleute werden elektronische schwarze Bretter anbieten, auf denen zu festgelegten Themenkreisen Informationen präsentiert werden. Verteilte und an speziellen Themen interessierte Gruppen werden dadurch infrastrukturell gestärkt.

Weit entwickelte Systeme der *Künstlichen Intelligenz* können in der Informationsinfrastruktur für verschiedene Aufgaben eingesetzt werden. Die heute häufig unbefriedigende *Mensch-Maschine-Schnittstelle* wird wesentlich vereinfacht werden können. Systeme der Künstlichen Intelligenz werden viele Hemmnisse für den ungeübten Benutzer abbauen. Im Laufe der nächsten 15 bis 20 Jahre können Anfragen in natürlicher, gesprochener Sprache an Recherche-Systeme gestellt werden. Fachliteratur kann dann in vielen Fällen auch ohne die speziellen Begriffe des Datenbank-Thesaurus gefunden werden, wenn das Recherche-System auf eine umfassende semantische Struktur der Terminologie zurückgreifen kann. Diese wird aber nicht für alle Systeme aufgebaut worden sein. Benutzer ohne Fachwissen werden allerdings nur teilweise in der Lage sein, Suchanfragen und Daten angemessen zu interpretieren. Sofern sie die Systeme überhaupt benutzen, entziehen sich deren Ergebnisse ihrer Kontrolle, sie sind vom System abhängig. Benutzer mit Fachkenntnissen erreichen ihr Ziel schneller und können die Ergebnisse besser bewerten.

Eine erhebliche Erweiterung im Zugang zu Fachliteratur ist durch die automatische *Textübersetzung* zu erwarten. Fachtexte mit vergleichsweise einfachem Satzbau und begrenztem Wortschatz können automatisch übersetzt werden. Dies gilt sowohl für die EG-Sprachen,[5] als auch für die Sprachen anderer wichtiger Industrienationen (zum Beispiel Japan, UdSSR). Die Übersetzungssysteme fördern die internationale Verbreitung neuer Fachaufsätze und dadurch auch die internationale Zusammenarbeit von Wissenschaftlern. Die Qualität automatisch übersetzter literarisch wertvoller Bücher wird unbefriedigend sein. Menschliche Übersetzer werden stilistische Nachbesserungen vornehmen oder Werke ganz „von Hand" übersetzen.

Wissensbasen werden vorwiegend im wissenschaftlich-technischen Bereich die Datenbanken als Informationsträger ergänzen. Wo statt Massendaten viele und komplexe Regeln miteinander verknüpft werden sollen, werden Expertensysteme eingesetzt. Am Ingenieursarbeitsplatz werden Teiledatenbanken mit Expertensystemen zur Materialauswahl kombiniert, zu Hause kann man sich vom Kochexpertensystem ein Menue zusammenstellen lassen oder besondere Rezepte aus einer Kochrezepte-Datenbank abfragen. Geeignete Fachbücher können ebenfalls in Form von Expertensystemen „publiziert" werden. Grundlegende Werke aus den Naturwissenschaften oder der Medizin, Handbücher für Ingenieure oder „intelligente Loseblattsammlungen" von Gesetzestexten oder juristischen Kommentaren werden so gleichzeitig mit der Papierfassung vermarktet.

Denkbar sind auch *Textauswertungssysteme.* Die Grundlage einer Auswertung sind Literaturstellen, die vom Expertensystem bezüglich ihrer semantischen Struktur erfaßt werden. Das System kann nach den Anforderungen des Benutzers eine Zusammenfassung der Quellen in unterschiedlicher Länge und mit individueller Schwerpunktsetzung erzeugen. Das System muß zuvor für das betreffende Themengebiet programmiert werden, indem die entsprechende Wissensbasis aufgebaut wird. Vielleicht sind sogar Ausarbeitungen mit politischer Wertung möglich, wie dies bei Schank[6] beschrieben ist.

Informationsanbieter

Das starke Engagement von Informationsdienstleistungsanbietern wird zu einer erheblichen Kommerzialisierung des Informationszugangs führen. Durch die Privatisierung von Informationen haben sie diese marktfähig gemacht. Da die Ausweitung des Informationsaufkommens in vielen Fällen die Inanspruchnahme von Datenbanken notwendig macht, entwickelt sich auch zunehmend eine Marktnachfrage. Die Fachinformationspolitik der Bundesregierung unterstützt diesen Kommerzialisierungstrend auf dem Informationsmarkt. Insbesondere wird die Privatisierung der Fachinformationszentren dazu führen, daß bisher mit öffentlichen Mitteln aufgebaute Datenbestände für Informationssuchende nur noch mit erheblichem Einsatz finanzieller Mittel zugänglich sind. Ein sich verstärkender Konkurrenzkampf in der Branche wird zu einer Fortsetzung des Konzentrationsprozesses zugunsten von Medienkonzernen führen. Informationsanbieter werden wie heute von verschiedenen Orten aus agieren. Die Telekommunikationsmittel werden Zentralisierungsbestrebungen von Unternehmen als auch die Dezentralisierung der Informationsbeschaffung oder des Informationsangebots unterstützen. Die Anbieter nutzen die hohen Verarbeitungsleistungen von DV-Systemen zur Angebotsausweitung und Differenzierung. Viele der heute kostenlos erhältlichen Informationen werden im Jahr 2020 von Dienstleistungsunternehmen verwertet. Das bedeutet nicht, daß die Information nicht mehr kostenlos erhältlich wäre. Der Aufwand, sie aus der Vielzahl der Angebote herauszufinden, ist jedoch so hoch, daß die qualitative Aufbereitung kommerziell tragfähig ist. Die hohe Bewertung eines Informationsvorsprungs für das Erreichen von Marktvorteilen führt dazu, daß Ergebnisse im F&E-Bereich großer Unternehmen bis zur Verwertung möglichst gut geschützt werden. Datenbanken, die dergleichen anbieten, können daher hohe Preise für ihre Leistungen verlangen.

Im *Verlagswesen* wird der Einsatz von Digitaltechnik weiter wachsen. Autoren liefern ihre Manuskripte in elektronischer Form ab und der Satz wird in fast allen Fällen mit Computern durchgeführt. Deshalb verfügen Verlage bereits aus dem Produktionsprozeß heraus über die digitale Darstellung ihrer Veröffentlichungen. Neben den papiergebundenen Formen lassen sich deshalb ohne großen Aufwand elektronische Angebote realisieren. Die Buchgroßhändler werden komfortable Datenbanksysteme anbieten, in denen Buchtitel bequem gesucht werden können, selbst wenn nur Titelfragmente bekannt sind. Der Bucheinzelhandel wird allerdings durch Direktbestellungen von Kunden beim Großhändler oder Verlag Umsatzeinbußen erleiden. Da die „Telekataloge" über Btx oder andere Informationsdienste von zu Hause leicht bedienbar sein werden, nutzen viele Leser diese bequeme und zeitsparende Art des elektronischen Buchkaufs. Ein Tastendruck genügt nach dem Auffinden des Titels, und das Buch wird wenige Tage später per Post geliefert.

Nahezu alle Veröffentlichungen in Zeitungen können auch aus Volltextdatenbanken abgefragt werden. Die Nachrichtenagenturen bieten außerdem mit einer gewissen Verzögerung die Originalmeldungen in Datenbanken an. Diese elektronischen Angebote der Verlage sind eine zusätzliche wichtige Einnahmequelle. Sie treten damit in Konkurrenz zu Bibliotheken, wobei der Benutzer zwischen Kosten- und Zeitaufwand entscheiden muß. Wenn einzelne Anfragen relativ billig sind, werden einige das elektronische Angebot nutzen. Die Verlage könnten die Preise für die Bücher so erhöhen beziehungsweise die Politik die Etats der Bibliotheken so kürzen, daß nur noch wenige Bibliotheken zu einer sinnvollen Zahl von Anschaffungen in der Lage sind. Die Verknappung führt zu weiteren „elektronischen" Nachfragen, die Information ist exklusiv und marktfähig beim Verlag.

Obwohl die *Bibliotheken* mit elektronischen Hilfsmitteln ihre Verwaltung rationalisieren und ihren Service ausweiten können, werden sie durch die Konkurrenz privater Anbieter, insbesondere der Datenbank- und Expertensystembetreiber und Verlage unter erheblichen ökonomischen und politischen Druck geraten.

Die bisher begonnenen Projekte zur Verbundkatalogisierung werden im Jahr 2000 weitgehend abgeschlossen sein. Auf der Basis elektronischer Landeskataloge wird dann auch ein Nachweis der verfügbaren Literatur in allen Bibliotheken, möglicherweise auch ausländischer, einsehbar sein.

Der enge finanzielle Spielraum der Bibliotheken zwingt zu einer weiteren Spezialisierung. Neben einer Grundversorgung mit Literatur werden sich alle großen Bibliotheken auf unterschiedliche Sammelgebiete spezialisieren müssen. Nur so kann bei einer steigenden Flut von Veröffentlichungen eine umfassende Bereitstellung und Archivierung von Literatur erfolgen. Zur Wahrnehmung ihrer Archivfunktion müßten die Bibliotheken auch „elektronische Literatur" speichern; sie könnte sonst leicht nach dem Gutdünken von Verlagen gelöscht werden und verlorengehen. Insbesondere „graue Literatur" könnte über digitale Informationsträger später einzelnen Interessenten wieder zugänglich gemacht werden. Dieser Bedarf der Bibliotheken widerspricht allerdings den Ökonomisierungsbestrebungen der Verlage. Durch die Erweiterung der Verlagsinteressen, bei ihnen gespeicherte Werke langfristig mittels „publishing on demand" zu vermarkten, wird diese Archivfunktion der Bibliotheken unter Druck geraten. So könnten elektronische Zeitschriften bei Bibliotheken nicht verfügbar sein oder nur gegen Gebühren bereitstehen.

Leistungsfähige Rechner und Übersetzungsprogramme ermöglichen über ein Bibliotheksnetz die elektronische Übersetzung von Fachartikeln. So kann auch ausländische Literatur, die in einem Information-Retrival-System nachgewiesen ist, ohne Probleme in die wissenschaftliche Arbeit einbezogen werden. Einen großen Teil der Kosten für Literaturrecherchen in externen Datenbanken oder für Übersetzungen müssen die Bibliotheksbenutzer allerdings selbst tragen. Denn die Datenbanken werden exklusiv von den Hostbetreibern (Host = Datenbankanbieter) angeboten. Wissenschaftliche Bibliotheken stellen lediglich die technischen Voraussetzungen für Datenbankanfragen bereit. Zur Beratung des Bibliothekspublikums wird ein Teil des Bibliothekspersonals über Qualifikationen als Datenbankrechercheur verfügen.

Um das aktuelle Material für die Unterstützung von Forschungs- und Entwicklungsabteilungen bereitstellen zu können, werden *Unternehmensbibliotheken* künftig immer auch die Möglichkeiten zur Literaturrecherche oder zur Materialbeschaffung aus Volltextdatenbanken anbieten. Sie verfügen über Personal, das durch Schulung und Anwendungspraxis über die geforderten Qualifikationen verfügt. Möglicherweise werden die künftigen Bibliotheken auch den unternehmensinternen Informationsfluß stärker unterstützen, indem sie Forschungsergebnisse verschiedener Gruppen (oder deren Kompetenz) konzernweit vermitteln. Große Organisationen verfügen deshalb gegenüber kleinen über einen Kompetenzvorsprung! Die in Unternehmen durchgeführte Literaturerschließung könnte in einigen Fällen wiederum in Form von Datenbanken öffentlich angeboten werden, wenn dies keine Aufgabe von Wettbewerbsvorteilen bedeutet. Sensible Daten oder neueste Forschungsergebnisse werden allerdings sorgsam gehütet. Rohdaten, die als Grundlagen für Datenbanken oder statistische Auswertung erhoben wurden, stellen ein wertvolles Unternehmenskapital dar. Sie der Öffentlichkeit preiszugeben hieße Marktanteile zu verlieren.

Auch in der *Verwaltung* wird eine erhebliche Effektivierung durch den Einsatz von Informationssystemen erwartet. In der Regel wird sich deshalb bis zum Jahr 2020 die elektronische Aktenführung durchsetzen. Besonders dort, wo Datensätze sowieso per EDV verarbeitet werden, bietet es sich an, auch noch die weiteren anfallenden Schriftstücke zu digitalisieren und in Dokumentationssystemen zu speichern. Einige interne Vorgänge und ein Teil des Schriftverkehrs werden dann zwar immer noch mit Papier und Textsystem oder Sprechschreiber erledigt, aber fast alle Unterlagen sind auch über das elektronische System zu beziehen. In einigen Fällen können Bürger ihre Anliegen der Behörde über das Telekommunikationsnetz übermitteln. Sie liefern dem Sachbearbeiter das Material für die Fortschreibung der Akte schon auf elektronischem Wege. Schriftstücke können nicht nur als Bild in den Dokumentationssystemen abrufbereit gehalten werden, bereits heute ist es mit Scannern möglich, Vorlagen mit hoher Genauigkeit textuell zu erfassen.

Expertensysteme werden dort unterstützend verwendet, wo Massenvorgänge mit präzisen gesetzlichen Vorgaben und geringen Entscheidungsspielräumen abgewickelt werden. Sie helfen auch bei der Aktenerschließung. Zur Entscheidungsfindung und Abstimmung innerhalb der Behörden werden Expertensysteme höchstens in der Vorbereitung und Aufarbeitung des Materials verwendet. Ansonsten werden die Entscheidungsträger peinlich darauf bedacht sein, daß sie die politische Wertung vornehmen können. All diese Systeme werden nur intern verwendet. Datenschutzgesichtspunkte werden in vielen Fällen besondere Sicherungsmaßnahmen erforderlich machen. Die Akten der Behörden werden für den Bürger weitgehend unzugänglich sein.

Nach der Öffnung des *Rundfunks* für private Anbieter werden sich die großen Zeitungs- und Zeitschriftenverlage zu Medienkonzernen entwickeln. Für sie liegt es schon aus kommerziellen Interessen sehr nahe, auch die elektronischen Textmedien zu nutzen. Sie werden zum einen dort „elektronische Abfallprodukte" aus anderen Produktionen anbieten (Manuskripte, Volltextdatenbanken der Zeitungsartikel), zum anderen aber auch spezielle Dienstleistungen etablieren (Annahme elektronischer Leserbriefe, schwarze Bretter, Verbraucherinformationen, Grundlagenmaterial, zum Beispiel Statistiken abrufbar halten). Die Medienkonzerne werden auf Kundengruppen besonders eingehen. Je nach öffentlich diskutierten Themen oder Tagesereignissen werden sie verschiedene Informationspakete anbieten. Die verschiedenen Medien ergänzen sich. Verweise in Funk und Fernsehen auf Zeitungsberichte oder Bücher dienen der Konzernwerbung ebenso wie elektronische Informationsdienste über Literatur und aktuelle Sendungen.

Die *Hersteller von Datenbanken* werden auch in Zukunft Unternehmen sein, die auf ein Fachgebiet spezialisiert sind. Konzepte mit verteilten Datenbanken vereinfachen die Kooperation mehrerer Stellen, so daß der Aufbau und die Pflege von Datenbeständen in nationaler oder internationaler Zusammenarbeit vereinfacht wird. In der Regel werden Spezialdatenbanken nur von einer Institution weltweit erstellt.

Als neue Anbieter können *Privatpersonen* oder Vereine die neuen Medien nutzen. Sie können nicht nur, wie bereits erwähnt, eigene Datenbanken aufbauen, sondern auch zum Beispiel über redaktionell betreute Mailboxen zu bestimmten Themen „hochwertige" Informationen für Bürger bereitstellen. Kleine Gruppen Engagierter könnten die Fülle des Informationsangebotes quasi als Gutachter sichten und die Ergebnisse weitergeben. Sie können in Konkurrenz zu staatlichen oder kommerziellen Anbietern auftreten und die Vielfalt des Angebotes gewährleisten. Eine Voraussetzung für die differenzierte Ausweitung des Informationsangebots ist allerdings der Zugang zu einer Fülle von Primärinformationen. Die Informationsflut wäre für den Bürger dann beherrschbar, wenn er einen Informationsdienst findet, der sein Vertrauen genießt und eine zuverlässige Auswahl gemäß seiner Wertsetzung vornimmt. Denkbar wäre zum Beispiel, daß dadurch der Informationsfluß in der Bevölkerung bei Umweltkatastrophen wie im Fall Tschernobyl wesentlich beschleunigt wird. Die Belastungswerte von Lebensmitteln und Bezugsquellen könnten dort von einem Verein mit eigenen Meßgeräten unabhängig von Regierungsstellen oder Zeitungen aktuell bekanntgegeben werden. Auch zu tagespolitischen Fragen kann sich auf diese Weise öffentliche Meinung bilden.

Der Markt der *Datenbankanbieter* (Hosts) wird stark konzentriert sein. National werden jeweils nur einige wenige Rechenzentren den Markt beherrschen. Sie ermöglichen den Zugriff zu einer Vielzahl von Datenbanken, deren Verwertungsrechte sie für eine bestimmte Region vom Datenbankhersteller erworben haben. Der Benutzer selbst wird von solchen Einschränkungen unbehelligt bleiben. Auch auf anderen Hosts verfügbare Datenbanken kann er mittelbar über das angewählte System nutzen. Anfragen und Antworten werden einfach weitergeleitet, die Abrechnung automatisch erstellt.

Die nationale Unabhängigkeit gilt jedoch nur für den Hostbetrieb. Diese Rechenzentren bleiben von den Aktualisierungen ihrer Datenbanken durch die Datenbankhersteller abhängig. Heute werden weltweit 76 Prozent der Datenbanken in den USA hergestellt. Auch der Anteil amerikanischer Unternehmen an Online-Diensten liegt bei zirka 73 Prozent.[7] Trotz aller strukturellen Unterschiede und dem daraus entstehenden unterschiedlichen Bedarf an Informationsdienstleistungen in verschiedenen Ländern wird auch künftig sowohl für die Anzahl der hergestellten Datenbanken als auch für die Umsätze mit elektronischen Informationsdiensten ein deutliches Übergewicht zugunsten der USA zu erwarten sein.[8]

Möglicherweise wird ein Teil des Informationsmarktes für den Bürger zu Telefongebühren erschlossen, wenn engagierte Laien mit einiger Fachkompetenz aus zusammengetragenen Informationen eigene (kostenlose) Datenbanken und Informationsdienste aufbauen und im Telekommunikationsnetz direkt anbieten. Sie können allerdings nur wenige Nutzer bedienen, da sie in der Regel nicht über eine hohe Verarbeitungskapazität und nur wenige Telekommunikationsanschlüsse verfügen. Möglicherweise bietet sich hier kleinen privaten Hosts eine Marktlücke, wenn sie kurzfristig solche Datenbanken laden können. Private Hosts werden ansonsten nur im Rahmen geschlossener Benutzergruppen und für eine kleine Anzahl von Anfragen eine Rolle spielen.

Nachfrager

Die neuen Medien werden in Zukunft ergänzend zu den herkömmlichen Massenmedien nachgefragt. Allerdings können schichtenspezifische Unterschiede auftreten: Politisch weniger Interessierte werden ihre Informationen weniger aus allgemeinen Zeitungen beziehen; sie werden sich auf Zeitschriften umorientieren, die eine stärkere Vorauswahl von Informationen nach ihren Bedürfnissen leisten (zum Beispiel Sport, Buntes aus aller Welt, . . .). Die anderen Informationen, die sie benötigen, werden sie über Tele-Informationsdienste abfragen. Politisch engagierte Bürger werden die elektronischen Informationsquellen nutzen, um zusätzliche Informationen zu den sie interessierenden Fragen zu erhalten. Das Buch wird kaum an Attraktivität verlieren, da seine Vorteile in der Handhabung von anderen technischen Lösungen nicht erreicht werden. Die neuen Formen werden jedoch immer dort benutzt, wo es für die Freizeitgestaltung angenehm ist. Wissenschaftler und Entwickler werden gezwungen sein, einen großen Teil ihrer Literatur elektronisch zu beziehen. Hardcopies und Bildschirmarbeit werden sich ergänzen. Die elektronischen Quellen sind von besonderem Vorteil, wenn die Forschungsergebnisse dokumentiert werden. Gute Systeme zur Textverarbeitung unterstützen die Verwaltung der Texte und

Zitatstellen in angeschlossenen Datenbanken. Viele Nachrichten, die heute in Briefform versandt werden, werden kommerziell wie privat nach der Jahrtausendwende zunehmend elektronisch übermittelt.

Großunternehmen bzw. Dienstleistungsanbieter im Informationssektor nutzen bereits seit längerer Zeit die Angebote von Datenbanken. So waren zum Beispiel bei Schering bereits 1980 zehn Vollakademiker angestellt, die mit verschiedenen Terminals in unterschiedlichen Datenbanksystemen Recherchen durchführten. Dieses Beispiel zeigt eine Bedingung auf, die nach wie vor für eine ökonomische Nutzung von Datenbankanfragen gilt: Für die Suche nach Fachwissen muß beim Nutzer bereits ein erhebliches Fachwissen vorhanden sein. Nur so kann er Suchbegriffe einordnen und Hinweise auf ihre Verwendbarkeit hin bewerten (Fach- oder Kontextwissen).

Auch in Zukunft wird wie heute der größte Teil des Umsatzes im elektronischen Informationsmarkt bei den Online- und Wirtschaftsinformationsdiensten erzielt. Allerdings werden die wissenschaftlich-technisch orientierten Datenbanken einen wesentlichen Zuwachs erzielen, der sich in einer deutlichen relativen Steigerung zu den Wirtschaftsinformationen niederschlägt.

Die heute in Deutschland noch kaum bestehenden Informationsdienste für die privaten Haushalte werden sich nach der Jahrtausendwende endgültig etablieren. Dann wird die Anschlußdichte der Btx-Nutzer hoch genug sein, um langsam eine Kostendeckung mit den Nebenprodukten der Zeitungs- und Zeitschriftenredaktionen zu erzielen. Auch eigens aufbereitete Verbraucherinformationen, das aktuelle Kultur- und Veranstaltungsprogramm und andere Angebote werden auf dem Informationsmarkt vom Bürger nachgefragt. Sein Interesse an Fachdatenbanken wird aber gering sein. Neben den hohen Kosten und dem notwendigen Strukturwissen zur Erschließung der Daten fehlt es ihm einfach an Problemstellungen, für die er solches Wissen einsetzen kann. Lediglich lokale oder überregionale Gruppen, die zu speziellen, zum Beispiel politischen Fragestellungen arbeiten, können gelegentlich durch Datenbankanfragen relevante Zusatzinformationen erhalten. Im Gegensatz zu heute wird solchen Interessenten die Benutzung der Recherchesysteme nach dem Jahr 2000 nicht mehr durch umständliche Verfahren der Passwortvergabe verwehrt. Elektronische Hilfsmittel zur Identifikation und zur Abwicklung des Zahlungsverkehrs vermindern die organisatorischen Voraussetzungen auf ein Minimum.[9]

Chancen und Risiken für das Grundrecht auf Information

Die vielfältigen Anwendungsmöglichkeiten der Informations- und Kommunikationstechnik werden in Zukunft zu einer schnelleren und breiteren Verteilung von Informationen führen. Informationssysteme ermöglichen den gleichzeitigen Zugriff auf Bestände. Die Kosten für die Bereitstellung, Suche und Übermittlung einzelner Alltagsinformationen sinken gegenüber heute drastisch, Fachinformationen werden vergleichsweise teuer sein. Die Nutzung der Telekommunikations- und Informationsdienste insgesamt wird den einzelnen Haushalt aber erheblich stärker belasten. In vielen Fällen kann die Informationstechnik zusätzlich zu den herkömmlichen Printmedien genutzt werden. Insbesondere örtliche Begrenzungen können mit Hilfe der Telekommunikation leicht überwunden werden. Benutzer, die über die nötige technische Ausstattung und

Kompetenz verfügen, können mehr Informationen erreichen als heute.

Die Fachinformationspolitik in der Bundesrepublik[10] wird allerdings zu einer deutlichen Schwächung der Bibliotheken führen. Die Verteilung der öffentlichen Mittel auf konkurrierende Institutionen spaltet originäre Bibliotheksaufgaben zugunsten der Fachinformationszentren ab. In der Erschließung von Literatur und zum Teil sogar deren Bereitstellung werden Bibliotheken vom Informationsmarkt in den Hintergrund gedrängt. Mittelfristig werden sie in der Sacherschließung von Datenbankherstellern und Hostbetreibern abhängig. Ihre Funktionsverluste dürften selbstverstärkende Effekte hervorrufen, so daß die Bibliotheken unter zusätzlichen politischen Druck geraten. Angesichts ihrer heute schon unzureichenden Haushaltsmittel sind dann erhebliche Mängel in der Literaturbeschaffung zu erwarten. Die Verlage werden ebenfalls versuchen, mit den gewonnenen optischen Speichermöglichkeiten Archivfunktionen von den Bibliotheken zu übernehmen und Zeitschriftenartikel elektronisch bereitstellen.

Die Privatisierung der Fachinformationszentren wird die Ökonomisierung des Informationsmarktes weiter unterstützen. Die Datenbankhersteller werden versuchen, ihr Interesse an der Exklusivität von Information durchzusetzen. Die vom Grundgesetz als „allgemein zugängliche Quellen" vorausgesetzten Informationsmöglichkeiten für den Bürger werden unter den Druck der kommerziellen Informationsanbieter geraten. Die Ökonomisierung des Informationszugangs steht in unmittelbarem Zusammenhang mit den zur Auswertung benötigten Systemen und Rechnerkapazitäten. „Gut" aufbereitete Information wird teurer sein als unspezifische; komplexe Expertensystem-Anfragen verursachen höhere Kosten als einfache Datenbankzugriffe. Die Zahl der allgemein zugänglichen Quellen, die für wenig Geld oder kostenlos Informationen bereitstellen, wird relativ zurückgehen, ihre Bedeutung abnehmen.

Der Buchhandel wird ein breiteres Angebot bereithalten als heute. Der Vertrieb kann beschleunigt werden, weitere Informationsträger ergänzen das gebundene Buch. Da die Verlage ihre Position im Informationsgeschäft erhalten wollen und Informationen für Datenbanken liefern, werden auch hier gute Informationen teuer sein. Allerdings ist für den Buchmarkt keine Zentralisierung zu erwarten, da Gründe gleichermaßen für eine Spezialisierung wie auch eine Diversifikation sprechen. Das Buch wird weiterhin eine wesentliche Quelle für (politische) Informationen sein. Die Defizite durch das Zurückdrängen der Bibliotheken werden allerdings nur teilweise aufgefangen. Insbesondere sind aktuelle Informationen eher elektronisch als gedruckt zugänglich. Sofern die Verlage ihre Angebote elektronisch über lange Zeiträume bereithalten, wird die Verfügbarkeit der Literatur für diejenigen, die zahlungsfähig und -willig sind, gegenüber heute verbessert.

Die wachsende Komplexität der Gesellschaft erfordert vom Bürger nicht nur mehr Entscheidungen in seinem Alltagshandeln. Will er verantwortungsvoll handeln, so muß er sich mit vielen Sachverhalten, zum Beispiel aus Umwelt, Verkehr und Technik auseinandersetzen. Diesem jeweils individuellen Informationsbedarf steht ein gewaltiges und immer weiter wachsendes Informationsangebot gegenüber. Viele der unmittelbar zugänglichen Informationen auf dem Informationsmarkt, zum Beispiel in der Presse oder im Fernsehen, werden zu unspezifisch sein, an aktuellen Tagesereignissen orientiert und mit Werbung vermischt werden. Die

Medienkonzerne werden jeweils eine Vielfalt von Angeboten für unterschiedliche Zielgruppen bereitstellen. Wirtschaftliche Gesichtspunkte bestimmen die Auswahl von Inhalt und Medium. Der einzelne Bürger wird die einzelnen Informationsquellen in ihrem Aussagegehalt nur schwer beurteilen können, die Herkunft bleibt oft undurchsichtig. Die Erschließung von Informationen wird bereits für Alltagserledigungen, zum Beispiel bei Produkt- und Preisvergleichen, für Behördenzuständigkeiten oder zur Abwicklung von Finanztransaktionen erheblichen Aufwand kosten. Nur wenige werden darüber hinaus bereit sein, nicht nur das allgegenwärtige Medienangebot zu ignorieren, sondern sich noch gezielt um fachliche Informationen zu bemühen.

Die Orientierung im Alltag und am Arbeitsplatz erfolgt oft in „virtuellen Wirklichkeiten", das heißt in Modellen, mit Hilfe von Computerprogrammen. Für den einzelnen ist dies die einzige Chance, die Komplexität vieler anstehender Entscheidungen und die Informationsflut zu beherrschen. Deshalb und weil (fast) alles durch Informationssysteme abfragbar ist, werden lebensweltliche Erfahrungen in ihrer Bedeutung abnehmen. Noch mehr als heute werden Entscheidungen deshalb auf der Grundlage der elektronischen oder gedruckten Informationen getroffen weden müssen.

Langfristig werden weniger die technischen Mittel als vielmehr die Kosten zu deren Einsatz die erste zu überwindende Hürde für einen speziellen Informationsbedarf sein. Bereits die täglich benötigten Auskünfte über Btx und aus billigen Pressedatenbanken sowie die neuen Telekommunikations-Dienste werden einen großen Teil des Budgets eines Privathaushalts in der „Informationsgesellschaft" verbrauchen.

Da auch die Universitäten sich stärker am wirtschaftlichen Bedarf orientieren sollen, wird erwartet, daß sich in der Universitätslandschaft Elite-Universitäten mit starker Wirtschaftskooperation und schwächere andere Hochschulen entwikkeln werden. Entsprechend ihren wirtschaftlichen Möglichkeiten werden die Zugangsmöglichkeiten zu Daten für Studenten und Lehrende sein. Dadurch könnten auch Institutionen, die bisher häufig durch die Freiheit von Forschung und Lehre Alternativen in politische Diskussionen einflechten konnten, stärker an Unternehmensinteressen gebunden werden.

Die Weiterentwicklung der Wissenschaft und die steigende Zahl der Veröffentlichungen lassen es heute schon nicht mehr zu, daß selbst Spezialisten den Überblick über ein gesamtes Fachgebiet behalten. Entsprechend muß auch der Bürger sich in seinem politischen Engagement spezialisieren. Auch bei steigender Freizeit, die er investieren könnte, wird er gegenüber den Spezialisten von Unternehmen und Verwaltungen benachteiligt sein. Die veröffentlichten Daten befriedigen oft nicht das spezifische Informationsbedürfnis, weil sie für andere Interessen zusammengestellt wurden. Die Rohdaten jedoch, selbst wenn sie in öffentlichem Auftrag erhoben wurden, sind für den Bürger nicht einsehbar. Obwohl differenzierter erhoben, werden zum Beispiel oft nur Daten zum Energieverbrauch pro Kopf oder pro Haushalt veröffentlicht. Für qualifizierte Vorschläge zur Energieeinsparung benötigen Bürgergruppen jedoch zum Beispiel differenzierte Daten über den Verbrauch verschiedener Küchengeräte, verschiedener Haushaltsgeräte oder deren Altersstruktur. Ohne die Daten können sie in Diskussionen ihre Position nur unzureichend verteidigen, sie verlieren ihre politische Handlungsfähigkeit.

Unternehmen und Behörden werden ihre internen Informationen nicht öffentlich zugänglich machen und Herrschaftswissen wird auch mit neuen Technologien nicht publiziert werden. Der Spezialist im Unternehmen mit einem Mitarbeiterstab wird sich eigene Quellen erschließen, er hat Zugang zu „grauer Literatur“. Besonders interessante Daten werden einfach nicht in elektronischen Systemen dokumentiert, wenn sie dadurch für Außenstehende zugänglich würden. Wie heute werden Informationen geheimgehalten.

In den Bibliotheken könnten beim Einsatz elektronischer Ausleihverbuchungsverfahren leicht auch Benutzerprofile erstellt werden. Bisher sind solche Fälle nicht bekannt geworden. Die Bibliotheken versichern, daß die Daten innerhalb kurzer Frist nach der Rückgabe gelöscht bzw. anonymisiert werden. Sollten jemals Leserdaten in Bibliotheken für Auswertungen zum Beispiel über politische Einstellungen genutzt werden, wird dies einen unmittelbaren Anpassungsdruck auf Bevölkerungsgruppen ausüben. Der politisch Interessierte wird sich genau überlegen, ob er durch die Ausleihe eines Titels möglicherweise in den Verdacht einer kritischen Einstellung gerät. Ähnliche Gefahren bestehen durch die technischen Möglichkeiten bei der elektronischen Bestellung von Literatur, bei der Übermittlung von (Zeitungs-)Texten im Telekommunikations-Netz oder bei Anfrage nach „kritischen“ Quellen in Information-Retrivalsystemen.

Das moderne Telekommunikationsnetz mit seinen neuen Übermittlungsmöglichkeiten wird die Bildung von Interessengruppen erleichtern. Ein Teil der persönlichen Treffen könnte mit Videokonferenzen billig abgewickelt werden, elektronische Diskussionen lassen sich auf schwarzen Brettern führen, über Informationsdienste könnten Bürgerinitiativen sich gegenseitig Material austauschen, Hinweise geben oder Aktionen koordinieren, öffentliche Mailboxen vermitteln Daten über Strahlenwerte, Wasserbelastungen und strittige Bauleitplanungen. Dennoch wird dies nicht zu einem stärkeren Einfluß des Bürgers auf Politik und Wirtschaft führen. Einzelne, stark spezialisierte und zersplitterte Gruppen werden ihre Kompetenz zu einigen Sachfragen zwar erhöhen. Sie werden bei der Vielfalt der Informationsangebote und der Dominanz der Medienkonzerne aber eher geringere Öffentlichkeitswirkung haben als heute. Politische Themen, die öffentlich diskutiert werden, werden von den Medien aufgegriffen. Mit Teleumfragen in Shows können die Medienkonzerne die politische Meinung der Bevölkerung bündeln und erheblichen politischen Druck ausüben.

Trotz einiger Verbesserungen im Informationszugang werden in Zukunft weiter hohe Hürden bestehen bleiben. Es erfolgt eine Differenzierung der Informationszugangsmöglichkeiten, die vom Einkommen der Haushalte (oder Institutionen) abhängt. Der Trend zur Verlagerung von Entscheidungsgewalt in höhere Hierarchieebenen wird durch die wachsenden Probleme der Gesellschaft gestärkt. Kleine Gruppen werden deshalb nur in einzelnen Fällen größere Mitwirkungsmöglichkeiten erlangen. Für einige Gruppen werden Defizite in ihrem Bildungsstand dazu führen, daß sie die neuen Informations- und Kommunikationstechniken nur unzureichend nutzen können und deshalb auch bezüglich ihrer Möglichkeiten zu politischem Engagement benachteiligt sind. Da viele entscheidende Informationen auch in Zukunft nicht öffentlich sein werden, muß mit einer Verschlechterung der Voraussetzungen für eine politische Meinungsbildung und damit der Demokratie gerechnet werden. Denn entscheidend für die Verwirklichung des Informationsrechts ist nicht nur die technische Infrastruktur, sondern die gesamte Organisation von Wissen und Zugangsmöglichkeiten.

Gestaltungsmöglichkeiten

Um die drohenden Gefahren für das Informationsrecht abzuwehren und die Chancen, die die Informations- und Kommunikationstechnik zu einer besseren Beteiligung der Bürger an der Demokratie bietet, tatsächlich Wirklichkeit werden zu lassen, sollten die folgenden Ziele verfolgt werden:

Wissen muß öffentlich bleiben

Die Rolle der Bibliotheken muß gestärkt werden. Die öffentlich geförderten Datenbanken sind an wissenschaftliche Bibliotheken anzubinden und in die Bibliotheksaufgaben zu integrieren. Die Rolle der Bibliotheken als Informationsvermittler muß ausgebaut werden. Alle Bibliotheken sollten über die technische Ausstattung und qualifiziertes Personal verfügen, um Informationssuchende kompetent bei Datenbankanfragen beraten zu können. Kosten für die Anfrage entstehen dem Bürger keine, er zahlt allenfalls eine niedrige Pauschale oder einen Anteil an den Telekommunikationsgebühren. Bibliotheken könnten nach Vorbildern in den USA zu Orten des sozialen Austauschs und der politischen Diskussion entwickelt werden.

Im Zuge der Elektronisierung des Verlagswesens muß darauf geachtet werden, daß die Bibliotheken auch weiterhin ihre Archivfunktion wahrnehmen können. Das Pflichtexemplarrecht ist entsprechend auf elektronische Publikationen zu erweitern.

Da die Bedeutung von Informationen zur politischen Entscheidungsfindung und Kontrolle wächst, müssen dem Bürger weitere Zugangsmöglichkeiten zu Informationen erschlossen werden. In diesem Sinne ist ein Informationszugangsrecht zu den Akten der öffentlichen Verwaltung zu verabschieden.[11] Sofern Bürger Kenntnis über Unternehmensdaten erlangen wollten, sollten ihnen die Akten der Aufsichtsämter zur Verfügung stehen. Sie würden die gleichen Informationen erhalten können, die die Behörden auf gesetzlicher Grundlage erheben.

Insbesondere mittelfristig müssen öffentliche Einrichtungen den Zugang zu Datenbanken erschließen. Unterschiedliche Chancen durch unzureichende technische und ökonomische Voraussetzungen würden so nivelliert.

Die bei öffentlich geförderten Gutachten erhobenen Daten müssen der Allgemeinheit zugänglich gemacht werden. Interessierte Gruppen müssen sie auf Datenträgern erhalten können!

Transparenz für den Bürger erhöhen

Die für das Überleben in der Informationsgesellschaft notwendigen Qualifikationen müssen dringend in die Aus- und Weiterbildung einfließen.

Bürger-Datenbanken könnten durch die Entwicklung von Systemen, durch die Bereitstellung von Hardware und durch die Initiierung von Trägergruppen gefördert werden. Ziel wäre es, Informationsdienste aufzubauen, die von Bürgern für Bürger gemacht werden und die sich an deren unmittelbaren Bedürfnissen orientieren.

Für relevante politische Themen sind Initiativen zu entwickeln, die fachlich qualifizieren, eine öffentliche Diskussion in Gang setzen und Foren schaffen, die zur politischen Beteiligung beitragen.[12] Bürger können ihre bedürfnisorientierten Alternativen dann in der politischen Diskussion zur Geltung bringen. Besonderes Gewicht muß auf die unabhängige Vermittlung von Ergebnissen an alle Bevölkerungsgruppen gelegt werden.

Wertvolle Hinweise erhielt ich aus Gesprächen mit: Prof. Dr. J. Becker (TH Darmstadt), E. Wetzel (GID), Chr. Jung (Zentralbibliothek der Landbauwissenschaften), Dr. P. Rau und H. W. Hoffmann (Hochschulbibliothekszentrum Nordrhein-Westfalen), Dr. P. Mambrey und Dr. G. Wurch (GMD) Gesellschaft für Mathematik und Datenverarbeitung, Prof. Dr. D. Viefhues (Hochschule Bremerhaven), Prof. Dr. R. Kuhlen (Universität Konstanz) sowie von A. Roßnagel, U. Pordesch und P. Wedde.

[1] Vgl. *Hoffmann-Riem:* Alternativ-Kommentar zum Grundgesetz. 1984. Art. 5 Abs. 1, S. 476 ff. — [2] Vgl. *Kubicek/Rolf:* Mikropolis. 1986; *Mettler-Meibom:* Soziale Kosten der Informationsgesellschaft. 1987. — [3] Vgl. auch *Becker:* Die Privatisierung und Kommerzialisierung öffentlichen Wissens. In: Schiller: Die Verteilung des Wissens. 1984. S. 11 ff. — [4] Vgl. *Roßnagel/Hammer/Pordesch/Wedde:* Die Verletzlichkeit der „Informationsgesellschaft". 1989. — [5] Vgl. Bundesminister für Forschung und Technologie: Fachinformationsprogramm der Bundesregierung mit Zwischenbilanz. 1986. S. 104. Das EUROTRA-Projekt bemüht sich um die automatische Übersetzung der Amtsprachen der EG. — [6] *Schank/Childers:* Die Zukunft der künstlichen Intelligenz. 1986. S. 169 f. — [7] Stand: 1985, nach *Otremba* u. a.: Online-Datenbankdienste in der Bundesrepublik Deutschland. Eine Angebotsanalyse. In: Gesellschaft für Dokumentation und Information. Jahresbericht 1986. S. 9 ff. — [8] *Bekker:* Datenbanken als kollektives Gedächtnis. In: Neue Zürcher Zeitung vom 29. April 1987. — [9] Vgl. *Hammer,* DuD 1988, S. 391. [10] Vgl. Anm. 5, S. 97. — [11] Z. B. *Rotta:* Nachrichtensperre und Recht auf Information. 1986. S. 147 ff. — [12] Hier könnte das Programm „Sozialverträgliche Technikgestaltung" Nordrhein-Westfalens eine Pilotfunktion haben.

Verwaltungsautomation und Verfassungsrecht

Die Entwicklung der Datenverarbeitung in der Landesverwaltung

Peter Wedde, Bremen

Die abzusehende umfassende Vernetzung unterschiedlicher Verwaltungsbereiche bleibt nicht ohne Einfluß auf verfassungsrechtliche Positionen. Im folgenden Beitrag steht deshalb die Frage im Vordergrund, welche Veränderungen derartige Vorhaben für den Bereich der Landes- und Kommunalverwaltung, aber auch für die Bürger, nach sich ziehen. Dabei gilt es, die These zu überprüfen, daß jede Integration von Daten und Systemen in übergreifende Konzepte dann die verfassungsrechtliche Situation verschlechtert, wenn die Hierachiespitze Vorgaben hinsichtlich der Ausgestaltung der einzelnen Subsysteme macht und wenn darüber hinaus zentrale Informationspools angelegt werden. Dagegen sind reine „Kommunikationskonzepte" verfassungsrechtlich weitgehend wirkungsneutral. Auch für die Position der Bürger ist es von entscheidender Bedeutung, ob ein Großsystem über sie alles „weiß", oder ob die Kenntnisse der Verwaltung weiterhin auf viele Teilbereiche verteilt bleiben.

Die Informations- und Kommunikationstechnik (IuK-Technik) hat auch das Gesicht der öffentlichen Verwaltung verändert. Akten und Karteikarten sind in immer mehr Bereichen nur noch Relikte aus der Vergangenheit. Statt dessen haben Bildschirme und Tastaturen Einzug in deutsche Amtsstuben gehalten. Die damit einhergehenden Veränderungen wandeln nicht nur das äußere Bild, sondern auch Organisation und Struktur der Behörden.

Es wäre indes falsch, von einer einheitlichen Veränderung zu sprechen, denn der Einsatz der Informations- und Kommunikationstechnik ist in den letzten 30 Jahren keineswegs gleichförmig verlaufen. Es lassen sich dennoch zwei große Entwicklungslinien erkennen: Im Rahmen der ersten „Automatisierungswelle" wurden die formalisierbaren Routinearbeiten aus den

Dr. **Peter Wedde,** geb. 1955. Studium der Rechtswissenschaft in Hannover und Bremen mit Schwerpunkt im Arbeits- und Sozialrecht. Seit 1985 Rechtsanwalt in Bremen, seit 1986 wiss. Mitarbeiter der „Projektgruppe verfassungsverträgliche Technikgestaltung", Darmstadt. Arbeitsschwerpunkte: Verwaltungsinformatisierung, verfassungsrechtliche Bewertung neuer Technologien, Arbeitsrecht, Telearbeit. Veröffentlichungen u. a.: Telearbeit und Arbeitsrecht, Köln 1986; Die Verletzlichkeit der „Informationsgesellschaft" (zus. mit A. Roßnagel/V. Hammer/U. Pordesch), Opladen 1989.

Dr. Peter Wedde, Lüder-von-Bentheim-Straße 23, 2800 Bremen

einzelnen Verwaltungsbereichen ausgegliedert und in großen Rechenzentren fern vom Sachbearbeiter zentralisiert.[1] Inzwischen hat jedoch die immer billigere Hardware und komfortable Software die Datenverarbeitung in zentraler Form weitgehend überflüssig gemacht. Der Trend geht zu dezentralen Formen der Informationsverarbeitung. An den dezentralen Arbeitsplätzen der Sachbearbeiter können nicht mehr nur formalisierte Aufgaben, sondern auch nichtstrukturierte Vorgänge im Dialogverfahren bearbeitet werden. Die zentrale Datenverarbeitung hat damit allenfalls noch in bestimmten „Massebereichen" (zum Beispiel Lohnsteuerkarten und -bescheide, Wahlbenachrichtigungen) eine Zukunft.

Die nunmehr überall und universell verfügbare Technik verändert in einer zweiten „Automatisierungswelle" den Umgang mit der „Ware Information". Die mit der „Re-Dezentralisierung" der Datenverarbeitung überall (das heißt auch in den kleinsten Verwaltungseinheiten) möglich werdende Verlagerung des Verwaltungswissens von Akten und Karteien auf Datenträger und in elektronische Speicher führt zu völlig neuen Formen des Umgangs mit Informationen. Diese werden ohne räumliche Grenzen und ohne zeitliche Verzögerungen jederzeit abrufbar und bearbeitbar. In vielen Fällen werden sie nur noch auf dem Bildschirm „bewegt" und erst „bei Bedarf" ausgedruckt. Damit heißt es auch in der öffentlichen Verwaltung, Abschied zu nehmen von der herkömmlichen Verwaltungsarbeit. Papier als Informationsträger gehört weitgehend der Vergangenheit an.

Weitaus wichtiger und bedeutsamer ist jedoch der Rationalisierungseffekt, den die neue Form der „re-dezentralisierten" papierarmen Datenverarbeitung mit sich bringt: Anders als bei der Verarbeitung in großen zentralen Rechenzentren, die der Sachbearbeitung die Vorgänge oft auf Tage und Wochen hin entzog, kann ein Sachbearbeiter am Terminal (im Rahmen seiner fachlichen Kompetenzen) die notwendigen Daten sofort eingeben, Änderungen vornehmen oder Berechnungen abwickeln. Für den Bürger bringt diese Form der Verwaltungsabwicklung den Vorteil mit sich, daß er das Ergebnis dieser Operationen in Form eines Bescheides oder einer Bescheinigung sofort mitnehmen kann.

Die neue „vorgangsnähere" Form der Verwaltungsarbeit stößt jedoch auf das Problem, daß die Verwaltung bei ihrer Arbeit oft auf Informationen aus anderen Bereichen angewiesen ist. Es können deshalb nur solche Vorgänge sofort und abschließend bearbeitet werden, für die bei der jeweiligen Behörde alle notwendigen Daten vorhanden sind. So läßt sich etwa die An- und Ummeldung eines Fahrzeugs nur dann reibungslos realisieren, wenn vom Bürger der Personalausweis oder zumindest eine aktuelle Meldebescheinigung vorgelegt wird. Ist hingegen ein Führerschein verlorengegangen, muß erst eine Auskunft bei der ausstellenden Behörde eingeholt werden. Wird eine Geburtsurkunde verlangt, muß diese erst (zeitaufwendig) im Geburtsort angefordert werden.

„Verwaltungsintern" gilt es in der Tagesarbeit ebenfalls, erhebliche Datenströme aus den verschiedenen Bereichen zu koordinieren, zu lenken und zu bearbeiten. So werden etwa von den Meldeverwaltungen in den einzelnen Bundesländern im erheblichen Umfang Daten an andere Verwaltungsbereiche übermittelt und dort weiterverarbeitet.[2]

Die herkömmlichen Übermittlungsverfahren (Listen, Durschschriften usw.), aber auch die nur für bestimmte Verfahren nutzbare Online-Verarbeitung, sind jedoch (gemessen an den in der Datenverarbeitung möglichen Verarbeitungsgeschwindigkeiten) heute noch sehr zeitaufwendig, umständlich, unflexibel und relativ kostenintensiv. Die Gründe hierfür liegen in der mangelhaften Gesamtorganisation, bei technischen Problemen der Datenübermittlung und in der unzureichenden Kompatibilität der genutzten Hard- und Software. Um auch hier das sich bietende Rationalisierungspotential auszunutzen, liegt es aus Sicht der Verwaltung nahe, einen reibungslosen Datenfluß innerhalb der Gesamtorganisation anzustreben.[3] Hierfür müßten allerdings funktionssichere Kommunikationsnetze und -dienste bestehen und alle unterschiedlichen Subsysteme in das Gesamtsystem integriert werden können.

Dem Auf- und Ausbau von universellen Kommunikationsnetzen kommt damit eine immer größere Bedeutung zu. Dennoch ist der Ausbaustand derartiger Netze in den verschiedenen Bundesländern höchst unterschiedlich.[4] So bietet etwa das Datenvermittlungssystem (DVS) in Nordrhein-Westfalen, mit dessen Aufbau bereits 1972 begonnen wurde, heute jedem Anwender aus dem Bereiche der Landesverwaltung die Möglichkeit, mit jedem anderen Anwender Informationen aller Art auszutauschen.[5] Das System stellt dafür Netze, Vermittlungs- und Transportdienste für Daten und Texte sowie Anwendungs- und Informationsvermittlungsdienste zur Verfügung. Auch der Zugang zu externen Datenbanken ist über das Datenvermittlungssystem möglich.[6]

Im Vergleich zu den anderen Bundesländern stellt das Datenvermittlungssystem eines der fortschrittlichsten Systeme dar.[7] In Hessen ist dagegen das geplante Verwaltungsnetz noch nicht realisiert worden[8] und selbst im High-Tech-Land Baden-Württemberg steht die Vernetzung erst am Anfang. Aufgrund der Rationalisierungs- und Einsparungsmöglichkeiten, die die Techniknutzung bietet, geht jedoch der Trend auf Landesebene insgesamt hin zu einheitlichen Kommunikationsnetzen und -diensten.

Das Landessystemkonzept Baden-Württemberg als Schrittmacher?

Bei der Beantwortung der Frage, wie die elektronische Kommunikation in der Verwaltung in Zukunft aussehen wird, ist ein Blick nach Baden-Württemberg hilfreich. Obwohl es in diesem Bundesland noch kein einheitliches Verwaltungsnetz gibt, das etwa mit dem Datenvermittlungssystem in Nordrhein-Westfalen vergleichbar wäre, werden hier Überlegungen angestellt und teilweise modellhaft in die Praxis umgesetzt, die über den Aufbau und Einsatz von Kommunikationsnetzen und -diensten weit hinausgehen und die auf eine Integration aller Bereiche der Landesverwaltung in ein einheitliches Informations- und Kommunikationskonzept abzielen.

Das Zauberwort heißt „Landessystemkonzept" (LSK). Es strebt auf einem landesweiten Netz aufbauend die Integration ganzer Verwaltungsbereiche an und soll die dort zur Verfügung stehenden Daten allgemein verfügbar und nutzbar machen.

Im Auftrag der Landesregierung hat eine Arbeitsgruppe der Firmen Diebold/Dornier/Ikoss Ende 1984 ein Konzept zur (informationstechnisch geprägten) Neugestaltung der Organisation der Landesverwaltung Baden-Württemberg vorgelegt.[9] Neben organisatorischen und personellen Maßnahmen schlägt die Arbeitsgruppe vor, ressortübergreifende Rechenzentren einzurichten und gemeinsam zu nutzen. Für die elektronische Kommunikation zwischen den verschiedenen Ressorts war die Einrichtung von Netzen für die allgemeine Verwaltung, die Forschung und Lehre, die Finanzverwaltung und die Polizei vorgesehen. Weiterhin wurden zehn detaillierte Szenarien vorgestellt, die in Einzelprojekten erprobt werden sollten.[10]

Die Landesregierung begann im Januar 1985 damit, Teile des Landessystemkonzepts zu realisieren.

– Der Amtschef des Staatsministeriums soll als Landessystembeauftragter für die ressortübergreifende praktische Umsetzung des Landessystemkonzeptes sorgen.

– Ein Landessystemausschuß, dem hochrangige Vertreter aller Ressorts angehören, soll die Automatisierungsvorhaben der einzelnen Ministerien nach einheitlichen Kriterien bewerten und gewichten.

– Ein Informationstechnisches Zentrum beim Staatsministerium soll als Stabsstelle für Information und Kommunikation Konzeptionen und Rahmenrichtlinien entwickeln, landeseinheitliche Standards und Schnittstellen für die Informations- und Kommunikationstechniken festsetzen und damit eine reibungslose und ungehinderte Kommunikation innerhalb der einzelnen Behörden ermöglichen.[11]

Von den zehn Szenarien, die die Diebold/Dornier/Ikoss-Gruppe vorgeschlagen hat, wurden inzwischen vier als Pilotprojekte in die Praxis umgesetzt:[12]

Die „Führungsorientierung des Informationswesens" (FOI) soll dem Staatsministerium für die anfallenden Probleme schnell und gezielt alle in den verschiedenen Bereichen vorhandenen und aktuellen Informationen liefern. Das System zielt in erster Linie auf eine Steigerung der Effizienz des Staatsministeriums ab.

Im Rahmen des Szenarios „Büroautomation in einem Regierungspräsidium (BAR)", dem Pilotcharakter für den breiten Einsatz der Bürokommunikation zugemessen wird, sollen die Möglichkeiten für Rationalisierungen und für qualitative Verbesserungen der Verwaltungsarbeit überprüft werden. Schwerpunkt des Projektes beim Regierungspräsidenten in Stuttgart ist, den abteilungs- und referatsübergreifenden Umweltschutz zu koordinieren. Beim Regierungspräsidenten in Freiburg werden dagegen die Möglichkeiten der papierlosen Sachbearbeitung (einschließlich Scanning von eingehener Post) erprobt.

Mit dem Haushaltsmanagement-System (HMS) sollen Haushaltsplanerstellung, Haushaltsplanvollzug und Kassenwesen automatisiert werden. In diesem Rahmen ist der Anschluß aller Länderministerien an die Haushaltsdatenbank des Statistischen Landesamtes geplant. Mit dem Projekt „Büroautomation bei einem Familiengericht" (BAF) soll der Bearbeitungsdurchlauf der Geschäftsstelle beschleunigt, die Verwaltungsarbeit verbessert und die bestehende Belastung durch die arbeitsintensiven Verfahren erheblich reduziert werden.

Voraussetzung für die langfristig angestrebte landesweite Umsetzung des Landessystemkonzepts ist die Schaffung eines leistungsfähigen Kommunikationsnetzes, das in Baden-Württemberg bisher ressortübergreifend nicht zur Verfügung steht. Der erste Schritt hin zu einem solchen landeseinheitlichen Netz wurde inzwischen mit der Einrichtung des „Umweltinformationssystems" (UIS) gemacht,[13] das die Diebold/Dornier/Ikoss-Gruppe ebenfalls als Szenario vorgeschlagen hat. Über dieses Netz sollen dem Umweltministerium jederzeit die bei verschiedenen Landesbehörden (zum Beispiel Landesanstalt für Umweltschutz, Gewerbeaufsichtsämter, Gesundheitsämter, medizinisches Landesuntersuchungsamt) gesammelten Daten übermittelt werden. Die im Umweltinformationssystem anfallenden Daten sollen vom Landtag, von der Landesregierung und von der Landesverwaltung genutzt werden können.[14]

Das Umweltinformationssystem soll nach dem Willen der Verantwortlichen die Grundlage für ein landesweites Netz bilden. Dem UIS kommt damit eine Vorreiterrolle im Sinne einer allgemeinen Akzeptanzbeschaffung zu. Langfristig ist auch die Einbeziehung der Kommunen in dieses System geplant. Daneben sollen gegebenenfalls auch die bisher getrennten Datennetze der zehn kommunalen Gebietsrechenzentren an das UIS angeschlossen werden.[15]

Die Zukunft der Verwaltungsautomation

Zur Zeit ist schwer abzuschätzen, mit welchem Tempo die Informatisierung der Verwaltung fortschreiten wird. Diese Aussage gilt sowohl für das Landessystemkonzept als auch für die Verwaltung in anderen Bereichen und in anderen Bundesländern. Es läßt sich zum jetzigen Zeitpunkt lediglich feststellen, daß der weitere Ausbau durch eine Fülle von technischen und organisatorischen Problemen gehemmt wird.

Ungeklärt sind auch die datenschutzrechtlichen Fragen, die sich im Zusammenhang mit der Verarbeitung von personenbezogenen Daten in Großsystemen ergeben.[16]

Grundsätzlich kann man aber davon ausgehen, daß der Ausbau integrierter Systeme weiter vorangetrieben wird. Dabei wird vor allem das Ziel verfolgt, alle Verwaltungsbereiche zu integrieren und über einheitliche Netze und Dienste voll kommunikationsfähig zu machen, um so die Verwaltungsarbeit zu effektivieren und das sich bietende Rationalisierungs- und Informationspotential auszunutzen. Einen wesentlichen Entwicklungsschub verspricht dabei das nach den Plänen der Deutschen Bundespost in Kürze zur Verfügung stehende ISDN.

Für aufwendige Anwendungen, die nicht dezentral abgewickelt werden können, werden ressortbezogen oder ressortübergreifend Rechnerkapazitäten aus- bzw. aufgebaut und zur Verfügung gestellt.[17] Werden einheitliche Kommunikationssysteme in der Verwaltung aufgebaut, kommt koordinierenden Instanzen wie zum Beispiel dem Landessystembeauftragten in Baden-Württemberg eine Schlüsselrolle zu, da diese für die zentrale Planung und die Anschaffung der Hard- und Software verantwortlich sein werden. Die Tätigkeit von „Landessystembeauftragten" sichert dabei einerseits die Kompatibilität der eingesetzten technischen Systeme und stellt die unbegrenzte Kommunikationsfähigkeit her. Andererseits wächst die Macht dieser Personen und des Landessystemausschusses, da von hier die Ausgestaltung der Technik und (über die eingesetzte Software) die Abwicklung der Verwaltungsverfahren gesteuert werden kann. Dabei ist zu beachten, daß Instanzen geschaffen werden, die (vermittelt über die Setzung technischer Standards) allen Verwaltungsbereichen direkte oder indirekte Vorgaben machen können, und die keiner unmittelbaren parlamentarischen Kontrolle unterliegen und somit nur begrenzt demokratisch überprüfbar sind.

Trotz dieser Vorgaben und Trends ist die Zukunft der Verwaltungsautomation noch offen und gestaltungsbedürftig. Für ihre mögliche Weiterentwicklung kommt den verfassungsrechtlichen Auswirkungen verschiedener Gestaltungsalternativen eine besondere Bedeutung zu. Sie sollen im folgenden auf der Grundlage der Planungen zum Landessystemkonzept Baden-Württemberg diskutiert werden.

Integrierte Datenverarbeitungskonzepte und informationelle Gewaltenteilung

Das Recht auf informationelle Selbstbestimmung gewährleistet dem einzelnen Bürger das Grundrecht, über die Preisgabe und Verwendung seiner persönlichen Daten selbst zu bestimmen. Eingeschränkt kann dieses Recht auf informationelle Selbstbestimmung nur dann werden, wenn dies im überwiegenden Allgemeininteresse durch ein Gesetz festgelegt wird, das bereichsspezifisch die Voraussetzungen und den Umfang der Beschränkung klar und für den Bürger erkennbar regelt.[18]

Entsprechend dem Gebot der Verhältnismäßigkeit soll die Verwaltung ihr Wissen über den Bürger auf ein notwendiges Minimum begrenzen. Die Verarbeitung personenbezogener Daten ist deshalb nur zulässig, wenn ausreichende organisatorische und verfahrensrechtliche Vorkehrungen getroffen werden, die der Gefahr einer Verletzung der Persönlichkeitsrechte entgegenwirken. Die Verwendung der vorhandenen Daten ist auf den vom Gesetzgeber bereichsspezifisch und präzise vorgegebenen Zweck zu beschränken und muß für die jeweilige Aufgabe geeignet und erforderlich sein. Dadurch soll gesichert werden, daß die Verwaltung kein unzulässiges Persönlichkeitsprofil des Bürgers erhält beziehungsweise erstellen kann. Auch die Datenhaltung auf Vorrat ist unzulässig. Darüber hinaus ist ein amtshilfefester Schutz gegen Zweckentfremdung durch Weitergabe- und Verwertungsverbote zu sichern.[19]

Die informationelle Gewaltenteilung wird nicht nur zum Schutz des Rechts auf informationelle Selbstbestimmung gefordert. Auch die Aufgliederung der Verwaltungsarbeit und der entsprechenden Verantwortlichkeit nach dem Ressortprinzip trägt zur notwendigen Begrenzung des Wissens bei, das in den einzelnen Verwaltungszweigen vorhanden ist. Nach dem Ressortprinzip verbleibt die politische Verantwortung für die verschiedenen Verwaltungszweige gegenüber der Öffentlichkeit immer bei den einzelnen Fachministern. Sie wird auch durch die Richtlinienkompetenz der Regierungschefs nicht beeinträchtigt.[20]

Orientiert sich die Informatisierung der Verwaltung am Vorbild des Landessystemkonzepts, zieht dies erhebliche Veränderungen der Organisations- und Kommunikationsstruktur nach sich. Der Rationalisierungsvorteil elektronischer Kommunikation kann nur genutzt werden, wenn Informationen nicht mehr in jedem Einzelfall auf dem Dienstweg schriftlich oder mündlich angefordert werden müssen, sondern automatisiert elektronisch abgefragt werden können. Schon um die reibungslose Kommunikation zwischen den unterschiedlichen Systemen der verschiedenen Anwender herzustellen und zu sichern, ist es dabei erforderlich, auf allen Ebenen der Landesverwaltung kompatible Systeme einzuführen und zu nutzen.[21] Dadurch entsteht ein hoher Standardisierungsdruck, der über die Kommunikationsebene auch auf die Anwendungsebene durchschlägt. Dementsprechend müssen die verschiedenen Verwaltungsbereiche ihre interne Arbeitsorganisation auf diese Systeme abstellen. Damit entsteht faktisch der Zwang, auf jegliche andere Art der herkömmlichen oder der andersartigen IuK-gestützten Verwaltungsabwicklung (zum Beispiel unvernetzte Personal-Computer) zu verzichten.

Für die einzelnen Bereiche der Gesamtorganisation Landesverwaltung kommt es damit zu einem sektoralen Autonomieverlust. Da die Planung der Informationskonzepte und die Festlegung der kommunikations- und verarbeitungsrelevanten Standards für die Hard- und Software der Subsysteme aus Gründen der Planungsvereinfachung hierarchisch an der Verwaltungsspitze erfolgen wird, verlieren die einzelnen Verwaltungsebenen einen Teil ihrer Organisationsmacht. Sie können nicht mehr frei entscheiden, wie sie ihre Aufgaben organisieren und welche technischen Hilfsmittel sie einsetzen und nutzen.

Um die Effizienz der Verwaltung zu erhöhen, entsteht die starke Versuchung, die neuen Kommunikationsmöglichkeiten auch zu nutzen, um den verschiedenen Anwendern optimale Zugriffsmöglichkeiten auf Daten anderer Verwaltungsbereiche einzuräumen (zum Beispiel Zugriff der Finanzverwaltung, der Zulassungsstellen und der Polizei auf die Bestände des Meldewesens). Werden diese in zentralen Datenbanken vorgehalten, läßt sich im Einzelfall nicht mehr kontrollieren, wer auf diese Daten zugreift und welche Auswertungen und Verknüpfungen vorgenommen werden. Damit entsteht die Gefahr der unkontrollierten Zusammenfügung von personenbezogenen Daten und der Bildung von Persönlichkeitsprofilen.

Zum heutigen Zeitpunkt setzen vor allem technische Unzulänglichkeiten und ungelöste organisatorische Fragen dem Aufbau komplexer Verwaltungssysteme Grenzen. Daneben sind datenschutzrechtliche Aspekte weitgehend ungeklärt.[22] Problematisch ist auch die Frage der möglichen Verfälschung elektronischer Akten. Da sich (anders als bei herkömmlichen Handakten) bei elektronischen Systemen das Risiko erhöht, daß Informationen verändert werden können, ohne daß dies bemerkt wird oder daß (unberechtigte) Kopien von Vorgängen angefertigt werden, wird es gerade bei bedeutsamen oder vertraulichen Angelegenheiten notwendig, entweder einen hohen Protokollierungs- und Sicherungsaufwand zu betreiben oder aber weiterhin Handakten zu führen.

Auf der Ebene der Exekutive ergeben sich durch Vorhaben wie dem Landessystemkonzept ebenfalls grundlegende Veränderungen. So ermöglichen ressortübergreifende Systeme die verbesserte Gesamtsteuerung der unterschiedlichsten Großvorhaben. Zum Beispiel könnte ein Finanzminister aufgrund der Informationen, die er über Planungen in anderen Ressorts erhält, zu einem sehr frühen Zeitpunkt ein finanzielles Veto einlegen und damit massiv in die Kompetenz anderer Verwaltungsbereiche eingreifen.

In bestimmten Teilbereichen sind allerdings auch positive Aspekte einer ressortübergreifenden Abstimmung und Steuerung absehbar. Ein gutes Beispiel dafür ist die bisherige Konzeption des Umweltinformationssystems in Baden-Württemberg.[23] Werden hier die verschiedensten Daten und Informationen aus allen relevanten Verwaltungsbereichen zusammengefaßt und für die weitere Planung genutzt, können zum Beispiel Industriestandorte so geplant werden, daß Umweltbelastungen reduziert werden. Gleichzeitig bieten sich neue Methoden der Schadensfrüherkennung, wenn Simulationsmodelle auf Basis der vorhandenen Daten entwickelt werden.

Hochkomplexe Informationssysteme, wie sie zur Zeit konzipiert werden, üben einen starken Anpassungsdruck auf das verfassungsrechtliche Normengebäude aus. Die Verarbeitung personenbezogener Daten ist etwa nur dann zulässig, wenn sichergestellt ist, daß kein unbefugter Abruf erfolgen kann. Soweit dies nicht zu gewährleisten ist, bleibt eine Integration von Datenverarbeitungssystemen unzulässig.[24] Aber auch wenn Systeme entsprechend abgesichert sind, dürfen personenbezogene Daten nur in den gesetzlich vorgesehenen Fällen abgerufen werden. Die Vernetzung, wie sie das Landessystemkonzept vorsieht, gibt aber nur einen Sinn, wenn der Zugriff auf alle in der Verwaltung vorhandenen Daten möglich ist. Eine Begrenzung auf Teilmengen zieht eine Einschränkung der Leistungsfähigkeit dieser Systeme nach sich. Deshalb läßt sich eine Aufweichung der verfassungsrechtlichen Situation dahingehend prognostizieren, daß versucht wird, die Bereiche auszuweiten, für die ein automatischer Datenverkehr ermöglicht werden soll. Es wird jedoch äußerst schwierig sein, für alle anfallenden Anwendungsfälle und Auswertungsmöglichkeiten rechtzeitig ausreichende gesetzliche Regelungen zu treffen. Zudem ergeben sich mit jeder Übermittlungsregelung neue Wechselwirkungen und Verknüpfungsmöglichkeiten, die nur begrenzt in abschließende Regelwerke gefaßt werden können. Die verfahrensrechtliche Regelung aller denkbaren beziehungsweise notwendigen Fälle, wie sie das Bundesverfassungsgericht heute fordert, wird damit zunehmend schwerer und hemmt gegebenenfalls den Ausbau derartiger Systeme. Werden sie dennoch ausgebaut, ist es unumgänglich, die Übermittlungsregelungen zu „liberalisieren“. Statt abschließender Einzelfallregelungen bieten sich hier (bereichsspezifische) Generalklauseln an. Ihre Auslegung wird durch die Praxis zunehmenden elektronischen Datenaustauschs geprägt werden. Dadurch werden sowohl die konkreten Verwirklichungsbedingungen als auch die normativen Konkretisierungen des Rechts auf informationelle Selbstbestimmung und der informationellen Gewaltenteilung verschlechtert.

Eine andere Situation könnte sich ergeben, wenn die einheitlichen Kommunikationssysteme nur begrenzte oder keine automatischen Zugangsmöglichkeiten auf die Dateien „fremder“ Verwaltungsbereiche beinhalten. Das dürfte allerdings nur dann der Fall sein, wenn sich Aufgabe und Technik der Systeme darauf beschränken (wie etwa beim Datenvermittlungssystem in Nordrhein-Westfalen), Dienste und Netze für die Übermittlung zur Verfügung zu stellen, ohne dabei auf Art und Umfang der übermittelten Daten sowie auf die genutzte Hard- und Software Einfluß zu nehmen. Wird ein Kommunikationssystem in der Verwaltung in dieser Art ausgestaltet, stellt es das Recht auf informationelle Selbstbestimmung nicht zwingend in Frage.

Je umfassender die Übermittlungsregelungen werden, desto intransparenter werden die Datenflüsse. Dabei wird es zwar grundsätzlich noch nachvollziehbar bleiben, welche Daten in welche Bereiche übermittelt werden. Nicht mehr abzuschätzen sind aber die Wechselwirkungen, die sich ergeben, wenn die übermittelten Daten mit vorhandenen Informationen verknüpft werden. Das gilt zum Beispiel für die verfassungsrechtlich an sich unbedenkliche Übermittlung von nicht personenbezogenen Daten, wie sie etwa im Rahmen von Umweltinformationssystemen anfallen. Hier ist es problematisch, bestimmte Daten, die Rückschlüsse auf Personen zulassen, von den reinen Umweltdaten getrennt zu halten. Werden in einem solchen System etwa Flur- und Immissionskataster angelegt, ist es bei entsprechender Verknüpfung mit anderen Daten immer möglich, personenbezogene Zuordnungen zu den Eigentümern bestimmter Flächen oder Betriebe vorzunehmen.

Integrierte Datenverarbeitungskonzeptionen und funktionale Gewaltenteilung

Das verfassungsrechtliche Prinzip der Gewaltenteilung, das durch Art. 20 Abs. 2 S. 2 GG und entsprechende landsrechtliche Vorschriften festgeschrieben wird, beinhaltet nicht nur die Zuweisung der staatlichen Hauptfunktionen Gesetzgebung, Vollziehung und Rechtsprechung an verschiedene Organe, sondern auch die gegenseitige Kontrolle und Mäßigung dieser Gewalten.[25] Dabei ist es nicht zwingend erforderlich, daß eine strikte und unüberwindliche Abgrenzung der verschiedenen Organe gegeneinander erfolgt.[26] In jedem Fall muß aber noch die ratio der Gewaltenteilung, nämlich die wechselseitige Begrenzung und Kontrolle staatlicher Macht, erfüllt sein. Voraussetzung für die von der Verfassung gewollte Kontrolle sind ausreichende Informationen und die Transparenz des Handelns.[27]

In der Praxis sind die Kontrollrechte vor allem Rechte der Opposition. Das parlamentarische Regierungssystem ist auf eine starke Opposition und damit auf die Ausübung ihrer politischen Kontrollrechte angewiesen.[28] Hat eine Regierung – wie etwa in Baden-Württemberg geplant[29] – Zugriffsmöglichkeiten zu einem landeseinheitlichen Kommunikationssystem, kommt es nahezu zwangsläufig zu einem Wissens- und damit zu einem Machtzuwachs. Die Informationen, die sich aus einem solchen System gewinnen lassen, können unmittelbar in die Regierungsarbeit einfließen. So lassen sich Reden und Erklärungen kurzfristig mit fundierten Details und Fakten abrunden. Entscheidender sind aber die Möglichkeiten, die anfallenden Informationen in der praktischen politischen Arbeit zu nutzen. So lassen sich etwa im Rahmen umfassender Simulationen anhand der vorhandenen Daten die Rahmenbedingungen für Vorhaben durchspielen. Die Simulationen können dazu führen, die bürgerfreundlichste, die effektivste, die preiswerteste oder die umweltfreundlichste Variante für ein konkretes Vorhaben zu finden, das zum Beispiel auf dem Gebiet der Raumplanung, der Wirtschaftsförderung, der Steuerpolitik und des Umweltschutzes ansteht. Daten und Simulationen können aber auch genutzt werden, um mehrheitlich mißliebige Entscheidungen zu legitimieren und Sachzwänge zu schaffen. In diesen Fällen könnte eine Regierung die Opposition (und die Öffentlichkeit) mit Zahlen und Fakten konfrontieren, die aufgrund der fehlenden Datenbasis nicht nachprüfbar und widerlegbar sind.

Grundsätzlich ist es auch möglich, dem gesamten Parlament einschließlich der Opposition umfassende Zugangsrechte zu den Daten in Landessystemen einzuräumen. Werden diese tatsächlich zugestanden, kann dies aufgrund des gegebenen Informationspotentials grundsätzlich die Kontroll- und Handlungsmöglichkeiten der Opposition stärken. Für sie wird nachvollziehbar, auf welcher Daten- und Informationsbasis die Exekutive Entscheidungen trifft und welche Auswirkungen und Folgen dies hat. Darüber hinaus kann sie unter Nutzung des Systems die Richtigkeit der Planungsvorhaben und Gesetzentwürfen zugrunde liegenden Daten überprüfen. Daneben wird das Zurückhalten von Informationen erschwert. Die Opposition kann leichter eigene Alternativvorstellungen entwickeln und entsprechend parlamentarisch initiativ werden. Eine solche Verbesserung der Kontrollmöglichkeiten setzt allerdings voraus, daß auf seiten der Opposition ausreichende Fachkompetenzen zur Auswertung der anfallenden und verfügbaren Daten vorhanden ist. Andernfalls besteht die Gefahr, daß die Exekutive ihren Informations- und Know-how-Vorteil ausnutzt.[30]

Für die Verwaltung ändert sich durch die Einführung eines Landessystems der Handlungsspielraum. Soweit sie Gesetze im Beratungsverfahren mitgestaltet, kann sie auf der Grundlage der ihr zur Verfügung stehenen Informationen die verschiedenen Wechselwirkungen besser einschätzen und beurteilen, um auf diesem Weg unter Umständen Entscheidungen zu forcieren und durchzusetzen, deren Tragweite für die parlamentarischen Vertreter vorab nicht zu erkennen ist.

Die Reichweite der Kontrollrechte und -möglichkeiten, und damit die Funktion des verfassungsrechtlichen Gewaltenteilungsprinzips, hängt in Zukunft unmittelbar davon ab, welche Positionen und Möglichkeiten die Opposition im Rahmen neuer Informationskonzepte hat. Dabei gilt grundsätzlich, daß Zugriffsrechte für die jeweilige Opposition auf derartige Systeme die Kontrollmacht stärken können und damit positiv zu bewerten sind, und daß andererseits ein Ausschluß vom Zugriff zu einer unmittelbaren Schwächung parlamentarischer Kontrolle führt.

Der Information des Parlaments sind allerdings ebenfalls verfassungsrechtliche und datenschutzrechtliche Grenzen gesetzt. So wird man auch hier grundsätzlich davon ausgehen müssen, daß der Zugriff auf alle im System vorhandenen personenbezogenen Daten durch Parlamentarier unzulässig ist.[31] Muß man damit nur noch reduzierte Informationsmöglichkeiten für zulässig halten, kommt man unmittelbar zu dem Problem, daß das Parlament beziehungsweise die Opposition als entscheidendes „Organ der Exekutivkontrolle" hinsichtlich ihrer Handlungsmöglichkeiten entscheidend eingeschränkt ist.[32] Eine derartige Situation reduziert de facto das Informationsrecht der Opposition und schränkt ihre verfassungsrechtlich festgeschriebene Kontrollfunktion ein. Gleichzeitig verschiebt sie das feintarierte System der demokratischen Gewaltenteilung zu Lasten des Parlaments.

Informatisierung und kommunale Selbstverwaltung

Als ein weiteres Instrument der Gewaltenteilung und zur Sicherung demokratischer Willensbildung vor Ort ist die Selbstverwaltung der Gemeinden und Landkreise in ihrem Kern verfassungsrechtlich gewährleistet. Zum Kernbereich kommunaler Selbstverwaltung gehört die Personalhoheit, die Gebietshoheit, die Organisationshoheit als Recht zur eigenverantwortlichen Gestaltung des Gemeindeaufbaus und des Geschäftsablaufs, die Planungshoheit, die allerdings formell- und materiellrechtlich durch Gesetze beschränkt ist, und die Finanzhoheit.[33] Die Kommunen sind bei der Erfüllung ihrer Selbstverwaltungsaufgaben frei. Das Land darf lediglich die Rechtmäßigkeit kontrollieren, jedoch keine Zweckmäßigkeitsanweisungen erteilen.[34]

Gleichzeitig sind die Gemeinden und Landkreise hinsichtlich bestimmter Aufgaben als unterste Verwaltungsbehörden des Landes in dessen Hierarchie eingebunden und weisungsabhängig. Diese Auftrags- und Weisungsangelegenheiten sind der kommunalen Selbstverwaltung völlig entzogen. Zu ihnen gehören beispielsweise Aufgaben der Standes-, Paß- und Versicherungsämter, der Bauaufsicht, die Aufgaben der Gesundheits- und Veterinärämter, sowie polizei- und ordnungsrechtliche Funktionen. Durch die Erfüllung dieser Verwaltungsaufgaben dürfen aber die kommunalen Selbstverwaltungsrechte nicht beeinträchtigt werden.[35]

Derzeit besteht im kommunalen Bereich noch ein Nebeneinander herkömmlicher Informationsverarbeitung und hochmoderner Systemnutzung. So finden sich zum Beispiel im Meldewesen sowohl hochmoderne Datenverarbeitungssysteme als auch herkömmliche Karteikästen.[36] Für die nähere Zukunft sind zwei Entwicklungslinien erkennbar, die den zukünftigen Einsatz der Technik auf der kommunalen Ebene beeinflussen oder bestimmen könnten. Zum einen könnte sich die weitere Entwicklung nach dem Willen der einzelnen Kommunen richten und sich allein an deren Bedürfnissen orientieren. Zum anderen ist es aber auch denkbar, daß direkte oder indirekte Vorgaben der Landesverwaltung erfolgen, die Art und Umfang des Technikeinsatzes steuern.

Die erste Entwicklungslinie wird durch die absehbare Redezentralisierung der Datenverarbeitung unterstützt, die den Kommunen die „Oberhoheit" über ihre Daten zurückgibt. Erfolgt die Verarbeitung nicht mehr in zentralen Rechenzentren, sondern „im eigenen Haus", erhöht sich einerseits die Verfügbarkeit und Kontrollierbarkeit der Daten. Werden die sich dabei bietenden technischen Möglichkeiten sinnvoll ausgenutzt, ist eine Effektivierung und Rationalisierung des Verwaltungshandelns möglich. Andererseits werden neue Probleme und Risiken für den Datenschutz geschaffen, da sich eine Vielzahl kleiner und mittlerer Systeme schlechter kontrollieren läßt als wenige große (Gemeinschafts-)Rechenzentren.

Die Umstellung herkömmlicher Verwaltungsabläufe auf Informations- und Kommunikationssysteme und der Ausbau der dezentralen Datenverarbeitung bringt erhebliche organisatorische und strukturelle Veränderungen mit sich, wenn nach der gängigen Automatisierungsphilosophie konsequent auf die bildschirmzentrierte (und weitgehend papierlose) Vorgangsbearbeitung gesetzt wird.

Die Ausweitung der dezentralen IuK-Nutzung auf kommunaler Ebene zieht die Notwendigkeit elektronischer Kommunikation mit anderen Verwaltungsbereichen nach sich. Eine derartige Übermittlung von Daten ist rationeller und effizienter als herkömmliche Informationsvermittlung. Deshalb wird das Bedürfnis nach elektronischen Kommunikationsnetzen und -diensten zunehmen. Soweit in diesem Rahmen in Zukunft nicht das ISDN genutzt wird, besteht für universelle Kommunikationsmöglichkeiten, wie sie etwa das Datenvermittlungssystem in Nordrhein-Westfalen bietet, ein steigender Bedarf.

Die zweite mögliche Entwicklungslinie wird durch den zunehmenden Techniekeinsatz in der Landesverwaltung geprägt. Diese wird in Auftrags- und Weisungsangelegenheiten von den Kommunen die Nutzung bestimmter Systeme verlangen. Ist die Verwaltungsarbeit auf der den Kommunen übergeordneten Ebene vollends technisiert, wird es unpraktisch und unökonomisch, Daten weiterhin auf Papier übermittelt zu bekommen. Die Entscheidung für die Nutzung bestimmter technischer Systeme wird den Gemeinden in der Regel dadurch erleichtert werden, daß die Landesverwaltung für die Geräte die Kosten übernimmt.

Für die Kommunen ist eine solche „Technisierung von oben" problematisch. Besonders kleine und mittlere kommunale Körperschaften werden es sich nicht leisten können, „zweigleisige" Organisations- und Datenverarbeitungsstrukturen zu betreiben. Jeder „Zwang" zur Nutzung bestimmter Datenverarbeitungssysteme im Rahmen der Auftrags- und Weisungsverwaltung führt deshalb in der Konsequenz zu Vorgaben hinsichtlich der im Bereich der Selbstverwaltungsaufgaben zu verwendenden Hard- und Software. Der Einsatz von zentral geplanten Informations- und Kommunikationstechniksystemen und die Integration in Großsysteme hat damit unmittelbare Auswirkungen auf die gesamte Binnenstruktur einer Kommunalverwaltung, also auch auf die Bereiche der Selbstverwaltung.

Verstärkt würde diese Tendenz noch, wenn die Kommunen (wie zum Beispiel in Baden-Württemberg ursprünglich geplant) in Teilbereiche eines Landessystems eingebunden werden. Auch Konzepte wie das Umweltinformationssystem haben nur dann einen Sinn, wenn vor Ort (etwa bei den Gesundheitsämtern oder bei den Veterinärämtern) vorhandene Daten bei Bedarf sofort und automatisch abgerufen werden können.

Eine Re-Dezentralisierung, die die Kommunen wieder zu Herren über „ihre" Daten macht, stärkt die informationelle Gewaltenteilung. Die Abschottung gegenüber (berechtigten oder unberechtigten) Dritten läßt sich zum Beispiel räumlich im gemeindeeigenen Rathaus erheblich besser realisieren als in einem kommunalen Gemeinschaftsrechenzentrum.

Andererseits erhöht sich mit der Verarbeitung vor Ort die Gefahr, daß organisatorische und technische Maßnahmen zur Sicherstellung des Datenschutzes nicht gewährleistet werden. Das gilt besonders, wenn die Daten auf Personal Computern verarbeitet werden können.[37] Die Stärkung der informationellen Gewaltenteilung, die mit der Re-Dezentralisierung einhergeht, kann deshalb unmittelbar die Gefahr nach sich ziehen, daß Daten auf der dezentralen Ebene mißbräuchlich genutzt werden. Hier wird es in Zukunft entscheidend darauf ankommen, ob sich für diese Verarbeitungsformen technische, organisatorische und verfahrensrechtliche Vorkehrungen zur Sicherung des Datenschutzes finden lassen, die das Recht auf informationelle Selbstbestimmung ausreichend absichern. Nur wenn dies gelingt, ist die Re-Dezentralisierung in der Konsequenz verfassungsrechtlich positiv zu bewerten.

Problematischer als die datenschutzrechtlichen Auswirkungen des „von unten" bestimmten Entwicklungsprozesses wären die Folgen einer Integration kommunaler Datenverarbeitung in landeseinheitliche Kommunikationssysteme. Eine Ausgestaltung, die den Kommunen lediglich die Kommunikationsinfrastruktur zur Verfügung stellt, ohne gleichzeitig auch einen Nutzungszwang zu beinhalten, wäre dabei verfassungsrechtlich nicht so bedenklich. Können etwa die Kommunen das Datenvermittlungssystem in Nordrhein-Westfalen nach eigener Entscheidung und mit beliebiger Hard- und Software nutzen, um Informationen zu übermitteln, ergibt sich nur ein indirekter Zwang, wenn andere Anwender ausschließlich elektronische Verfahren einsetzen und so Sachzwänge schaffen. Auch in dieser Situation verbleiben jedoch für die einzelnen Kommunen relativ große Entscheidungsspielräume.

Anders zu bewerten wäre es jedoch, wenn Kommunen durch ein Integrationskonzept unmittelbar gezwungen werden, bestimmte Hard- und Software zu nutzen. Sie müßten dann ihre Organisation den vorgegebenen Sachzwängen anpassen. Die manuelle Kartei gehört in diesen Fällen endgültig der Vergangenheit an. Dadurch erfährt ihr organisatorisches Selbstverwaltungsrecht[38] eine bedeutende Einschränkung. Dazu kommt, daß sich der organisatorische Einschnitt nicht auf einen Verwaltungsbereich beschränken läßt. Da der Einsatz einer bestimmten Hard- und Software faktisch das verwaltungsorganisatorische Gesamtsystem beeinflußt, führt die

Vorgabe, in bestimmten Bereichen bestimmte Techniken zu nutzen, in der Konsequenz auch in Selbstverwaltungsangelegenheiten zu einer Ausrichtung und Festlegung der gesamten Verwaltung.

Um noch rationeller, effizienter und kostengünstiger arbeiten zu können, wird bei den Landesverwaltungen das Interesse zunehmen, automatisch auf die Daten der Kommunen zugreifen zu können, wenn erst die dafür erforderlichen Kommunikationsnetze und entsprechend standardisierte Systeme zur Verfügung stehen. Die Kommunen verlören die Herrschaft über ihre Daten damit weitgehend wieder und ihre verfassungsrechtliche Position würde ausgehöhlt.

Sind die Kommunen in ein Landessystem eingebunden, können sie nicht mehr überschauen, wozu die Daten verwendet werden. Fließen diese etwa in ein Umweltinformationssystem ein und werden sie zum Beispiel im Rahmen der Standortplanung genutzt, um optimale Bauplätze für umweltbelastende Industrie zu finden, kommen in der Konsequenz Entscheidungen zustande, auf die die Kommunen keinen Einfluß haben, obwohl dadurch Vorentscheidungen und Sachzwänge für ihre eigene Raumplanung geschaffen werden.

Da für die Zukunft davon auszugehen ist, daß im Rahmen einer einheitlichen Landessystemplanung nicht nur UIS, sondern auch andere landesweite Systeme aufgebaut werden, ist mit einer Verstärkung der überregionalen Planungen zu rechnen. Eine ausreichende Einbindung der Kommunen, die ihre Eigenständigkeit sicherstellt, wäre aber nur dann gegeben, wenn sie ebenfalls über alle anfallenden Daten verfügen können, die sie betreffen. Nur so ließen sich staatliche Entscheidungen überprüfen und Alternativen aufzeigen.

Auswirkungen der Informatisierung auf den Bürger

Für den Bürger wird die fortschreitende Informatisierung der Verwaltung an der ständig steigenden Zahl von Bildschirmen in den Amtsstuben sichtbar. Aufgrund der zunehmenden Dialogfähigkeit der eingesetzten Systeme macht sich für ihn positiv bemerkbar, daß in vielen Bereichen lange Wartezeiten, das „Anstellen müssen" am richtigen Schalter und Hinweise der Sachbearbeiter, auf die Abwicklung der DV-Verfahren keinen Einfluß zu haben, der Vergangenheit angehören. Teilweise erhöht sich auch die „Lesbarkeit" der Bescheide. Der Bürger muß sich darüber hinaus nicht mehr bedingungslos den (bisher zumeist ausschließlich von organisatorischen und finanziellen Gegebenheiten beherrschten) Gegebenheiten der Datenverarbeitung unterordnen. Die neue Generation der IuK-Anwendungen, die nach der Umstellung der Verfahren von zentraler Verarbeitung auf dezentrale Dialogverarbeitung die Auskunftsfähigkeit der Sachbearbeiter erhöht, kann hier nochmals mehr Bürgernähe und Bürgerfreundlichkeit bringen.

Allerdings wird in vielen Fällen für den Bürger nicht mehr erkennbar sein, welche Systeme hinter den Bildschirmen stehen. Dabei ist es grundsätzlich denkbar, daß in einzelnen Bereichen autonome Systeme genutzt werden, die keine Verbindung nach außen haben.[39] Die Zahl derartiger autonomer Systeme wird sich jedoch zugunsten vernetzter Systeme reduzieren, da in vielen Verwaltungsbereichen die Notwendigkeit besteht, Daten aus (räumlich oder organisatorisch getrennten) Abteilungen und Ressorts elektronisch zu erhalten. Der Gesetzgeber, dem ja an einer rationell und damit kostengünstig arbeitenden Verwaltung gelegen sein muß, wird die rechtlichen Voraussetzungen für einen derartigen Datenaustausch schaffen.

Solange für den Datenaustausch Kommunikationskonzepte nach dem Vorbild des Datenvermittlungssystems genutzt werden, bleibt vom System her noch unentschieden, welche technischen Sicherungen und verfahrensrechtlichen Regelungen zur Gewährleistung informationeller Selbstbestimmung und informationeller Gewaltenteilung genutzt werden. Der Fluß der Daten, die ein Bürger der Verwaltung übermittelt, könnte noch im überschaubaren Rahmen erfolgen.

Für die Praxis ist es darüber hinaus grundsätzlich denkbar, daß Bürger zur Erledigung von Verwaltungsangelegenheiten nicht mehr die verschiedensten Verwaltungen aufsuchen müssen, sondern sich an eine zentrale Institution wenden können (zum Beispiel das „Bürgeramt Unna“ [40]), von der aus alle Anliegen zentral erledigt werden. Daneben kommt die Nutzung von Btx für ein eingeschränktes Aufgabenspektrum (etwa Abruf allgemeiner Informationen und Übermittlung von Wünschen wie zum Beispiel zweite Lohnsteuerkarte, neuer Ausweis, Geburts- oder Heiratsurkundenkopien usw.) in Frage.

„Bürgerämter“ wie das in Unna sind jedoch aus datenschutzrechtlicher Sicht bedenklich, sofern ein Sachbearbeiter auf die verschiedenen Dateien zugreifen und dort Informationen abrufen kann. Der gesetzlich verbürgte Datenschutz ist kaum sicherzustellen, wenn der Bürger an einer zentralen Stelle beliebige Angelegenheiten erledigen kann, da es hier Sachbearbeiter geben muß, die auf Daten aus so unterschiedlichen Bereichen wie zum Beispiel Sozial-, Steuer-, Melde- und Kraftfahrzeugwesen zugreifen können. Diese Sachbearbeiter erhalten die Möglichkeit, ein umfassendes Wissen über bestimmte Personen oder Personengruppen anzuhäufen und gegebenenfalls völlig unkontrolliert auf „eigenen“ Datenträgern abzuspeichern.

In einer hochgradig integrierten Datenverarbeitung wird der Bürger immer weniger wissen, welche Verwaltungseinheit über ihn welche Informationen hat: War bei der herkömmlichen Verwaltungsabwicklung für ihn noch nachvollziebar und vorstellbar, welche Daten die jeweilige Fachverwaltung hatte, (nämlich die, die er selbst – zumeist auf langen Fragebögen, geliefert hatte), so versagt das Vorstellungsvermögen, wenn zwar die Zahl der Daten, die er zur Verfügung stellen muß, abnimmt, dafür aber das Wissen der Verwaltung ansteigt. Sind alle Verwaltungsbereiche in ein einheitliches System integriert, könnten sie die jeweils benötigten Daten (im Extremfall alle in Behördencomputern befindlichen Informationen) unmittelbar abrufen. Für den Bürger würde die Verwaltung zu einem völlig intransparenten System mit undurchschaubaren Informationsflüssen.

Diese Tatsache steht jedoch im unmittelbaren Widerspruch zu der Forderung des Bundesverfassungsgerichts, daß der Bürger wissen muß, wer was wo über ihn speichert. Einzeldaten dürfen nicht aus den verschiedenen Zweck-Datensammlungen zu teilweisen oder vollständigen Personenbildern zusammengefaßt werden. Es muß verhindert werden, daß durch Datenverknüpfung „Informationspakete“ über einzelne Personen neu geschaffen werden, ohne daß die Betroffenen davon Kenntnis erhalten und ohne daß sie die Richtigkeit dieser Datenbestände überprüfen können. Denn jedes an sich „harmlose“ Einzeldatum bekommt bei entsprechender Verknüpfung einen völlig neuen Stellenwert. Daher gibt es für das Bundesverfassungsgericht unter den Bedingungen der modernen Datenverarbeitung keine „belanglosen" Daten mehr.[41] Um dies zu gewährleisten, muß der Gesetzgeber mehr als früher organisatorische und verfahrensrechtliche Vorkehrungen treffen, die der Gefahr einer Verletzung der Persönlichkeitsrechte des einzelnen Bürgers entgegenwirken. Um die bereichsspezifische Verwendung von personenbezogenen Daten zu sichern, ist es notwendig, den Verwendungszweck im Einzelfall gesetzlich präzise zu bestimmen und sicherzustellen, daß die geforderten Angaben für den jeweiligen Zweck geeignet und erforderlich sind. In diesem Rahmen ist ein amtshilfefester Schutz gegen Zweckentfremdung durch Weitergabe- und Verwertungsverbote sowie die Festlegung von Aufklärungs-, Auskunfts- und Löschungspflichten erforderlich.[42]

Die heute geplante beziehungsweise schon teilweise in die Tat umgesetzte Vernetzung und Integration der verschiedenen Verwaltungsbereiche stellt diese verfassungsrechtlichen Prämissen in Frage: So gibt es etwa bisher kein in der Praxis erprobtes Konzept für eine unter Datenschutzaspekten sichere Verarbeitung von Verwaltungsdaten im Rahmen von Großsystemen.[43] Damit läßt sich von der technischen Seite her der vom Bundesverfassungsgericht geforderte amtshilfefeste Schutz der Daten nicht realisieren. Gesetzliche Wissenbeschränkungen[44] können unterlaufen werden.

Im besonderen Maß gilt dies für „Bürgerinformationszentren": Kann ein Sachbearbeiter aus den verschiedenen Bereichen Daten abrufen und gegebenenfalls auf seinem Personal-Computer-Arbeitsplatzsystem abspeichern und weiterverarbeiten, führt dies faktisch zum Wegfall jeglichen amtshilfefesten Schutzes.

Ähnliche Probleme ergeben sich, wenn (ohne landesweite Vernetzung) auf kommunaler Ebene alle Daten in einem autonomen re-dezentralisierten System verarbeitet werden. Hier lassen sich zwar einerseits die verschiedenen Datenbestände durch technische und organisatorische Vorkehrungen aufgabenspezifisch trennen. Andererseits sind diese künstlich geschaffenen Verarbeitungsbarrieren aber (berechtigt oder unberechtigt) jederzeit wieder relativ einfach aufzuheben. Auch mißbräuchliche Verknüpfungen wie etwa der Abgleich von Sozialhilfedaten mit Informationen aus dem Meldewesen oder mit den Daten von Zulassungsstellen lassen sich leichter realisieren als bei herkömmlicher Verarbeitung.

In der Praxis wird sich auch die datenverarbeitungsspezifische Möglichkeit, ganze Aktenbestände in kurzer Zeit zu duplizieren, als äußerst problematisch erweisen. Mußte bisher eine Fachverwaltung benötigte Akten oder Informationen aus anderen Bereichen (zeitaufwendig) schriftlich anfordern, wird es in Zukunft einfach, selbst umfangreiche Akteninhalte oder Aktenbestände auf Datenträgern oder online zu versenden. Selbst wenn diese Versendung nur im gesetzlich zulässigen Rahmen erfolgt, nimmt im Ergebnis die Zahl der speichernden Stellen mit jeder Versendung zu. Aufklärungs-, Auskunfts- und Löschungsfristen, die sich zu Lasten der Verwaltung ergeben, laufen in vielen Fällen leer. Der Bürger ist damit trotz fehlender Einbindung der verschiedenen dezentralen Datenverarbeitungssysteme in Landessysteme nicht davor geschützt, daß etwa das Sozialamt im Wege der (zulässigen oder unzulässigen) Amtshilfe Daten bei der Zulassungsstelle, beim Katasteramt oder bei der Schulbehörde abruft und mit vorhandenen Informationen zu einem umfassenden Persönlichkeitsprofil verknüpft.

Das Bundesverfassungsgericht hat in seiner „Volkszählungsentscheidung" allerdings ausdrücklich darauf hingewiesen, daß eine gesetzliche Einschränkung des Grundrechts auf informationelle Selbstbestimmung dann hinzunehmen ist, wenn diese im „überwiegenden Allgemeininteresse" liegt.[45] Es ist deshalb nicht auszuschließen, daß sich die Auffassung zu der Frage ändern wird, welche Formen der Zusammenführung von Daten in dezentralen Verwaltungssystemen, aber auch in übergreifenden Informatisierungskonzepten, zulässig sind, wenn im „überwiegenden Allgemeininteresse" die technisch mögliche und aus Sicht der Verwaltung notwendige effektive, rationelle und damit kostengünstige Verarbeitung und Verknüpfung von Daten aus den verschiedenen Bereichen erforderlich erscheint. Stellt sich etwa heraus, daß sich durch die Integration von Verwaltungsteilen in Informationssysteme die Arbeitsabläufe in anderen Bereichen vereinfachen und beschleunigen lassen, kann eine verfassungsrechtliche Bewertung im Ergebnis dazu führen, daß die damit einhergehenden Eingriffe in das Recht auf informationelle Selbstbestimmung zugunsten des Gemeinwohls hinzunehmen sind.

Die Zunahme der Datenflüsse innerhalb integrierter Systeme birgt für den Bürger dann auch die Gefahr in sich, daß der allgemeine Anpassungsdruck in allen Lebenszusammenhängen zunimmt: Ist nicht mehr absehbar, wer was erfährt, wächst die Gefahr, daß Grundrechte nicht mehr wahrgenommen werden. Das Engagement in einer Bürgerinitiative wird zum Beispiel bei ungeklärter Informationslage ebenso zum Risiko wie die Teilnahme an Demonstrationen.[46] Damit stellen vernetzte und integrierte Systeme grundsätzlich eine Gefährdung verbürgter Grundrechtspositionen dar, die über den Bereich der Verwaltungsinformation weit hinausgeht und die in ihrer Konsequenz und Tragweite die Vorteile im Sinne von einzelnen Erleichterungen im Umgang mit der Verwaltung bei weitem überwiegt.

Die zukünftige Gestaltbarkeit der Verwaltungsinformatisierung

Die Zahl der in der öffentlichen Verwaltung genutzten Informations- und Kommunikationssysteme wird in Zukunft zunehmen. Der damit einhergehende Auf- und Ausbau von Informatisierungsstrukturen auf den verschiedenen Ebenen der öffentlichen Verwaltung kann zur Schwächung geschützter Positionen der Parlamente, der Kommunen und der Bürger führen. Um eine Störung des austarierten Kräfteverhältnisses zu verhindern, das der verfassungsmäßigen Ordnung zugrunde liegt, ist es notwendig, Folgen und Auswirkungen der Verwaltungsinformatisierung rechtzeitig abzuschätzen, um frühzeitig gegensteuern zu können. Bieten sich verschiedene Gestaltungsalternativen, ist die zu wählen, die mit dem geringsten Eingriff in verfassungsrechtliche Positionen verbunden ist.

Zur Zeit zeichnen sich unterschiedliche Optionen für Aufbau und Gestaltung von Informationskonzepten ab. Systeme nach dem Vorbild des Landessystemkonzepts in Baden-Württemberg bergen die Gefahr in sich, daß der Umfang und die Nutzung der vorhandenen Daten sowie die Zahl der verschiedenen Dateien, die erfaßt werden, nicht mehr zu überschauen ist. Dazu kommen die ungelösten datenschutzrechtlichen Probleme. Doch selbst in integrierten Systemen wäre es grundsätzlich realisierbar, Abrufmöglichkeiten organisatorisch und technisch zu begrenzen und herkömmliche Verwaltungsstrukturen abzubilden. Dies würde aber die erwarteten Informationsmöglichkeiten und -vorteile weitgehend wieder zunichte machen und wird deshalb kaum durchzusetzen sein.

Für die verfassungsrechtliche Beurteilung von Landessystemkonzepten ist die Frage von besonderer Bedeutung, wie der „Anschluß" der einzelnen Verwaltungssubsysteme vorgenommen wird.

Werden zentral Standards für alle Verwaltungsbereiche vorgegeben, kommt es in der Konsequenz zu tiefgreifenden Sachzwängen für die Informations-, Kommunikations- und Organisationsstrukturen, die über die unmittelbare Anwendung hinausgehen.

Haben die integrierten Verwaltungsbereiche dagegen hinsichtlich der Erfassung und Übermittlung die Wahlfreiheit zwischen mehreren Alternativen, kann die informationelle Gewaltenteilung und die kommunale Selbstverwaltung gewahrt bleiben.

Die mit Landessystemkonzepten einhergehenden datenschutz- und verfassungsrechtlichen Probleme reduzieren sich, wenn nur eine partielle und fachbezogene Integration des Verwaltungswissens in übergreifende Spezialinformationssysteme erfolgt. Werden etwa ausschließlich umweltrelevante Daten landesweit in einem Umweltinformationssystem zusammengefaßt und hier ausschließlich zweckgebunden weiterverarbeitet, ist eine Schwächung verfassungsrechtlich geschützter Positionen nur im begrenzten Rahmen zu erwarten.

Allerdings darf im Zusammenhang mit der Einrichtung von an sich positiv zu beurteilenden Spezialsystemen nicht verkannt werden, daß diese einerseits die Akzeptanz für verschiedene andere Systeme erhöhen und andererseits die technischen Voraussetzungen (Kommunikationsnetze) schaffen, um beliebige Daten zu übertragen. Damit wird es in erster Linie eine Frage der gesetzlichen und politischen Ausgestaltung, ob diese Spezialsysteme in der Konsequenz verfassungsrechtlich neutral bleiben oder die Realisierungsbedingungen von Grundrechten verbessern oder verschlechtern.

Im Gegensatz zu Landessystemkonzepten und zu Spezialsystemen wie dem Umweltinformationssystem, die über eigene Datenbanken verfügen sollen, stellen reine Kommunikationskonzepte wie das Datenvermittlungssystem in Nordrhein-Westfalen nur die Netze und Dienste für die Übermittlung von Daten aller Art zur Verfügung, ohne dabei auf die Inhalte Einfluß zu nehmen. Ein Teil der genannten verfassungsrechtlichen Probleme stellt sich daher nicht. Voraussetzung für die sichere Abwicklung eines Datenvermittlungssystems ist allerdings ein ausreichender technischer und organisatorischer Standard zur Sicherung des Datenschutzes.

Werden Daten in diesem Rahmen nur dezentral ohne unmittelbare Anbindung an Gesamtsysteme auf der Ebene der einzelnen Verwaltungen verarbeitet und erfolgt der Datenaustausch nur individuell und im Rahmen abschließender gesetzlicher Regelungen unter Kontrolle der jeweiligen Systemherren, lassen sich die Vorgaben zur Sicherung der informationellen Gewaltenteilung und zum informationellen Selbstbestimmungsrecht ebenso verwirklichen wie die datenschutzrechtlichen Verpflichtungen. Eine solche bereichsspezifische und gegen andere Bereiche technisch und organisatorisch abgeschottete Datenverarbeitung erfüllt damit weitgehend die einschlägigen verfassungsrechtlichen Forderungen.

Aus den Auswirkungen und Folgen, die mit den jeweils möglichen unterschiedlichen Informatisierungskonzepten einhergehen, lassen sich Gestaltungsempfehlungen für den Ausbau der Informations- und Kommunikationstechnik im Bereich der Landesverwaltung ableiten.

1. Wegen der Schwächung verfassungs-

mäßiger Rechtspositionen sollte auf den Aufbau hochintegrierter Informatisierungssysteme verzichtet werden.

2. Die Datenverarbeitung selbst soll, wo immer möglich, „verwaltungsnah" dezentral und ausschließlich zweckgebunden erfolgen.

3. Den kommunalen Körperschaften muß die Freiheit bleiben, über Einsatz und Ausgestaltung der genutzten Hard- und Software selbst zu entscheiden. Kommt es etwa im Bereich der Auftrags- und Weisungsangelegenheiten zu einer Standardisierung, muß diese mehrere Alternativen (auch die des völligen Verzichts) beinhalten. Werden kommunale Daten übergreifend im System ausgewertet, ist den Kommunen der Zugriff auf alle für sie direkt oder indirekt relevaten Ergebnisse einzuräumen.

4. Um die notwendige Kommunikation zwischen den verschiedenen Verwaltungsbereichen zu ermöglichen, bieten sich Kommunikationskonzepte an, die sich auf das „Zur-Verfügung-Stellen" von Netzen und Diensten beschränken, ohne dabei auf die Übermittlungsinhalte Einfluß nehmen oder zugreifen zu können. Hier hat das Datenvermittlungssystem Nordrhein-Westfalen Vorbildfunktion, zumal es die Kommunikation zwischen nahezu beliebigen Systemen ermöglicht. Der Datenaustausch ist auch in solchen Systemen auf ein Minimum zu beschränken und darf nicht online ohne Einzelfallkontrolle der übermittelnden Behörde erfolgen.

5. Soll trotz der erkennbaren verfassungsrechtlichen Risiken und Schwachstellen ein „Landessystem" nach dem Vorbild von Baden-Württemberg eingeführt werden, ist es notwendig, daß das enthaltene Wissen dem gesamten Parlament zur Verfügung gestellt wird. Verwaltung und Regierung muß darüber hinaus eine ergänzende allgemeine Informationspflicht treffen, durch die ihr Systemwissen dem Parlament zur Verfügung gestellt wird. Nur eine solche Ausdehnung der Informationsmöglichkeiten zugunsten aller Parteien könnte die Informationsdifferenz zwischen Regierung und Parlament beziehungsweise Opposition so weit reduzieren, daß eine effektive Kontrolle möglich ist.

6. Die gleichen Informationsmöglichkeiten sollten im Sinne von „Freedom of Information" auch Bürgern und deren Zusammenschlüssen sowie Verbänden eingeräumt werden, um demokratische Kontroll- und Einwirkungsmöglichkeiten „von außen" zu verbessern.

7. Um das Ressortprinzip und damit die Verantwortlichkeit der einzelnen Fachminister zu wahren, sollen diese selbst entscheiden können, in welchen Bereichen ihrer Verantwortlichkeit welche Systeme eingesetzt und welche Daten in ein Großsystem eingegeben werden.

8. Wegen der praktisch nicht mehr überschaubaren Datenflüsse und der vielfachen Übermittlungs-, Speicherungs- und Verknüpfungsmöglichkeiten, die ein Landessystem beinhaltet, sollte auf die Einbeziehung personenbezogener Daten verzichtet werden, solange keine absolut sicheren Schutzverfahren zur Verfügung stehen.

Wird die Verarbeitung von personenbezogenen Daten trotz des Fehlens derartiger Schutzverfahren im Einzelfall für unumgänglich gehalten, muß neben der notwendigen Zweckbindung der Daten die Abschottung gegenüber anderen Bereichen und die Sicherung gegen unberechtigte und beliebige Zugriffe gewährleistet sein.

9. Wird den Bürgern die Nutzung von „Bürgerzentren" angeboten, die aus verschiedenen Verwaltungsbereichen Daten abrufen können, ist sicherzustellen, daß nur sehr begrenzte Datenbestände ver-

und bearbeitet werden. Derartige Zentren können damit immer nur unterstützende und begrenzte Aufgaben haben, nicht aber die Einzelbehörden und -verwaltungen überflüssig machen.

10. Vor jedem Auf- und Ausbau derartiger Großsysteme sollte grundsätzlich eine Rechtsgüter- und Interessenabwägung stehen. Nur wenn diese zeigt, daß die positiven Aspekte überwiegen, dürfen die Systeme aufgebaut werden. Bieten sich dezentrale Alternativen zu Großsystemen, sollte diesen der Vorrang gegeben werden.

[1] *Kübler:* Informationstechnik in Verwaltungsorganisationen. Köln/Mainz 1987. S. 81. Kübler spricht von der Zusammenfassung in „Sonderbehörden für EDV". — [2] Die gesetzlichen Bestimmungen zur Datenübermittlung sind in der Regel sehr großzügig abgefaßt. So dürfen z. B. gem. § 23 Abs. 1 S. 1 des Meldegesetzes Nordrhein-Westfalen vom 13. Juli 1982 (Gesetz- und Verordnungsblatt Nordrhein-Westfalen 474) dann Daten an andere Behörden oder sonstige öffentliche Stellen übermittelt werden, „wenn dies zur rechtmäßigen Erfüllung der in ihrer Zuständigkeit oder der Zuständigkeit des Empfängers liegenden Aufgaben erforderlich ist". Vgl. zum Umfang der Datenübermittlung im Meldewesen auch *Barthel/Friedrich,* in: Kommunikationstechnische Vernetzung, Rechtsprobleme – Kontrollchancen, Klienteninteressen, hrsgg. v. d. Gesellschaft für Rechts- und Verwaltungsinformatik, Darmstadt 1986. S. 171. — [3] Vgl. etwa *Lange/Sippel:* Verwaltungsautomation und Bürgerservice. Opladen 1986. S. 45. — [4] Vgl. dazu den Hinweis bei *Kübler* (Anm. 1), S. 134. — [5] Vgl. zum DVS die Informationsschrift „Datenvermittlungssystem Nordrhein-Westfalen", hrsgg. v. Landesamt für Datenverarbeitung und Statistik Nordrhein-Westfalen, bearb. v. Dropmann. 6. Aufl., Düsseldorf 1987. — [6] Im April 1988 waren die Datenbanken JURIS, DIMDI und BPA, aber auch private Anbieter wie BERTELSMANN, DATA STAR, DPA, FIZ-TECHNIK, GENIOS und STN über das DVS erreichbar, vgl. „Datenverarbeitungssystem Nordrhein-Westfalen" (Anm. 5), S. 22. — [7] Vgl. *Kübler* (Anm. 1), S. 134 ff. Einen allgemeinen Überblick gibt auch die LT-Drs Niedersachsen 10/5820, S. 8 ff. — [8] Vgl. dazu den 16. Tätigkeitsbericht des Hessischen Landesbeauftragten für den Datenschutz. Wiesbaden 1987. S. 102 ff. — [9] Vgl. „Erstellung eines Landessystemkonzeptes für einen rationellen und wirtschaftlichen Einsatz der Informations- und Kommunikationstechnik in der öffentlichen Verwaltung des Landes Baden-Württemberg". Kurzbericht der Arbeitsgemeinschaft Diebold/Dornier/Ikoss. 1984. Vgl. auch den 6. Tätigkeitsbericht der Landesbeauftragten für den Datenschutz Baden-Württemberg 1985, S. 14 ff. — [10] Netzkonzeption für die Landesverwaltung (NKL); Haushaltsmanagement-System (HMS); Büroautomation in einem Regierungspräsidium (BAR); Büroautomation bei einem Familiengericht (BAF); Dokumentation und Schriftgutverwaltung (DSV); Führungsorientierung des Informationswesens (FOI); Btx-Kommunikation zwischen Bürger und Steuerverwaltung (BTX); Umweltinformationssystem (UIS); Personalverwaltungssystem (PVS); Regierungsmanagementsystem (RMS), vgl. Diebold/Dornier/Ikoss (Anm. 9), S. 17 ff. — [11] Landesbeauftragte für den Datenschutz Baden-Württemberg (Anm. 9), S. 15 f. — [12] Vgl. dazu insgesamt ebenda, S. 21 ff. und die LT-Drs Baden-Württemberg 9/3630, S. 36 ff. — [13] Vgl. die Landesbeauftragte für den Datenschutz Baden-Württemberg (Anm. 9), S. 26 ff. — [14] Vgl. den 7. Tätigkeitsbericht der Landesbeauftragten für den Datenschutz Baden-Württemberg 1986, S. 19 f. und die LT-Drs Baden-Württemberg 9/360, S. 38. — [15] Vgl. die Landesbeauftragte für den Datenschutz Baden-Württemberg 1986 (Anm. 14), S. 19. — [16] Vgl. dazu die Landesbeauftragte für den Datenschutz Baden-Württemberg 1985 (Anm. 9), S. 28 ff. — [17] So soll nach der Intention der Diebold/Dornier/Ikoss-Gruppe das Informationstechnische Zentrum allen Verwaltungszweigen Rechner- und Speicherkapazität zur Verfügung stellen, falls diese benötigt wird, vgl. Diebold/Dornier/Ikoss (Anm. 9), S. 10. — [18] Vgl. dazu ausführlich die „Volkszählungsentscheidung" des BVerfGE 65, 1 (43 ff.). — [19] Vgl. dazu BVerfGE 65, 1 (46). Nach *Simitis,* NJW 1984, S. 400 setzt die geforderte Normenklarheit und Verhältnismäßigkeit eine strikt bereichsspezifische Verarbeitungsregelung voraus. — [20] Vgl. *Herzog,* in: Maunz/Düring: Grundgesetz-Kommentar, München, Loseblatt, Rdn 54 zu Art. 65 GG; vgl. auch Wick, DÖV 1956, 114 mwN. — [21] In Nordrhein-Westfalen sollen z. B. in Zukunft in den verschiedenen Ressorts nur noch Unix-Systeme als Mehrplatzsysteme zum Einsatz kommen. — [22] Vgl. dazu die Landesbeauftragte für den Datenschutz Baden-Württemberg (Anm. 9), S. 28 ff. — [23] Vgl. dazu die Landesbeauftragte für den Datenschutz Baden-Württemberg (Anm. 14), S. 19 f. — [24] Vgl. dazu die Landesbeauftragte für den Datenschutz Baden-Württemberg (Anm. 9), S. 28 ff. — [25] Vgl. dazu BVerfGE 3, 225 (247) und *Stern:* Das Staatsrecht in der Bundesrepublik Deutschland, Bd. 1, 2. Aufl. München 1984. S. 792; *Herzog* (Anm. 20), Rdn 9 zu Art. 20 GG. — [26] Vgl. *Leibholz/Rinck:* Grundgesetz für die Bundesrepublik Deutschland,

Kommentar. 6. Aufl. Köln. Loseblatt, Rdn 18 zu Art. 20 GG. — 27 Es wird für durchaus zulässig erachtet, daß ausnahmsweise ein Organ Aufgaben eines anderen übernimmt, vgl. BVerfGE 30, 1 (28). — 28 Vgl. etwa *Stern* (Anm. 25), S. 1038; *Herzog* (Anm. 20), Rdn 105 zu Art. 62 GG. — 29 Vgl. dazu den 8. Tätigkeitsbericht der Landesbeauftragten für den Datenschutz Baden-Württemberg 1987. S. 15. — 30 Vgl. dazu FR vom 9. Juni 1988, S. 14. — 31 Vgl. dazu die Landesbeauftragte für den Datenschutz Baden-Württemberg (Anm. 29), S. 15. — 32 Vgl. die Landesbeauftragte für den Datenschutz Baden-Württemberg (Anm. 9), S. 21. — 33 Vgl. dazu ausführlich *Wolff/Bachof/Stober:* Verwaltungsrecht, Bd. 2, 5. Aufl. München 1987. S. 27, und *v. Münch:* Besonderes Verwaltungsrecht, 6. Aufl. Berlin/New York 1985. S. 103. — 34 Vgl. *Stern* (Anm. 25), S. 416 mwN — 35 Vgl. *Pagenkopf:* Kommunalrecht, 2. Aufl. Köln 1975. S. 172; *Wolff/Bachof/Stober* (Anm. 33), S. 89 mwN, S. 91. — 36 Vgl. dazu ausführlich *Beyer,* in: Grimmer (Hrsg.): Informationstechnik in der öffentlichen Verwaltung. Basel/Boston/Stuttgart 1986. S. 130 ff. — 37 Vgl. zur Problematik z. B. *Schaper,* AuR 1988, S. 97 ff. — 38 Vgl. dazu *Leibholz/Rinck* (Anm. 26), Rdn 12 zu Art. 28 GG mwN. — 39 Vgl. zum Einsatz dezentraler Systeme im Sozialhilfebereich z. B. *Hoppe/Kempf:* Die Automation kommt — wohin gehen die Angestellten, Programmierte Sozialhilfe — Start in die Vollrationalisierung, hrsgg. v. d. Gewerkschaft ÖTV/Bezirksverwaltung Weser-Ems. Bremen (o.J.). — 40 Vgl. zum Bürgeramt Unna *Beyer* (Anm. 37) S. 186, und *Dunker,* in: Reinermann/Fiedler/Grimmer/Lenk/Traunmüller: Neue Informationstechniken. Neue Verwaltungsstrukturen? Heidelberg 1988. S. 259 ff. — 41 Vgl. BVerfGE 65, 1 (45). — 42 Vgl. BVerfGE 65, 1 (46). — 43 Für die Zukunft zeichnen sich allerdings Schutz- und Sicherungskonzepte ab. Vgl. dazu auch die Landesbeauftragte für den Datenschutz Baden-Württemberg (Anm. 14), S. 16 f. — 44 Das BVerfGE 65, 1 (45) weist in diesem Zusammenhang z. B. auf die §§ 30, 31 AO und auf den § 35 SGB I i.V.m. §§ 67, 86 SGB X hin. — 45 Vgl. BVerfGE 65, 1 (43 ff.). — 46 Auf dieses Problem weist auch das BVerfGE 65, 1 (42 f.) ausdrücklich hin.

Informatisierung und neue Polizeistrategien

Ulrich Pordesch, Darmstadt

Seit Orwells „1984“ ist vielfach davor gewarnt worden, daß die Computertechnik den totalen Überwachungsstaat in den Bereich des technisch Möglichen rückt. Der Realitätsgehalt dieser Befürchtung wurde selbst von führenden Polizeistrategen, wie dem ehemaligen Präsidenten des Bundeskriminalamts, Dr. Herold, bestätigt: „Die Gefahren des ‚großen Bruders‘ sind nicht mehr bloß Literatur. Sie sind nach dem heutigen Stand der Technik real.“ [1] Trotz solcher Warnungen werden die polizeilichen Informations- und Kommunikationssysteme (IuK-Systeme) weiter ausgebaut und durch neue gesetzliche Regelungen abgesichert.[2] Wird die Entwicklung tatsächlich in Verhältnisse münden, wie sie Orwell in seinem berühmten Roman beschrieb? Oder ist es möglich, die Effizienz polizeilicher Arbeit mit Hilfe zukünftiger Informations- und Kommunikationstechniken zu erhöhen und gleichzeitig die Grundrechte der Bürger zu schützen?

Das Problem, daß die Polizei bei der Erfüllung ihrer Aufgaben in die Grundrechte der Bürger eingreift, besteht nicht erst, seit es Computersysteme gibt. Im Rahmen der Strafverfolgung ist die Polizei oft auf die Erhebung und Weitergabe wenig gesicherter Erkenntnisse angewiesen, unabhängig davon, ob diese Erkenntnisse auf Papier oder „als Daten“ vorliegen. Immer schon besteht die Gefahr, daß gegen Unschuldige ermittelt wird. Immer schon besteht der Konflikt zwischen der Effektivität der eingesetzten Mittel zur Informationsbeschaffung einerseits und der Frage nach der Verhältnismäßigkeit dieser Mittel andererseits.

Im liberal-rechtsstaatlichen Verständnis polizeilicher Aufgaben war dieser Konflikt durch eine relativ klare Grenzziehung polizeilicher Handlungsbefugnisse zu einem – zumindest theoretisch – für beide Seiten befriedigenden Ausgleich gebracht worden. Im Rahmen der Verbrechensbekämpfung durfte die Polizei in der Regel nur eingreifen, wenn eine konkrete Straftat vorlag

Dipl.-Inform. **Ulrich Pordesch**, geb. 1960. Studium in Darmstadt. Seit 1986 wiss. Mitarbeiter der „Projektgruppe verfassungsverträgliche Technikgestaltung“, Darmstadt. Arbeitsschwerpunkte: Modellbildung, Verwundbarkeit von Kommunikationssystemen, Bildungskonzepte. Veröffentlichungen u. a.: Der Software-Life-Cycle (zus. m. E. Gaede/V. Hammer), Darmstadt 1986; Die Verletzlichkeit der „Informationsgesellschaft“ (zus. mit A. Roßnagel/P. Wedde/V. Hammer), Opladen 1989.

Ulrich Pordesch, Hauptstraße 204, 8760 Miltenberg

und die Maßnahmen sich gegen einen dieser Straftat Verdächtigen richteten. Im Rahmen der Gefahrenabwehr durfte sie erst tätig werden, wenn sich individuelle Verhaltensweisen zu einer konkreten Gefahr für Rechtsgüter entwickelt haben, und sich ihre Maßnahmen in der Regel nur gegen den Verursacher der Gefahr, den „Störer", richten.

Die Polizei im Konflikt zwischen Effizienz und Grundrechtsschutz

Die in den letzten zehn bis fünfzehn Jahren eingetretenen gesellschaftlichen Strukturveränderungen haben jedoch zu einem Wandel dieses Aufgabenverständnisses geführt.[3] Zum einen führte das Versagen der „naturwüchsigen Einpassung" von Individuen in die Lebens- und Arbeitsverhältnisse der bundesrepublikanischen Gesellschaft sowie die Arbeitslosigkeit zu einer Erhöhung der Kriminalitätsbereitschaft. Hinzu kam, daß sich mit dem Terrorismus die Risiken für die „innere Sicherheit" im Bewußtsein der für die Sicherheit Verantwortlichen vergrößerten. Nicht auszuschließen für sie war, daß sich der politische Widerstand auch in größeren gewaltsamen Aktionen gegen großtechnische Projekte entladen könnte. Diesen gesellschaftlichen Strukturveränderungen folgte eine Umorientierung polizeilichen Handelns in das „Vorfeld" der Kriminalität. Es wird seither an dem jeweils von den staatlichen Instanzen bestimmten *Risiko* von Störungen festgemacht, an der Gefährdung von Objekten, nicht an konkreten, gegen Normen verstoßenden Handlungen. Die für eine wirkungsvolle Bekämpfung für notwendig erachteten Erkenntnisse über *wahrscheinliche* Täter und Tätergruppen sollen bereits vor der Begehung von Taten oder deren konkreter Vorbereitung gesammelt werden.

Neben den veränderten Anforderungen an die polizeiliche Arbeit sind es jedoch auch die technischen Möglichkeiten, die die angewendeten Polizeistrategien bestimmen. Die zeitliche Parallele zwischen der Ausweitung des polizeilichen Zugriffsbereiches und dem Einsatz der Datenverarbeitung ist unverkennbar. Nie zuvor hat die Polizei, wie in der Aktion „Gitternetz", in einer Nacht über 70 000 Fahrzeuge registriert, die sich auf bestimmten Straßen bewegten.[4] Unvorstellbar wäre eine Aktion gewesen, einen Unfallflüchtigen durch Überprüfung sämtlicher in einer Stadt zugelassenen über 20 000 Besitzer eines bestimmten Wagentyps ausfindig zu machen, wie es in Köln durch die Auswertung von Computerlisten geschah.[5] Erst die EDV macht es möglich, die Eingriffsgrenzen weit über das bisher bekannte Maß hinauszutreiben. Und es sind gerade die geschaffenen Kapazitäten der Datenverarbeitung, mit denen es überhaupt erst möglich wird, die bei der Vorfeldbeobachtung und Prävention notwendige Vorratshaltung der anfallenden Datenmengen zu bewältigen. Nie zuvor hat es etwas Vergleichbares wie die „polizeiliche Beobachtung" gegeben. Nie zuvor war es so leicht möglich, eine umfangreiche bundesweite Datensammlung über Rüstungsgegner, wie die von der Staatsschutzabteilung des Bundeskriminalamtes angelegte Sonderkartei „Lage 1" zu schaffen.[6] Prävention erfordert Erhebung, Speicherung und Verarbeitung großer Informationsmengen, was ohne den Einsatz von Informations- und Kommunikationstechnik nicht zu bewältigen wäre.

Datenspeicherung als Eingriff in die Grundrechte

Durch die Nutzung der Datenverarbeitung wird es möglich, Einzelangaben über persönliche und sachliche Verhältnisse einer Person unbegrenzt zu speichern und über Datennetze jederzeit über beliebige Entfernungen hinweg sekundenschnell miteinander zu verknüpfen. Auf diese Weise können verstreute Datensammlungen zu umfangreichen und aussagekräftigen Persönlichkeitsbildern zusammengefügt werden, ohne daß der Betroffene die Richtigkeit und die Verwendung der Daten zureichend kontrollieren kann. „Wer nicht mit hinreichender Sicherheit überschauen kann, welche ihn betreffenden Informationen in bestimmten Bereichen seiner sozialen Umwelt bekannt sind, und wer das Wissen seiner Kommunikationspartner nicht einigermaßen abzuschätzen vermag, kann in seiner Freiheit wesentlich gehemmt werden. ... Wer unsicher ist, ob abweichende Verhaltensweisen jederzeit notiert und als Information dauerhaft gespeichert, verwendet oder weitergegeben werden, wird versuchen, nicht durch solche Verhaltensweisen aufzufallen. Wer damit rechnen muß, daß etwa die Teilnahme an einer Versammlung oder einer Bürgerinitiative behördlich registriert wird, wird möglicherweise auf eine Ausübung seiner entsprechenden Grundrechte verzichten.“ [7] Wegen dieser Folge staatlichen Informationsverhaltens liegt also ein Eingriff der Polizei in Grundrechte nicht erst dann vor, wenn der einzelne in irgendeiner Weise mit den Ergebnissen datenverarbeitender Prozesse unmittelbar konfrontiert wird. Das allgemeine Persönlichkeitsrecht umfaßt unter den Bedingungen der modernen Datenverarbeitung vielmehr die Befugnis des einzelnen, grundsätzlich selbst über die Verwendung seiner persönlichen Daten zu bestimmen. Damit hat das Bundesverfassungsgericht klargestellt, daß die Speicherung und Verarbeitung personenbezogener Daten schon *an sich* Eingriffe in Freiheitsgrundrechte darstellen.

Um die Verarbeitung personenbezogener Daten, die im Interesse der Allgemeinheit liegt, zu ermöglichen, steht das informationelle Selbstbestimmungsrecht unter Gesetzesvorbehalt. Eingriffe in dieses Grundrecht sind zulässig, wenn ein Gesetz klar und präzise den Verwendungszweck der Daten regelt und organisatorische Vorkehrungen vorsieht, einer Zweckentfremdung zu begegnen. Ob die bisherige Polizeipraxis diesen Anforderungen entspricht, war schon in der Vergangenheit stark umstritten. Die neuen Anwendungsmöglichkeiten der Informations- und Kommunikationstechnik und die neuen Strategiekonzepte drängen jedoch noch über die bisher praktizierten Formen der Informationsgewinnung und -verarbeitung hinaus. Wenn erst die technischen Möglichkeiten geschaffen sind und ihre Nutzung gefordert wird, dürfte auf die Polizei ein erheblicher Anwendungsdruck ausgeübt werden. Es besteht daher die Gefahr, daß die Möglichkeiten der automatischen Datenverarbeitung den Grundkonflikt zwischen Effektivität polizeilichen Handelns und dem Schutz von Freiheitsgrundrechten verschärfen und auf eine neue, *informationelle* Ebene heben.

Nutzung der Informationstechnik durch die Polizei

Als Basis für eine Abschätzung der künftigen Nutzung der Informations- und Kommunikationstechnik durch die Polizei ist es erforderlich, sich kurz zu vergegenwärtigen, in welcher Weise die Polizei in der Vergangenheit diese Technik angewendet hat, welche Verbesserungen ihrer Arbeit sie damit erreicht hat und wo trotz dieser technischen Aufrüstung die Grenzen effizienter Informationsverarbeitung noch liegen. Die künftige Entwicklung wird vor allem durch den Versuch geprägt sein, diese Grenzen zu überwinden.

Seit Ende der sechziger Jahre begann die Polizei in der Bundesrepublik, wie in den meisten Staaten, die bestehenden herkömmlichen manuellen Datenverarbeitungsprozesse schrittweise zu automatisieren. Bis 1974 wurde als erste Stufe eines „Informationssystems der Polizei" (INPOL) zunächst nur den Polizeien der Länder ein überregionales System der Personenfahndung zur Verfügung gestellt. Dieses System schuf erstmals die Möglichkeit, stets aktuelle Fahndungsnotierungen an praktisch jedem Ort der Bundesrepublik zugänglich zu machen. INPOL wurde inzwischen sowohl hinsichtlich des Netzes als auch der auf es übertragenen DV-Aufgaben erheblich erweitert. Der INPOL-Verbund ist heute ein sternförmig aufgebautes Rechnernetzwerk, in dessen Zentrum sich die Datenverarbeitungsanlagen des Bundeskriminalamtes (BKA) Wiesbaden befinden, an die Anlagen der einzelnen Landeskriminalämter (LKÄ) über Standleitungen angeschlossen sind.[8] Direkt an die Landeskriminalämter (zum Teil auch direkt an das BKA) sind als unterste Ebene die einzelnen Polizeidienststellen und mobile Einheiten (zum Beispiel Straßenkontrollen) angeschlossen. Ende 1986 waren über 4000 verschiedenartige Terminals angeschlossen.[9]

Eine der ersten und wichtigsten Einsatzgebiete der EDV bei der Polizei war die Ersetzung von Karteien und anderen manuell geführten Datensammlungen durch Dateisysteme. Auf diese Weise ist es möglich, die Informationssammlungen zu effektivieren und zu aktualisieren. So ersetzt die *Personenfahndung* als Fahndungssystem die unhandlichen Fahndungsbücher, die im Schnitt nur alle sechs Wochen neu aufgelegt werden konnten und daher schon beim Erscheinen teilweise veraltet waren.[10] In ähnlicher Weise stellt die *Sachfahndung* aktuelle Informationen über gesuchte Gegenstände bereit (insbesondere Kraftfahrzeuge).[11] Die *Haftdatei* hält Daten über die Personen vorrätig, die sich aufgrund richterlich angeordneter Freiheitsentziehung in Verwahrung befinden.[12] Die *Daktyloskopie-Datei* enthält Verformelungen von Fingerabdrücken und ist die Datengrundlage des elektronischen Fingerabdruckvergleiches.[13]

Mit Nachweissystemen verschaffte sich die Polizei einen besseren Überblick über die zu Personen vorhandenen elektronischen oder manuell geführten Unterlagen. So erhält die Polizei mit dem *Kriminalaktennachweissystem* (KAN) bundesweite schnelle Hinweise über die Kriminalakten zu schweren Verbrechen.[14] Die *erkennungsdienstliche Datei* informiert über schon durchgeführte erkennungsdienstliche Maßnahmen (Anlaß, Personendaten, Deliktsbezeichnung) und verweist auf Bestände in den Landessystemen.[15]

Eine grundlegend neue Anwendung war der Einsatz spezialisierter Datenbanksysteme zur Unterstützung der Professionalisierung einzelner spezialisierter Bereiche polizeilicher Tätigkeit. In verschiedenen *Dokumentations- und Recherchesystemen* PIOS (Personen, Institutionen, Objekte, Sachen) werden Einzelinformationen zu und Verweisungen auf bestimmte Personen und deren Beziehungen zu Dritten, zu Objekten (Anschriften) oder zu Sachen (Fahrzeugen) gesammelt. Mit wenigen Ausnahmen sind alle formatierten und unformatierten Daten als Ganzes oder in Teilen mögliche Suchbegriffe und im Direktzugriff vom Terminal her abfragbar. PIOS-Dateien existierten 1987 in den Bereichen Rauschgift, Staatsschutzkriminalität und Organisierte Kriminalität.[16] Die *Spurendokumentationssysteme* (SPUDOKS) werden jeweils im Einzelfall zeitlich begrenzt als „elektronische Notizbücher" eingesetzt, vor allem, wenn schwere Verbrechen verübt worden sind, deren Aufklärung die Zusammenarbeit vieler Mitarbeiter erforderlich macht. Sie dienen der temporären Dokumentation und Recherche von fallbezogenen Hinweisen, ermittlungsrelevanten sächlichen Spuren (Waffen, Kleidungsstücken usw.), polizeilichen Maßnahmen (Durchsuchungen usw.) und Ermittlungsergebnissen. Ermittlungen sollen so effektiviert und Parallelfahndungen vermieden werden.

Die *Straftaten/Straftäterdateien* enthalten Angaben über Straftäter, Tatbeschreibungen, Personenbeschreibungen und Opfer. Ihr Ziel ist es, nicht aufgeklärte Verbrechen und Straftaten über die Begehungsweise oder die Personenbeschreibung einem unbekannten Täter zuzuordnen, um so weitere Ermittlungsansätze zu gewinnen.[17]

Von zentraler Bedeutung ist der Einsatz von Informations- und Kommunikationstechniken für die Polizei auch beim Einsatz neuer Fahndungs- und Observationsmethoden. Das unmittelbare Erfassen und zentrale Speichern ermöglichte ihr die *Polizeiliche Beobachtung*. Wenn Personen schwerer Straftaten verdächtigt werden oder angenommen wird, daß von ihnen schwere Straftaten drohen, kann die örtliche Polizei seit 1974 die Personalien mit der Bezeichnung „Polizeiliche Beobachtung" in die Personenfahndungsdatei des INPOL-Systems einbringen. Wird bei einer Personenkontrolle eine Fahndungsabfrage gemacht, so wird auf dem Display des Abfragegerätes angezeigt, daß die Person zu beobachten ist. Durch die Anzeige wird der kontrollierende Beamte dazu aufgefordert, eine Kurznotiz über Zeitpunkt, begleitende Personen, Fahrtrichtung usw. aufzuzeichnen und eventuell eine Durchsuchung vorzunehmen. Ziel der beobachtenden Fahndung ist die Verfolgung von Reisewegen verdächtiger Personen, insbesondere ins Ausland. Die polizeiliche Beobachtung war in den Jahren 1974 bis 1978 eines der Hauptinstrumente zur Bekämpfung des Terrorismus. Sie wird seither auch in anderen Bereichen der Schwerkriminalität angewendet. Ebenfalls ein Instrument zur Fahndung nach Terroristen ist die Rasterfahndung.[18] Bei der Rasterfahndung wird zunächst ein großer Datenbestand personenbezogener Daten beschafft, der dann schrittweise anhand bekannter oder vermuteter Tätermerkmale (auch unter Abgleich mit anderen Dateien) verkleinert wird, indem die Daten von Personen, auf die die Merkmale nicht zutreffen, gelöscht werden. So wurden zum Beispiel die Dateien von Strom-, Gas- und Wasserwerken in mehreren bundesdeutschen Großstädten mit Dateien des INPOL, der Meldebehörden und des Kraftfahrtbundesamtes abgeglichen. Es sollten Fälle ausfindig gemacht werden, bei denen „der Ort des Energieverbrauchs und des Energieberechnungsadressaten" nicht übereinstimmte, weil Terroristen bei der Anmietung konspirativer Wohnungen keinen eigenen Vertrag mit den Versorgungsunternehmen schlossen. Die Aktion betraf allein in Hamburg 15 000 Personen. Ist der anfänglich große Datenbestand auf wenige Datensätze zusammengeschrumpft, so können die Personen, die sie bezeichnen, einer direkten Überprüfung unterzogen werden.[19] Rasterfahndung ist nicht auf bestimmte Verfahren der Datenspeicherung und -übermittlung begrenzt. Kennzeichnend für sie ist vielmehr das Prinzip der schrittweisen Selektion Verdächtiger aus einer großen Menge unschuldiger Personen, wobei der oder die Täter unbekannt sind. Erst die Speicherungs- und Verarbeitungskapazitäten der modernen Datenverarbeitung ermöglichten in der Vergangenheit auch eine Reihe weiterer Fahndungsmethoden. So erfaßte zum Beispiel das rheinland-pfälzische Landeskriminalamt in einer Aktion „Gitternetz“ 75 000 Fahrzeuge, die nachts auf bestimmten Straßen gesichtet wurden. Eilkuriere schafften die Papiere zum Datenabgleich in das Bundeskriminalamt. Diese Aktion geschah lediglich, weil ermittelt worden war, daß bei zwei Brandanschlägen auf militärische Einrichtungen die Täter mehrfach bestimmte Brücken überquert hatten, und neue Anschläge erwartet wurden.[20]

Externe Informationsquellen

Die Polizei hat die Informations- und Kommunikationstechnik auch genutzt, um ihre Informationsquellen besser zu erschließen. Fernabfragemöglichkeiten enthält INPOL zu den Datenverarbeitungssystemen beim Kraftfahrtbundesamt (KBA), beim Ausländerzentralregister (AZR) und beim Bundeszentralregister (BZR).[21] Das KBA hält die Halterdatei für über 20 Millionen Kraftfahrzeuge, eine Datei der Kraftfahrzeuge mit Versicherungskennzeichen und eine Datei der entzogenen Fahrerlaubnisse bereit. Das AZR sammelt Daten über die Aufenthaltsverhältnisse und ausländerrechtliche Maßnahmen aller Ausländer in der Bundesrepublik Deutschland. Aus dem BZR können Informationen über strafrechtliche Verurteilungen, Entmündigungen, Vermerke über Schuldunfähigkeit und Entscheidungen von Verwaltungsbehörden und Gerichten über zirka 4,1 Millionen Personen abgerufen werden.[22] In einigen Kreisen und Städten bestehen auch Fernzugriffsmöglichkeiten auf die Daten von Straßenverkehrsämtern.

Die Zunahme technisch vermittelter Kommunikation verbesserte ebenfalls die Kontrollmöglichkeiten der Polizei. Zur Überwachung von einzelnen Telefonanschlüssen läßt die Polizei durch die deutsche Bundespost (nach vorheriger richterlicher Anordnung) Bandgeräte in den Vermittlungsstellen anbringen, deren Bänder sie von Zeit zu Zeit auswertet.[23] Es wurde auch schon der gesamte Fernsprechverkehr von bestimmten Münztelefonen abgehört, wie zum Beispiel während des Konflikts um die Besetzung von Häusern der Hamburger Hafenstraße.[24] Die weitaus meisten Abhöraktionen 1985 mit bundesweit 1308 Telefonüberwachungen wurden durch die Polizei durchgeführt.[25]

Mitunter wurde auch schon die Videoüberwachung eingesetzt.[26] Die bisher größte, auch international und bei den Geheimdiensten bislang beispiellose Videoüberwachungsaktion wurde als „Aktion Paddy“ bundesweit bekannt.[27] 1981 wurden mehrere Wohnungen bedrohter US-Generäle und andere Beobachtungspunkte, die zum Teil 30 Kilometer voneinander entfernt waren, gleichzeitig großräumig per Video überwacht. Ein Netz von versteckten Kameras in Papierkörben, Vogelhäuschen, Ampelkästen usw. wurde errichtet und übermittelte Bilder zur Einsatzzentrale. Die 1 Mio. DM teure Aktion zeichnete sich durch die Anwendung neuester bisher nicht erprobter Informations- und Kommunikationstechniken aus, unter anderem Bildplattenspeicher und Datenübertragung per Laserstrahl. Im Rahmen der „Aktion Paddy“ zeigte sich auch zum Erstaunen der Post, daß Telefonleitungen zum Übertragen von Videobildern genutzt werden können, wenn nur entsprechende Zwischenverstärker eingebaut werden. Durch die Polizei genutzt werden auch Videoeinrichtungen, die von anderen Organisationen installiert werden. So wurden Kameras der Stadt Wiesbaden zur Überwachung der großen Startbahn-Demonstration 1982 mitbenutzt. Heute schon möglich ist auch die Nutzung der zur Sicherung von Busbahnhöfen,

U-Bahnstationen und Verkehrsknotenpunkten gedachten Videokameras und der zugehörigen Übertragungsinfrastruktur.[28]

Prävention

Für die genannten elektronischen Ermittlungsmethoden der Polizei ist eine scharfe Grenze zwischen Verbrechensaufklärung und der „vorbeugender Verbrechensbekämpfung“ nicht zu ziehen. Nicht alle Verfahren wurden zu Präventionszwecken eingesetzt. So ist die Rasterfahndung, nach den bekannt gewordenen Fällen zu urteilen, bisher nur zur Fahndung nach Terroristen genutzt worden. Die meisten Systeme und Verfahren dienen jedoch beiden Zwecken. So wird das Fahndungssystem der Polizei heute in 4 000 Fällen zur „polizeilichen Beobachtung“ genutzt, also unter anderem zu Zwecken der Prävention. Präventiv genutzt werden auch Telefonüberwachung und vor allem Videoüberwachung. Ähnliches gilt für die Nutzung der polizeieigenen Datenbank- und Dateisysteme. So wurden die professionell genutzten Systeme SPUDOK und PIOS bei den Auseinandersetzungen um die Volkszählung 1988 zur Speicherung von Volkszählungsgegnern benutzt, gegen die zum Teil nur Ermittlungsverfahren wegen geringfügiger Delikte liefen.[29] Auch polizeiliche Hinweissysteme können neben ihrer eigentlichen Aufgabe einen präventiven Charakter annehmen. So wurden in verschiedenen Bundesländern AIDS-Vermerke vorgenommen, mit der Infizierte gekennzeichnet werden sollten.[30] Und so werden im Kriminalaktennachweissystem auch nach erwiesener Unschuld oder der Einstellung von Verfahren noch Aktenverweise gespeichert. Insgesamt läßt sich festhalten, daß sich die elektronischen Verfahren der Polizei sowohl für die Verbrechensaufklärung als auch zu Zwecken der Prävention nutzen lassen und in der Praxis auch genutzt werden.

Heutige Grenzen elektronischer Methoden

Die genannten Anwendungen im Bereich der Informations- und Kommunikationstechnik haben die polizeiliche Informationsverarbeitung zweifellos erheblich rationalisiert und erweitert. INPOL leistet im Rund-um-die-Uhr-Betrieb heute das Zwanzigfache dessen, was vorher durch Brief, Fernschreiben oder Telefon angefragt wurde.[31] Jedoch gelang es bisher nur in begrenztem Ausmaß, die Effektivität polizeilicher Arbeit zu verbessern. Die Kriminalitätsrate stieg in den letzten Jahren kontinuierlich und hat 1987 mit 4,4 Millionen Fällen einen neuen Höchststand erreicht. Sie liegt damit um mehr als das Zweieinhalbfache über den Zahlen von 1963.[32] Die Verfügbarkeit großer Datenmengen führte nicht zwangsläufig zur schnelleren Aufklärung begangener Straftaten. Vielmehr entsteht zunächst ein größerer Kreis von Verdächtigen, die als Tatverdächtige ermittlungsmäßig überprüft werden müssen.[33] Und gerade die Gesuchten haben ihr Verhalten oft dem bekannt gewordenen oder vermuteten Stand der Polizeitechnik oder -methodik angepaßt.

Der Mangel an wissenschaftlichen Grundlagen und qualifizierten Daten läßt die Polizei relativ planlos große Personenkreise zu Zwecken der Prävention abspeichern. So wurden im Frühjahr 1988 in großem Umfang „Erkenntnisse über Aufrufe, Aktionen und Veranstaltungen zum Boykott der Volkszählung“ in PIOS-Dateien für „Staatsfeinde und Terroristen“ verschiedener Bundesländer gespeichert.[34] Teilweise waren darunter Personen, gegen die lediglich wegen Ordnungswidrigkeiten ermittelt wurde. Als Folge solcher Speicherpraktiken muß die Polizei sich mit „Datenschrott" herumplagen – zum Leidwesen der Betroffenen. So soll zum Beispiel in Bayern ein vierjähriges Kind wegen Ladendiebstahls im KAN gespeichert gewesen sein und eine andere Person sogar 22 Monate vor ihrer Geburt straffällig geworden sein. Bei einem 84jährigen sei der Tatbestand „der Vorbereitung eines Angriffskrieges" registriert.[35]

Verantwortlich für die geringe Effektivität werden vor allem die bisher noch bestehenden technischen Grenzen gemacht. So ist INPOL in erster Linie ein Dateiensystem (mit einzelnen Datenbank-Subsystemen), jedoch kein universelles Datenbanksystem. Verknüpfungen zwischen den in den verschiedenen Subsystemen zum Teil mehrfach gespeicherten Daten müssen erst hergestellt werden. Es gibt beispielsweise eine Personenfahndungs- und eine Haftdatei, aber keine einheitliche Personen-Datei. Ein „zentraler Personenindex" (ZPI), als bundesweit von jeder Polizeidienststelle zugängliches Verzeichnis aller zu einer Person gespeicherten Daten und vorhandenen Ermittlungsakten, war ursprünglich geplant, wurde jedoch auf massive Bedenken hin gestoppt.[36] Darüber hinaus verhindern uneinheitliche Systeme im INPOL-Verbund sowohl der Hardware als auch der Software (Betriebs- und Datenbanksysteme) den totalen Informationsverbund. Schon die Änderung eines Straftatenschlüssels kann wegen der Mehrfachspeicherung in Landes- und Bundessystemen und der zuvor erwähnten Mehrfachspeicherung in verschiedenen Dateien einen unvertretbar hohen Aufwand verursachen.[37]

Der Sachbearbeiter verwendet überwiegend noch Akten und Karteien, vielfach bestehen Akzeptanzhemmnisse, die vorhandenen Systeme überhaupt zu nutzen.[38] Bestimmte Daten müssen für unterschiedliche Systeme oft mehrfach erfaßt und parallel ergänzt, verändert oder gelöscht werden. Dies kann neben dem zusätzlichen Arbeitsaufwand auch zu Inkonsistenzen durch fehlerhafte Eingaben führen.[39] Verschiedene Endgeräte für unterschiedliche Kommunikations- und Datenverarbeitungsanwendungen in den Polizeidienststellen erschweren die Nutzung. Auch können schon aus Aufwandsgründen und Personalmangel Datenerfassungen und Eingaben, zum Beispiel die Verformelung der Fingerabdrücke, nicht immer vollständig erledigt werden.[40] Wo Auswertungen mit Mustererkennungsprogrammen durchgeführt werden, zum Beispiel bei der Daktyloskopie, erlauben diese nur eine Vorauswahl und erfordern eine Nachbearbeitung und Kontrolle durch spezialisierte Fachleute. Die Nutzung der elektronischen Speicherungsmöglichkeiten führte zu einem lawinenartigen Anwachsen der Datenmengen, denen aber die zeitlichen und personell begrenzten manuellen bzw. intellektuellen Auswertungen durch Menschen gegenüberstanden.

Außer den genannten Fällen gibt es keinen Rechnerverbund zwischen Polizeibehörden und anderen Behörden und Stellen. So besteht insbesondere kein Direktzugriff auf die Dateien der Sozialbehörden. Darüber hinaus erschweren Kompatibilitätsprobleme und das Fehlen zentraler Dateien heute oft noch einen Rechnerverbund. So verhindert beispielsweise das Fehlen einer bundesweiten und bundeseinheitlichen Führerscheindatei den Rechnerverbund mit den Landes- und Bundeskriminalämtern. Auch ein Online-Zugriff der Polizei auf die Daten der Melderegister ist schon aufgrund des Fehlens von Standards und zentraler Meldedateien bisher nur in Einzelfällen realisiert. Ganz abgesehen von den Zugriffsbefugnissen liegen Grenzen der Datenbeschaffung durch die Polizei heute jedoch häufig genug auch noch dort, wo der bisherige Aufwand manueller Verfahren die Datenspeicherung und -auswertung bisher begrenzt hat. Bisher erlaubt der zum Abhören der Bänder notwendige Personalaufwand nur das Abhören einer begrenzten Anzahl von Anschlüssen. Für eine rechnergestützte Inhaltsanalyse der Kommunikation fehlen derzeit noch die leistungsfähigen Verfahren der Sprach- und Sprechererkennung. Die Videoüberwachung erfordert wie die Telefonüberwachung spätestens bei der Auswertung der Bilder einen hohen personellen Aufwand. Darüber hinaus fehlen vielfach die infrastrukturellen Voraussetzungen, die Übertragungsnetze. Daher eignet sich die Videoüberwachung, wie auch die Praxis des Fotografierens, für den Einsatz an Brennpunkten, nicht jedoch für eine „lückenlose Überwachung" des sozialen Geschehens.

Die genannten technischen Begrenzungen der polizeilichen Datenverarbeitung zeigen, daß dem „Umkippen" in den totalitären Überwachungsstaat Orwells zumindest heute noch die technischen Voraussetzungen fehlen. Ein mächtiges Computersystem, das jeden Bürger in all seinen Bewegungen, Handlungen und Äußerungen registriert, hat die Polizei bei weitem nicht in Händen. Dies liegt darin begründet, daß bei der Informationsgewinnung vornehmlich noch mit konventionellen Methoden gearbeitet werden muß. Selbst Systeme, die wie die Personenfahndung zu Instrumenten der Erstellung von Bewegungsbildern von Menschen zweifellos mißbraucht werden können, wären bei massiver Nutzung schon vom Datenübertragungsnetz her hoffnungslos überlastet.

Künftige technische Möglichkeiten der Polizei

Im folgenden sollen die Möglichkeiten der Kontrolle aufgezeigt werden, die sich durch die künftige weitere Entwicklung der Informations- und Kommunikationstechniken für die Polizei ergeben. Damit soll jedoch nicht die künftige Kontrollpraxis prognostiziert werden. Vielmehr wird versucht, auf der Basis der gegenwärtig absehbaren Anforderungen an die polizeiliche Arbeit und den sich ergebenden technischen Möglichkeiten Trends aufzuzeigen. Ob sich die Zukunft tatsächlich so entwickeln wird, hängt auch davon ab, ob der Datenschutz und die Bürgerrechte starke Fürsprecher und Beschützer finden. Ziel der folgenden Betrachtungen ist es, Risiken für die Grundrechte zu erkennen. Diese Risiken bewußt zu machen, soll mit dazu beitragen, ihre Realisierung rechtzeitig durch rechtliche und technische Vorkehrungen zu verhindern.

Die künftige Nutzung der Informations- und Kommunikationstechnik durch die Polizei wird vor allem durch zwei Entwicklungen geprägt werden: durch die künftigen technischen Möglichkeiten und den Druck aus Politik, Gesellschaft und Polizeiführung, sie auch zu nutzen.

In den nächsten Jahren und Jahrzehnten ist durch den andauernden gesellschaftlichen Strukturwandel mit einer Verschärfung sozialer Probleme zu rechnen. Die Arbeitslosigkeit wird hoch bleiben oder durch Fortschritte der Automatisierungstechnik weiter ansteigen. Der zunehmende Zwang zur Mobilität führt zu einer weiteren Auflösung sozialer Bindungen. Die Kriminalitätsbereitschaft wird daher insgesamt weiter zunehmen. Diese Entwicklung kommt auf eine Polizei zu, die nach den Worten des Vorsitzenden der Gewerkschaft der Polizei (GdP) (schon heute) mit der steigenden Kriminalitätsrate in der Bundesrepublik nicht mehr fertig wird.[41] Häufig würden die Vorgänge nur noch verwaltet, ohne daß die Polizei noch tätig werden könnte. Zunehmend wird sich die Polizei daher die Frage stellen, durch welche Maßnahmen kriminelles Verhalten verhindert werden kann.

Auch hinsichtlich der „inneren Sicherheit“ wird für die Verantwortlichen die Lage immer unübersichtlicher. So greift beispielsweise die alte Rädelsführertheorie nicht mehr bei den mehr oder weniger spontanen Zusammenschlüssen „autonomer“ Jugendlicher, die bereit sind, an Brennpunkten sozialer und politischer Auseinandersetzungen der Polizei gewaltsam gegenüberzutreten. Für die Polizei ist es schwer einzuschätzen, wie weit Menschen, die ihr Leben und das künftiger Generationen bedroht fühlen, in ihrem Widerstand zu gehen bereit sind. Für sie ist nach den Erfahrungen in Auseinandersetzungen um Großprojekte und mit dem Terrorismus durchaus nicht auszuschließen, daß sich der politische Widerstand auch in größeren gewaltsamen Aktionen entlädt. In ihrer Einschätzung steigen die Risiken für die „innere Sicherheit“ weiter an.[42]

Schließlich wurde und wird die Gesellschaft bei steigender Komplexität immer verletzlicher. Angriffe auf technische Versorgungssysteme können schon heute zu großen Schäden führen. In der Zukunft wird diese Verletzlichkeit noch bedeutend ansteigen. Wegen der sich verschärfenden ökologischen Krisensituation können neue Technologien und Infrastruktursysteme der Industriegesellschaft verstärkt Ziel politisch motivierter Anschläge sein, wie sich bereits in den letzten Jahren bei Anschlägen auf Strommasten zeigte. Neue Technologien, wie die Atomenergie mit ihrem besonders hohen Schadenspotential, können für kriminelle oder terroristische Handlungen mißbraucht werden.[43] Ähnliche Entwicklungen wie bei der Atomenergie sind auch in der Computer- und Gentechnologie zu erwarten.[44] In Bereichen, in denen die Gesellschaft besonders verletzlich ist, müssen daher Angriffe bereits vor ihrer Ausführung im Planungsstadium erkannt und verhindert werden. Die Polizei wird es also in Zukunft noch mehr als bisher für notwendig erachten, Erkenntnisse über potentielle Täter und deren Kriminalitätsbereitschaft sowie Hinweise zur Bestimmung des notwendigen Sicherungsniveaus zu sammeln, bevor es zu Aktionen kommt.

Somit ergibt sich aus den verschiedenen Entwicklungen ein immer stärkerer Druck zu prognostischer Risikoerkennung und vorbeugendem Handeln, zur Prävention. Die Sicherungslinie wird daher in Zukunft immer weiter in die Gesellschaft vorverlegt werden.[45]

Die Weiterentwicklung des IuK-Einsatzes bei der Polizei

Die neuen Anforderungen an die polizeiliche Arbeit erhöhen den Druck auf die Lösung ihrer Informationsprobleme durch einen Ausbau der polizeilichen Informationssysteme. Die Polizei wird versuchen, Kriminalität durch Technik zu bekämpfen.

Mit dem Zusammenwachsen Europas und dem Abbau der Grenzen geht nach Meinung der Polizei auch die Entwicklung Europas zu einer „kriminalgeographischen Einheit“ einher. Längerfristig ist daher analog zur Entwicklung des BKA und des INPOL-Systems der Aufbau eines europäischen Kriminalamtes und eines Rechnerverbundes auf europäischer Ebene zu erwarten.[46]

In der Bundesrepublik wird nach schon bestehenden Planungen demnächst eine zentrale Falldatei für Straftaten im Rechnerverbund beim BKA eingerichtet, mit der der kriminalpolizeiliche Meldedienst „elektronisiert“ werden soll.[47] Hinsichtlich der Datenverarbeitungsorganisation wird aus Aufwand/Nutzen-Gesichtspunkten erwogen, auch minder bedeutsame Fälle aus dem Kriminalitätsbereich zentral im INPOL-Bund zu speichern. Bei dieser Form der Zentralisierung könnte dann das Kriminalaktennachweissystem überflüssig werden.

Auf längere Sicht werden nicht mehr nur Systeme mit überwiegend formatierten Datensätzen genutzt. Sie werden um Information-Retrieval-Systeme (IR-Systeme) ergänzt beziehungsweise von diesen ersetzt werden. Moderne IR-Systeme arbeiten ohne Formate. Sie wählen aus Dokumenten zum Teil automatisch inhaltsbeschreibende Elemente (sogenannte Deskriptoren) aus. Deskriptoren können aus Worten, Stichworten oder Bildern bestehen. Als Dokumente kommen neben einzelnen Texten auch Bilder oder Bildfolgen und Filme in Frage. Konkretere Überlegungen zum Einsatz von IR-Systemen werden für den Bereich der „nichtnumerischen Sachfahndung" angestellt, nur nach individuellen Beschreibungsmerkmalen identifizierbarer Sachen.[48] Auch ein DV-unterstütztes System zur Informationsgewinnung, das Eingangsinformationen verdichtet und Indikatoren für organisiertes Verbrechen herauskristallisiert, wird vorgeschlagen.[49]

Langfristig ist auch mit der Übernahme von bisher manuell geführten Akten auf optische Speichermedien (wie überall sonst auch) zu rechnen. Durch die Möglichkeiten des direkten Rechnerzugriffs könnten die Rechner als intellektuelles Hilfsmittel zur Erschließung und Verknüpfung auch räumlich und sachlich weit auseinanderliegender Informationen genutzt werden. Wenn Schriftstücke und andere Informationen dann automatisch eingelesen würden, sind Systeme denkbar, die zum Beispiel zu eingegebenen Falldaten alle relevanten Akten heraussuchen und dem Sachbearbeiter auf dem Bildschirm zur Ansicht anbieten. Entsprechende Versuchssysteme gibt es heute schon auf dem Markt. Im Zusammenhang mit den japanischen Rechnern der fünften Generation erwartet Herold auch für die Polizeiarbeit Rechner, die „lernen, assoziieren, logisch schließen" und „neue Aussagen ableiten" können. Systeme, die selbst ein „Initiativverhalten" entwickeln.[50]

Mit Hilfe von Dokument-Recherche-Systemen für die Fallbearbeitung könnte auch versucht werden, der „kriminalökologischen" oder „kriminalgeographischen" Prävention auf der Grundlage von statistischen Auswertungen zum lange ersehnten Durchbruch zu verhelfen. Kriminalitätsbezogene Risikogebiete könnten erkannt und präventiv mit besonderen Abschreckungs- und Sicherheitsmaßnahmen geschützt werden. Auch soziale Präventionsmaßnahmen, Kontaktbeamte, Sozialarbeiter oder Wohnungsbaumaßnahmen könnten den Ergebnissen kriminalökologischer Forschung angepaßt werden. Durch Motiv- und Ursachenforschungen dürfte versucht werden zu analysieren, was die Ursachen dafür sind, daß bestimmte Gruppen kriminell werden, um zum Beispiel Schritte im Bildungs- und Sozialbereich oder städtebauliche Maßnahmen zu veranlassen. Wie real solche Überlegungen werden können, zeigte das Forschungsprojekt „Metropolis" in Schweden, in dem – allerdings angeblich nur zu „wissenschaftlichen Zwecken" – der ganze Geburtsjahrgang 1953, insgesamt 15 000 Personen, ohne ihr Wissen 20 Jahre gespeichert wurde. Erfaßt wurden alle verfügbaren Daten aus Behörden- und Polizeidateien, aus Krankenkassen-, Arbeitsamts- und Sozialregistern. Es sollte erforscht werden, wie die Verhältnisse in der Kindheit und Jugend das weitere Leben beeinflußt haben.[51]

Ergänzend zu den traditionell vertikal ausgerichteten Kommunikationsstrukturen sollen die Bedürfnisse nach lokaler Datenverarbeitung erfüllt werden. Bildschirmgeräte und Drucker werden zunehmend auch in allen Polizeidienststellen Einzug halten. Geschätzt wird, daß alleine durch die Textverarbeitung ein Rationalisierungsvolumen von bis zu 50 Prozent bei der Kriminalpolizei erreicht werden kann.[52] Zug um Zug werden alle Sachbearbeiter Personalcomputer an den Arbeitsplatz bekommen, die untereinander über Inhouse-Netze verbunden werden. Multifunktionsterminals mit Zugangsmöglichkeiten zu öffentlichen Telekommunikationsnetzen sind geplant. Die Polizei könnte sogar Informationsanbieter über Btx werden.[53]

In Zukunft ist auch damit zu rechnen, daß die regionale und dienststellenbezogene Ermittlungsarbeit durch Datenbank- und IR-Systeme zunehmend unterstützt wird. So werden bei Versuchen mit Recherchesystemen im Bereich Raub in Wiesbaden bereits überraschende Erfolge vermeldet. Die Systeme sollen es vor allem erlauben, „Informationsverluste bei der Ermittlungsarbeit" zu vermeiden und auch weiter auseinanderliegende Informationen miteinander zu verknüpfen.[54]

Die verschiedenen Kommunikationstechnologien (Telefon, Telex, Funk ...) gelten wegen ihrer Diversifikation und der verschiedenartigen Endgeräte als teuer und nur inflexibel nutzbar, weil sie eine technikbezogene Arbeitsteilung erfordern (Telexplatz, Funkerplatz ...). Außerdem ist das INPOL-System hierarchisch gegliedert und erlaubt nur eine auf bestimmte Anwendungen begrenzte indirekte Kommunikation zwischen den Endstellen der unteren Netzebene. Langfristiges Ziel der Polizei ist daher durch eine Netz- und Diensteintegration eine freizügigere Kommunikation zwischen allen Teilnehmern des Netzes, die Auflösung der starren Anbindung von Benutzerendgeräten zu den Anwendungssystemen und die Heranführung von Dienstleistungen der Informations- und Kommunikationstechnik an den einzelnen polizeilichen Arbeitsplatz zu ermöglichen.[55]

Die neuen automatisch lesbaren Personalausweise, Reisepässe und Führerscheine, mit denen spätestens ab Mitte der neunziger Jahre jeder Bundesbürger ausgestattet sein soll, sollen der Polizei eine Beschleunigung und Intensivierung der Grenzkontrollen gestatten. Dadurch wird eine Zunahme der Fahndungserfolge erwartet.[56] So wird geschätzt, daß nach Einführung des Ausweises bei gleichem Personal etwa fünfmal schneller kontrolliert werden kann oder fünfmal mehr Personen in gleicher Zeit erfaßt werden können. Eine Kopplung stationärer und mobiler Lesegeräte mit dem INPOL-System zum Abgleich und der Übermittlung von Daten aus INPOL-Dateien ist vorgesehen. Mit Tausenden von festinstallierten Lesegeräten können dann an Flughäfen und anderen Kontrollstellen routinemäßige Personenüberprüfungen stattfinden. Als Ausgleich für den Wegfall der Routinekontrollen an den Grenzen der Bundesrepublik im Zuge des freien Binnenverkehrs innerhalb der Europäischen Gemeinschaft wird mit einer zunehmenden Errichtung von Kontrollstellen nach § 111 Strafprozeßordnung zu rechnen sein. Technisch wäre es dann sogar möglich, alle Teilnehmer einer Großdemonstration zu erfassen und die Daten für polizeiliche Zwecke auszuwerten. Der Ausweis würde auch problemlos die maschinelle Erschließung von Dateien und das Bilden von „Bewegungsprofilen" ermöglichen. Statt 3000 könnten in Zukunft dann Zehntausende von Bewegungsprofilen erstellt werden: Wer fährt wann, wohin, mit wem, in welchem Fahrzeug. Steinmüller nennt die Kombination von Ausweisleser, Funk und INPOL die „erste geglückte Massenkontrolltechnologie, die je in einem zivilisierten Staat ... installiert wurde".[57] Aufgrund der über 120 000 Diebstähle von Kraftfahrzeugen jährlich gibt es neben der Einführung maschinenlesbarer Dokumente auch Überlegungen, fälschungssichere und maschinenlesbare Kennzeichen einzuführen.[58] Auch der Einsatz dazu passender mit INPOL zu koppelnder elektronischer Lesegeräte an den Grenzen könnte ein gewisser Ersatz für die künftig innereuropäisch zunehmend entfallenden Grenzkontrollen sein. Massenhafte Fahrzeugkontrollen wären dann möglich, ohne daß die Fahrer davon etwas merken könnten.

Die Nutzung externer Informationsquellen

In Zukunft wird in allen gesellschaftlichen Bereichen der Einsatz der elektronischen Datenverarbeitung weiter voranschreiten. Von besonderer Bedeutung wird dabei der Aufbau der Telekommunikationsnetze sein, die elektronische Verbindung zwischen Betrieben, Verwaltungen und Haushalten herstellen. Durch die Bundespost – künftig Telekom – wird dazu die Umwandlung des bisherigen Telefonnetzes in ein diensteintegrierendes digitales Netzwerk (ISDN) vorangetrieben. Dieses Netz wird vor allem dadurch gekennzeichnet sein, daß Vermittlungsrechner anstatt bisher elektromechanischer Vermittlungseinrichtungen den Aufbau der Verbindungen regeln und daß der Anschluß verschiedenster computergesteuerter Endgeräte möglich wird. Dieses System wird Träger vieler elektronischer Dienste werden, die heutige Dienstleistungen großenteils substituieren oder ergänzen werden. So ist unter anderem zu erwarten, daß der Bargeldverkehr durch den elektronischen Zahlungsverkehr abgelöst wird. Auch der Abruf von elektronischen Zeitungen oder Zeitschriften wird möglich werden.

Noch vor einigen Jahren gab es Überlegungen, über das Sondernetz der Polizei auch den Zugriff zu „den verschiedenen Datenbeständen ... der öffentlichen Verwaltung"[59] zu erhalten. So wurde über DISPOL auch der Zugang zu den Meldedaten von zum Beispiel 85 Prozent der bayrischen Bevölkerung erwartet. Dazu sollten von den großen Rechenzentren eigens Zugänge zum DISPOL geschaffen werden.[60] Sehr vorteilhaft für derartige Bestrebungen wird sich die zunehmende Vernetzung und Standardisierung von Verwaltungssystemen auswirken, wie sie beispielsweise in Baden-Württemberg mit dem „Landessystemkonzept" verfolgt werden.[61] In Zukunft sind dann bei kompatiblen Systemen Online-Rasterfahndungen vorstellbar, wobei der Datentransport über ISDN problemlos zu bewältigen wäre. Statt Magnetbänder zu transportieren, könnten Dateien überspielt werden. Rasterfahndungen ließen sich dadurch erheblich vereinfachen und auf die Rasterung nahezu beliebig vieler und großer Dateien ausdehnen.

In Zukunft werden den Sicherheitsbehörden die Möglichkeiten, Telekommunikation zu überwachen, wesentlich erleichtert und erweitert. Über Zugänge zu den ISDN-Vermittlungsrechnern könnten sie die zu überwachenden Teilnehmernummern eingeben und die aufgezeichneten Verbindungsdaten erhalten. Zur Rationalisierung der Inhaltsauswertung (Gespräche, Texte, Daten) könnten auch Kommunikationskanäle zu den Behördenrechnern durchgeschaltet werden. Zusätzlich könnten maschinelle Verfahren der Inhaltsvorauswertung zum Einsatz kommen. Technisch problemlos möglich werden auch unbemerkte Stichprobenkontrollen bestehender Verbindungen auf bestimmte Sprecher oder Gesprächsinhalte, wobei der Rechner dann nur bei relevanten Gesprächen eine Aufzeichnung vornimmt. Dabei reicht es dann völlig aus, wenn die Probleme der Sprechererkennung und des „Sprachverstehens" nur teilweise gelöst sind.[62] Ein derartiges Vorgehen ließe sich sogar mit Datenschutzargumenten begründen: „Reine Intimitäten gehen uns nichts an, wir werten nur die relevanten Gespräche wirklich aus." Verfahren der Spracherkennung und des „Textverstehens" könnten zu einer erheblichen Rationalisierung und Effektivierung der Arbeit führen. In gleicher Weise können in Zukunft nicht nur Telefone überwacht werden, sondern jeder Austausch von Sprache, Daten und Bildern sowie jede Dienstebenutzung (Btx, elektronische Post) usw. Zur Fahndung nach Personen, deren Identität unbekannt ist, von denen aber bestimmte Verhaltensweisen bekannt sind, wäre es ferner vorstellbar, Interessendaten aus dem ISDN auszuwerten: Für welchen Informationsdienst, welche elektronische Zeitung, welches Fernsehprogramm ... interessiert sich die Person. Denkbar wäre die Nutzung elektronischer Dienste auch zur *Erkennung von Risikogruppen.* So könnte die Polizei als moderne Form des agent provocateur in Absprache mit Informationsanbietern Informationsangebote schaffen und prüfen, wer diese nutzt. Welche sensiblen Daten bereits durch einzelne unverdächtige Handlungen entstehen können, zeigte sich anläßlich der Fahndung nach Mitgliedern der „Revolutionären Zellen" und der „Roten Zora". So wurden Personen gefilmt, die einen Wekker bestimmten Typs gekauft hatten, der nur in wenigen Spezialgeschäften erhältlich war, weil mit derartigen Weckern zuvor Brandsätze gezündet worden waren.[63] Denkt man sich beispielsweise eine Situation, in der eine Gruppe mehrere Anschläge auf Genlabors verübt hat, könnte die Polizei versucht sein, durch das gezielte Angebot des „Bekennerschreibens" in einem elektronischen Medium und durch die Aufzeichnung der Abrufenden das „Sympathisantenumfeld" einzugrenzen und abzuspeichern.

Zukünftig werden sich für Polizei und Geheimdienste auch die Möglichkeiten zur Videoüberwachung deutlich verbessern. Vor allem der Ausbau von Glasfasernetzen wird es der „Telekom" ermöglichen, kurzfristig Bildübertragungswege von und zu beliebigen Punkten in Städten aufzubauen. Die von anderen Organisationen in U-Bahnen, auf Plätzen und Straßen und in Gebäuden verbreitet installierten Videoanlagen werden bereits ein Videoüberwachungsnetz darstellen, das von Organen der inneren Sicherheit mitgenutzt werden kann. In 20 oder 30 Jahren könnten bei Überwachungsaktionen darüber hinaus bildverstehende Systeme eingesetzt werden, die die Bildfolgen analysieren und den Beamten Vorauswertungen des Geschehens zur Verfügung stellen.

Bereits um das Jahr 2000 können Videofilme zum Teil mit Mustererkennungsprogrammen analysiert werden. Sie können zum Beispiel die Kennzeichen vorbeifahrender Fahrzeuge erkennen und unter Koppelung mit Fahndungsdateien die Polizei alarmieren, wenn gestohlene Fahrzeuge erkannt werden.[64] Auch Mustererkennungssysteme, die Gesichtszüge von Menschen aufschlüsseln und mit gesuchten Personen vergleichen, könnten in wohldefinierten Situationen, beispielsweise bei Zugangskontrollsystemen zu öffentlichen Gebäuden, zur Personenfahndung und -beobachtung eingesetzt werden.[65] Entsprechende Systeme, die in einem Telefongespräch die Stimme von Gesuchten erkennen und die Polizei alarmieren (Angabe von Rufnummern und Ort der beteiligten Sprechstellen), sind möglich. Die digitalisierte Fahndung könnten Behördenrechner übernehmen, die nach dem Zufallsprinzip sich unbemerkt auf bestehende Verbindungen aufschalten lassen. Einleuchtende Begründung für derartige Maßnahmen vor der Öffentlichkeit könnte wiederum der Datenschutz sein. Der Datenschutz sei voll gewährleistet, weil der Rechner nur bei Verdächtigen alarmiere und Unbeteiligte völlig unbehelligt lasse. Entsprechend digitalisieren ließe sich auch die „beobachtende Fahndung".

Grenzen künftiger Kontrolle

Unabhängig von der Frage, wie weit die Stabilität geltenden Rechts oder gesellschaftliche Auseinandersetzungen um den Datenschutz der polizeilichen Informationsverarbeitung künftig Grenzen setzen werden, ist zu erwarten, daß sich wie in der Vergangenheit auch künftig technisch-organisatorische Grenzen ergeben werden.

Ob jemals völlig fälschungssichere Ausweise und Kennzeichen geschaffen werden können, ist fraglich. Sehr eindrucksvoll hat sich dies bereits in der relativ kurzen Einführungsphase des neuen „fälschungssicheren" Personalausweises gezeigt. Mit Hilfe von neuen handelsüblichen Farbfotokopierern und Folienschweißgeräten war es möglich, gefälschte Ausweißpapiere zu erstellen.[66] Mittlerweile soll die Fälschungssicherheit des Ausweises daher selbst vom Bundeskriminalamt nur noch als „recht groß" beurteilt werden.[67]

Die von dem ehemaligen Präsidenten des Bundeskriminalamtes Herold entwickelten Zukunftsvisionen werden in Polizeikreisen zumindest in Teilen hinsichtlich ihrer Realisierbarkeit sehr skeptisch beurteilt. So wird sich Herolds Vorstellung von der automatisierten Fahndung mittels Video („Der Rechner läßt Unbeteiligte passieren, verständigt aber die Polizei, wenn er den Gesuchten erkennt"[68]) bis weit in das 21. Jahrhundert hinein mit großer Sicherheit nicht realisieren lassen. Zumindest die Personenerkennung im freien Bewegungsablauf steht vor einer Reihe heute unüberwindlicher Schwierigkeiten. In der Informatik wird seit längerem diskutiert, ob mit den heutigen Rechnerarchitekturen und -konzepten komplexe Musterverarbeitungsprozesse, wie sie als Grundlage der Bilderkennung vermutet werden, überhaupt realisiert werden können.

Es wird auch zumindest auf absehbare Zeit nicht möglich sein, Computer über einen jeweils begrenzten Anwendungsbereich hinaus (gesprochene) Texte „verstehen" zu lassen. Das würde voraussetzen, daß „intelligente Computer" geschaffen würden, die überdies den sozialen Kontext verstünden, in dem Menschen kommunizieren. Letztlich müßten sie dazu aber am sozialen Leben teilnehmen, was hoffentlich für immer unvorstellbar bleibt.

Praktische Schwierigkeiten beim Einsatz von Computersystemen heutiger Konzeption ergeben sich grundsätzlich aufgrund des Modellcharakters der Systeme. Komplexe Sachverhalte müssen auf Fakten, Zusammenhänge auf Regeln reduziert werden, um überhaupt informationstechnisch bearbeitbar zu sein. Gerade die überaus komplexe und immer kompliziertere soziale Wirklichkeit läßt sich jedoch nicht vollständig und zutreffend abbilden. Systeme, die das Verhalten jedes einzelnen Menschen oder gesellschaftlicher Gruppen auch nur annähernd vorhersagen, sind daher auch in Zukunft undenkbar. In der Praxis dürften sich mit neuen Informations- und Kommunikationssystemen auch in Zukunft eine Reihe von mehr oder weniger großen Schwierigkeiten und Akzeptanzhemmnissen ergeben. So ist schon heute dort, wo Systeme der elektronischen Vorgangsbearbeitung eingeführt wurden, das „erhoffte Wunder" ausgeblieben. Die Aufklärungsquote konnte nicht erhöht werden. Imponderabilien bei Tätern und in der Bearbeitung führten zu Datenfriedhöfen für Tat- und Tätermerkmale.[69]

Sicher wird ein Teil derjenigen, die als potentielle Rechtsbrecher eingeschätzt werden, durch die Ausweitung der technischen Kontrolle in ihren Aktionsmöglichkeiten eingeschränkt oder wird sich aufgrund des Entdeckungsrisikos selbst beschränken. Es ist jedoch kaum anzunehmen, daß sich besonders motivierte Personen auf rein normkonformes Verhalten beschränken werden. Die wahrscheinlichste Verhaltensreaktion liegt – wie schon in der Vergangenheit – in einer Anpassung des Verhaltens an den bekannt gewordenen oder vermuteten Stand polizeilicher Methoden. Kriminelle, die vermuten, daß ihre Stimmuster abgespeichert und zu Zwekken der digitalen Fahndung in Telekommunikationsnetzen verwendet werden, nutzen diese Medien nicht mehr. Oder sie werden ihrerseits auf die Möglichkeiten der Computertechnologie zurückgreifen und beispielsweise ihre Nachrichten verschlüsselt übertragen. Ist bekannt, daß Videokameras mit Bilderkennungssystemen gekoppelt sind, so werden diese gemieden oder nach Analyse ihrer technischen Schwächen durch Gesichtsentstellung umgangen. Wird vermutet, daß die Polizei die Nutzer bestimmter Informationsangebote in elektronischen Medien rastert, so werden statt dieser unverdächtige genutzt. Straftäter werden sich in der Informationsgesellschaft den Verhältnissen anpassen und versuchen, sich „informationstheoretisch unauffällig" zu verhalten. Möglich sind aber auch gänzlich andere Verhaltensformen, wie sie von den „Revolutionären Zellen" schon in der Vergangenheit bekannt geworden sind. Straftäter werden möglicherweise versuchen, neben ihrer Identität eine verdeckte Zweitidentität zu führen und sich in konspirativen Kleinstgruppen organisieren. Und wer will ausschließen, daß in bestimmten Fällen Menschen gar nicht mehr in Erscheinung treten und beispielsweise automatisch gesteuerte Fahrzeuge zu Anschlägen nutzen?

Gefahren für die Grundrechte

Die zunehmenden elektronischen Präventions- und Repressionsmaßnahmen werden in die Grundrechte vieler Bürger schon wegen der notwendigen Datenerfassungen und -speicherungen vermehrt eingreifen. Doch wie weitgehend diese Eingriffe sein werden und wie groß der betroffene Personenkreis werden wird, hängt von zu vielen konkreten Faktoren ab, als daß eine genaue Abschätzung möglich wäre.

Je transparenter die elektronischen Methoden sind, desto eher besteht die Möglichkeit, den Mißbrauch dieser Methoden aufzudecken und wirkungsvoll einzugrenzen. Andererseits bietet jedoch gerade die Transparenz den Tätern die Chance, ihr Verhalten dem bekanntgewordenen Stand polizeilicher Ermittlungsmethoden anzupassen. Dieser Zusammenhang, an sich nicht neu, kann jedoch zu einem „informationellen Wettlauf" zwischen Polizei und Angreifern führen, bei dem letztlich mehr und mehr „normales Verhalten" zum Gegenstand polizeilicher Kontrolle werden muß, womit sich der Kreis der Betroffenen wieder enorm erhöht. Geradezu unausweichlich ist dieser Sachverhalt bei der Prävention. Denn letztlich ist nicht vorherzusagen, wer aus welchem Grund zu einer Tat neigt. Die Erfassung und Überprüfung breiter Bevölkerungskreise ist zur Prävention daher notwendig. Daß Unschuldige getroffen werden, ist der Prävention inhärent.

Andererseits erhöhen verdeckte Maßnahmen das Mißbrauchsrisiko und vergrößern die Unsicherheit der Bürgers über die Möglichkeiten und Praxis der polizeilichen Maßnahmen. Die Folgen werden verstärkt Verhaltensanpassungen und freiwilliger Verzicht auf die Ausübung von Grundrechten sein. So könnten Beschränkungen beim Abruf bestimmter elektronischer Zeitungen oder sogar von Meldungen zu bestimmten Themen mögliche Reaktionen verunsicherter Bürger sein.

Sollten sich die hoch gesteckten Erwartungen an die elektronischen Methoden erfüllen, so wird die Polizei ein großes Potential der direkten Verhaltenssteuerung erhalten, ohne daß Orwells Televisor allgegenwärtig das tägliche Leben überwacht. In Krisensituationen wäre sogar eine weitgehende Kontrolle der Telekommunikation denkbar. Das Einspielen von Kontrollsoftware in die ISDN-Vermittlungsstellen könnte den Sicherheitsdiensten abgestuft bis hin zur Totalkontrolle nahezu der gesamten Telekommunikation Steuerungsoptionen eröffnen. Sie könnten zum Beispiel teilnehmerbezogene Verbots- und Erlaubnisdateien einspielen, die die Kommunikation bestimmter Teilnehmer beschränken (darf nur angerufen werden oder nur anrufen, eventuell mit der Beschränkung auf bestimmte Telefonnummern).[70] Zu denken ist aber auch zum Beispiel an unbemerkte Stichprobenkontrollen bestehender Verbindungen auf bestimmte Sprecher oder Gesprächsinhalte. Auch der automatische Abbruch von Verbindungen in Abhängigkeit von bestimmten Inhalten ist denkbar. Ähnliche Kontrolloptionen könnten auch in bezug auf höhere Telekommunikationsdienste (beispielsweise elektronische Post, Btx) speziell eröffnet werden. Nicht auszuschließen ist, daß im Rahmen von Überlegungen für den „Krisen- oder Verteidigungsfall" entsprechende Software schon heute vorbereitend erstellt wird und einige teilnehmer- und inhaltsbezogene Verbots- oder Erlaubnislisten auf Datenträgern bereitgehalten werden. Auch die DV-unterstützte oder automatisierte Zensur aller Massenkommunikationsmedien, spezieller Informationsdienste usw. durch Inhaltsanalysen und Zugriffssperrungen sind denkbar. Ein mögliches Argument für die Vorbereitung entsprechender Programme könnte der Schutz der Jugend vor Pornographie sein.

Sollten sich die Erwartungen an die präventive Verbrechensbekämpfung durch die Möglichkeiten der Datenverarbeitung wider Erwarten erfüllen, würde es möglich, „seziermesserhafte" Eingriffe durchzuführen, die wirksam sind, ohne einen Großteil der Öffentlichkeit direkt und spürbar zu betreffen. Eine zunehmende Verletzlichkeit der Gesellschaft vorausgesetzt, könnten die Sicherheitsbehörden dann steuernd in soziale und politische Prozesse eingreifen, um Ruhe und Ordnung (unabänderlich) herzustellen. Die Grenze zwischen der Aufrechterhaltung sozialer Stabilität und der Verhinderung gesellschaftlicher Reformen als Aufgabe der Polizei würde damit fließend. Trotz der faktischen Existenz eines „Überwachungsstaats" könnte es aber dennoch möglich sein, den „Datenschutz" zu gewährleisten. Denn von einzelnen Mißbräuchen oder Fehlern abgesehen, würde der „Normalbürger" kaum direkt betroffen sein. Maschinen nähmen die Selektion des „Normalen" vom „Abnormalen" nach Definition der Polizei vor, und die Polizei käme mit den Daten „unbescholtener Bürger" kaum in Kontakt. Das „denkbare Umkippen“ in den totalitären Staat Orwellscher Prägung wäre dann nur noch eine Frage des Grades.

Technische Möglichkeiten der Grundrechtssicherung

Ob die oben beschriebenen Entwicklungen tatsächlich eintreten werden, ist unsicher. Sie liegen aber jedenfalls dann im Bereich des Möglichen, wenn keine Gegensteuerung erfolgt und nur die technische Entwicklung und der Anwendungsdruck die ausschlaggebenden Entwicklungsbedingungen sind. Entscheidend ist, inwieweit es gelingt, für den Daten- und Grundrechtsschutz eine wirksame Gegenmacht aufzubauen. Hier soll nicht die Frage erörtert werden, welche rechtlichen Möglichkeiten und Probleme der Begrenzung staatlicher Macht bestehen. Vielfältige Gesetzesanpassungen an die Praxis polizeilicher Datenverarbeitung haben in der Vergangenheit Zweifel daran aufkommen lassen, ob dieses Instrument zur Sicherung der Grundrechte in Zukunft ausreichen wird. Daher stellt sich vor allem die Frage, inwieweit Aussicht besteht, durch technische Vorkehrungen Freiheitsgrundrechte zu sichern.

Über Möglichkeiten des technischen Datenschutzes in den künftigen Informationssystemen der Polizei denkt zum Beispiel auch der ehemalige Präsident des Bundeskriminalamtes Herold selbst nach.[71] Die künftige Form der Informationsverarbeitung erlaube neue Formen eines eindämmenden technisch orientierten Datenschutzes. Grundgedanke seiner Überlegungen ist, daß die Zugriffskontrolle nicht mehr bei Dateien, sondern an den die Inhalte von Dokumenten umschreibenden Deskriptoren ansetze. Auf diese Weise will Herold bei der elektronischen Vorgangsbearbeitung zweckbezogene Zugriffskontrollen ermöglichen. Den „beklemmenden Aspekten“ (im Zusammenhang mit der „digitalisierten Fahndung“), die im denkbaren Umkippen zu totalitären Formen der Digitalisierung beliebig großer gesellschaftlicher Gruppen liegen, möchte Herold durch technische Maßnahmen begegnen. Zu denken sei an Verkleinerungen der Hardware und der Speicher, die nur noch die Aufnahme von einem oder zwei Verdächtigen der Schwerkriminalität erlauben.

Es ist auch gar nicht notwendig, alle Möglichkeiten der Informations- und Kommunikationstechnik auszuschöpfen. Auf viele Techniken könnte sogar ohne wesentliche Einbußen polizeilicher Effektivität verzichtet werden. So gibt es in der Schweiz nicht einmal ein elektronisches Fahndungsbuch.[72] Ansätze dazu finden sich auch in der Bundesrepublik, in der zum Beispiel das Land Nordrhein-Westfalen keine Lesegeräte für den neuen Personalausweis anschaffen will.[73]

Die sicherste Maßnahme des Daten- und Grundrechtsschutzes ist die konsequente Datenvermeidung. In der wissenschaftlichen Diskussion gibt es eine Reihe von Vorschlägen, technischen Datenschutz auch im Zeitalter der Telegesellschaft sicherzustellen. So wurden Vorschläge für künftige Telekommunikationsnetze entwickelt, die jegliche Kontrolle technisch ausschließen. Ein datengeschütztes und anonymes Netzwerk[74] (anstelle eines ISDN) würde die obengenannten Überwachungsmaßnahmen weitgehend unmöglich machen. In einem solchen Netzwerk wäre selbst durch ausgefeilte Abhörtechniken nicht einmal feststellbar, ob von einem Anschluß aus überhaupt telefoniert wird, geschweige denn Inhalt und Gesprächspartner. Es bliebe nur die Beschlagnahme von Nutzungsdaten beim

Dienstenutzer oder -anbieter. Aber auch hier gibt es Vorschläge, anonyme und trotzdem rechtssichere Geschäftstransaktionen technisch zu verwirklichen, bei denen eine Deanonymisierung nur in Einzelfällen aufgrund richterlicher Anordnung durchführbar ist.[75] Die Vorschläge sind von ihrem Grundgedanken her im Prinzip auf Datenbanken und Datenbestände aller Art anwendbar. Für eine Reihe geschäftlicher Anwendungen werden Maßnahmen der Verschlüsselung schon aus Gründen der Datensicherheit zu erwarten sein. Es wäre ein Gebot der Stunde, sie konsequent bei der Automatisierung in allen gesellschaftlichen Bereichen in die Technikplanung und -gestaltung umzusetzen, um den Schutz über den engen Bereich der Geschäftskommunikation hinaus auf die Allgemeinheit auszudehnen. Die (von den Daten her) anonyme Gesellschaft würde nicht alle Probleme lösen, aber der Polizei einen Großteil ihrer möglichen externen Datenquellen versiegeln.

Rein rechtliche, daß heißt nicht-technische Maßnahmen bergen die Gefahr in sich, daß die entsprechenden Vorschriften aufgeweicht, ausgehöhlt oder abgeschafft werden. Andererseits muß bei technischen Maßnahmen aber das hohe Verletzungsrisiko bedacht werden, das für eine Gesellschaft entsteht, in der Sicherheitsbehörden auch in militärischen, ökologischen oder sonstigen Krisensituationen über keinerlei Möglichkeit des Zugriffs auf externe Informationsquellen verfügen. Böten sich der Polizei die informationellen Methoden nicht, dann könnte sie sich gezwungen sehen, direktere Eingriffe durchzuführen. So wies der ehemalige Präsident des Bundeskriminalamtes Herold darauf hin, daß es bei Verzicht auf die Rasterfahndung nötig werden könnte, zum Beispiel „mit einer ganzen Armee von Polizisten auszuschwärmen, um im näheren Lebensbereich aller barzahlenden Stromkunden herumzuhorchen".[76] Wären derartige Methoden jedoch nicht durchsetzbar oder organisatorisch leistbar, so könnte die direkte Konsequenz unter Umständen tatsächlich ein unvertretbar hoher Anstieg der Gefahren für die Sicherheit sein. Letztlich darf sich die Gesellschaft dem Dilemma zwischen Bürgerüberwachung und Sicherheit nicht aussetzen. Die Verletzlichkeit muß im Interesse der Freiheitsgrundrechte reduziert werden!

[1] *Herold,* RuP 2/1980, S. 80. – [2] So z. B. durch die Entwürfe der „Sicherheitsgesetze". Abgedruckt z. B. in: Bürgerrechte und Polizei 29/1988. – [3] Siehe hierzu zum Beispiel *Roßnagel:* Bedroht die Kernenergie unsere Freiheit?. München 1983. S. 87 f., 204 f. mwN. – [4] Der Spiegel 3/1984. – [5] Südd. Ztg. 28. September 1984. – [6] Der Spiegel 7/1986. – [7] Dazu BVerfGE 65,1 (42 f.). – [8] Saarland und Bremen verfügen über keine eigenen Landesrechner und arbeiten direkt auf Rechnern der BKA-Zentrale. – [9] *Wiesel,* KR 1986, S. 587. – [10] *Herold,* CW vom 19. April 1985, S. 139. Die Datei soll derzeit insgesamt 200 000 Personen betreffen. – [11] Über die INPOL-Sachfahndungsdatei werden derzeit zirka 3,5 Millionen Gegenstände gesucht. – [12] Enthielt 1987 über 235 000 Personen mit rund 70 000 aktuellen und 35 000 inaktuellen Haftnotierungen. – [13] Von derzeit zirka 1 Million Personen. – [14] Derzeit werden im KAN Daten zu 630 000 Personen und ungefähr 800 000 Fundstellen geführt. – [15] Der Bestand soll derzeit etwa 500 000 Notierungen umfassen. – [16] Insgesamt sollen in allen PIOS-Dateien Daten von zirka 400 000 bis 500 000 Personen gespeichert sein. – [17] Der Großversuch Straftaten-Straftäter-Dateien wurde 1979 eingestellt. Bisher existieren nur Falldateien für schwere Straftaten überregionaler Bedeutung, so z. B. die Falldatei Rauschgift, in der rund 200 000 Personen als Beschuldigte oder Tatverdächtige mit ungefähr 270 000 Fällen gespeichert waren. – [18] *Simon/Täger:* Rasterfahndung. Baden-Baden 1981. S. 20 ff. – [19] Die beschriebene Rasterfahndungsmethode wird auch „negative" Rasterfahndung genannt, weil Datensätze, die die Merkmale nicht aufweisen, sukzessive gelöscht werden und eine Deanonymisierung oder Sichtkontrolle erst beim nicht mehr reduzierbaren Rest stattfinden muß. Positive Rasterfahndung bedeutete, sich von den beteiligten Stellen Datenbestände übergeben zu lassen und diese dann auf den Polizeicomputern miteinander zu verknüpfen. – [20] Der Spiegel 3/1984. – [21] *Wie-*

sel (Anm. 9), S. 591. – [22] *Merten:* Datenschutz- und Datenverarbeitungsprobleme bei den Sicherheitsbehörden. Heidelberg 1985. S. 189. Bisher erfolgt die Antwort allerdings nur (fern)schriftlich. – [23] Der Spiegel 13/1986, S. 133. – [24] TAZ vom 13. März 1988. – [25] Der Spiegel 13/1986, S. 134 f. Der Umfang der Telefonüberwachungen durch die Geheimdienste soll hingegen nur ein Zehntel betragen. – [26] Gespräch mit dem Ex-BKA-Techniker B. Schmidt, in: Hippe/Stankovski (Hrsg.): Ausgezählt. Köln 1983. S. 61 ff. – [27] *Sternsdorff:* Aktion Paddy. In: W. Meyer-Larsen: Der Orwell-Staat. Reinbek 1983. S. 95 ff. – [28] Gespräch mit B. Schmidt (Anm. 26), S. 63 f. – [29] TAZ vom 15. und 22. Januar und 4. Februar 1988. – [30] Die Zeit vom 17. April 1987. – [31] Nach *Herold,* CW vom 13. Juli 1985, S. 139. – [32] Bundesminister des Inneren, Kriminalstatistik 1987, Bulletin des Presse- und Informationsdienstes der Bundesregierung 1988, S. 585. – [33] *Merten* (Anm. 22), S. 75. – [34] TAZ vom 22. Januar 1988. – [35] TAZ vom 31. Oktober 1985. – [36] *Timm,* KR 1987, S. 301. [37] *Kennhöfer,* KR 1987, S. 184. – [38] Ebenda, S. 185. – [39] *Kersten,* KR 1987, S. 360. – [40] *Oschott,* KR 1986, S. 483. – [41] FR vom 18. Mai 1988. – [42] Zur Unsicherheit bei der Einschätzung der Lage der „Inneren Sicherheit" vgl. *Boge:* Die Polizei 1985, S. 267. – [43] *Roßnagel* (Anm. 3). – [44] *Roßnagel/Wedde/Hammer/Pordesch:* Die Verletzlichkeit der „Informationsgesellschaft". 1988. In der Gentechnologie wird bisher nur über die Frage der „Beherrschbarkeit" diskutiert (vgl. z. B. Gen-Serie der Zeitschrift „Natur" ab 9/86), Parallelen zur Atomtechnologie drängen sich aber auf. – [45] *Roßnagel* (Anm. 3), S. 203 mwN. – [46] Zu entsprechenden Forderungen vgl. BKA, KR 1987, S. 424 ff. – [47] Die Entscheidung darüber wurde vorläufig vertagt. Vgl. *Kersten,* KR 1987, S. 330. – [48] Ebenda, S. 330. – [49] *Boge* (Anm. 42), S. 269. – [50] *Herold:* Perspektiven im Bereich der Sicherheitsbehörden. In: Informationsgesellschaft oder Überwachungsstaat, Protokollband eines gleichnamigen Symposiums im hessischen Landtag. Wiesbaden 1984. S. 214 ff. – [51] TAZ vom 3. März 1987. Über Ergebnisse ist nichts bekannt. – [52] So Bremens Innensenator Krönig, Nordwest-Zeitung vom 7. Januar 1986. – [53] *Sehr,* KR 1986, S. 472 ff. – [54] *Stroh,* KR 1986, S. 361 ff. – [55] Von einem solchen „Gesamtkonzept sprechen *Wenger/Sauermann/Wiesend,* PTV 5/1982, S. 112. – [56] Innere Sicherheit vom 11. September 1988, S. 8; Der Spiegel 7/1986, S. 23. – [57] *Steinmüller:* Informationstechnologie und staatliche Kontrolle. In: AK Rationalisierung Bonn (Hrsg.): Verdatet, Verdrahtet, Verkauft. Stuttgart 1982. S. 28. – [58] *Herold,* CW vom 3. Mai 1988, S. 62. – [59] *Wiesend/Baur/Ginzkey/Wisuschil,* PTV 2/1979, S. 70. – [60] Grobstudie Führungs- und Einsatzmittel zur Kommunikation bei der Polizei, Polizei-Führungsakademie, April 1985, S. 189. – [61] Dazu der Beitrag von P. Wedde in diesem Band. – [62] Gelöst in dem Sinne, daß in nur noch einem kleinen Prozentsatz der Fälle das richtige Erkennen von Sprechern und gesprochenen Worten mißlingt. Vgl. *Künzel,* W + S 1-2/1987, S. 11. Es dürfte soweit möglich werden, daß die maschinelle Inhaltsdeutung von Texten und Dialogen in eingegrenzten Themengebieten (z. B. Computersabotage) mit einigem Programmieraufwand gelingt. – [63] TAZ vom 19. Februar 1988. – [64] Entsprechende Versuchssysteme sollen in Japan bereits heute existieren, vgl. FR vom 19. November 1986. – [65] Interview mit *Herold,* Bürgerrechte und Polizei 2/1984, S. 42. – [66] Kopien von existierenden Ausweispapieren mit anderen Lichtbildern, vgl. Stern vom 4. Februar 1988, S. 10 ff. – [67] Es ist denkbar, daß die Polizei deshalb mit „Chip-Karten" in Zukunft einen erneuten Anlauf zur Einführung fälschungssicherer Ausweise machen wird. – [68] *Herold* (Anm. 50), S. 222. – [69] *Merten* (Anm. 22), S. 74. – [70] Verwandte Dienstmerkmale (geschlossene Benutzergruppen, Teilnehmerbetriebsklassen usw.) soll ISDN zur Verfügung stellen. Vgl. *Rosenbrock:* ISDN – Die folgerichtige Weiterentwicklung des digitalen Fernsprechnetzes. Jahrbuch der DBP 1984. S. 567 ff. – [71] *Herold* (Anm. 50), S. 215 ff. – [72] FR vom 14. Februar 1986. – [73] WAZ vom 4. März 1986. – [74] *Pfitzmann/Pfitzmann/Waidner,* DuD 1987, S. 178 ff. – [75] *Pfitzmann/Waidner/Pfitzmann:* Rechtssicherheit trotz Anonymität in offenen digitalen Systemen, CuR 1987, S. 712-717, 796-803, 898-904. – [76] *Herold* (Anm. 65), S. 42. Es ist allerdings sehr unwahrscheinlich, daß die Polizei derartige Aktionen durchführen würde und unmöglich, sie ähnlich oft und ähnlich weitgehend durchzuführen.

Für wertvolle Hinweise danke ich Volker Hammer, Alexander Roßnagel, Peter Wedde, Heiner Busch und unseren Gesprächspartnern im Bundeskriminalamt.

Informationsgesellschaft als Flucht aus dem Arbeitsrecht

Volker Bahl, Frankfurt

Roboter in den Fabriken, Büroautomation, Telearbeit, Personalinformationssysteme, computergesteuerte Produktion, weltweite Unternehmensnetze – Informations- und Kommunikationstechniken werden Umfang und Form der Arbeit zutiefst verändern. Wie werden unter diesen Bedingungen die Grundrechte im Betrieb verwirklicht werden können? Wie wird die Informatisierung die Grundlagen der betrieblichen Mitbestimmung und das Kräfteverhältnis der Sozialpartner verändern? Aus der Sicht eines engagierten Gewerkschafters werden die Risiken geschildert, die für die Selbstverwirklichung des einzelnen an seinem Arbeitsplatz, für die Arbeit des Betriebsrats und für die Schutzfunktion der Gewerkschaften von den neuen Techniken in Büro und Fabrik ausgehen können.

Technik und sozialer Kontext

Der Zeitgeist weht – und er weht den Gewerkschaften eiskalt ins Gesicht: Deregulierung und Flexibilisierung ist angesagt.[1] Individualismus ist das neue Schlagwort, das verdecken soll, daß es um die Auflösung kollektiver Schutzrechte geht.[2] Nicht jeder sagt es dann gleich so deutlich, wie der jetzige Außenminister Genscher, daß das „Ende der sozialdemokratischen Massenepoche" herbeigeführt werden soll.[3] Außerdem soll der bescheidene Anteil an betrieblicher *Frauen*arbeit unter dem Slogan von der „Neuen Mütterlichkeit" in flexibilisierte Randexistenzen wie die Heimarbeit abgedrängt werden.[4]

Diese Ziele sollen mit Hilfe der Informations- und vor allem der *Kommunikationstechnologien* herbeigeführt werden. Während also die politischen Machthaber und Durchsetzer eines großtechnischen Gesamtkonzeptes mit einer *spezifischen* Tech-

Dr. **Volker Bahl**, geb. 1942, Gewerkschaftssekträr beim DGB-Landesbezirk Rheinland-Pfalz, u. a. für Wirtschaftspolitik, Technologie und Mitbestimmung. Studium der Rechtswissenschaft und Volkswirtschaft in Würzburg, München und Genf, Assessorexamen 1971; danach sozialwissenschaftliches Aufbaustudium und sozialwissenschaftliche Forschungsarbeiten in Konstanz und Berlin mit dem Schwerpunkt ökonomische Entwicklung und Veränderung von Staatsfunktionen. Promotion 1976. Seit 1977 in verschiedenen gewerkschaftlichen Funktionen tätig. Veröffentlichungen u. a. zur Wohnungspolitik, Flexibilisierung (Leiharbeit), Tarifpolitik der Gewerkschaften, Gewerkschaften und technologische Entwicklung.

Dr. Volker Bahl, Eckenheimer Landstraße 80, 6000 Frankfurt 1

nikentwicklung klare politische Zielvorstellungen verbinden, wird von der Seite der angesprochenen sozial Betroffenen zwar aufgeregt diese politischen Absichten attackiert, während gleichzeitig die Durchsetzung der umfassenden Telekommunikationskonzepte gar nicht einmal auf ihre diesbezüglichen Folgen befragt wird, sondern als quasi „neutrale" Technik aus dem sozialen Zusammenhang seiner Betreiber abgelöst wird. Oder läßt der alte Produktivitätsoptimismus der Arbeiterbewegung – heute zum bloßen Fetisch geronnen! – solche Fragen schon gar nicht zu?

Jedenfalls gehen die bisherigen gewerkschaftlichen Konzepte mit ihrem Anspruch nach Sozialverträglichkeit mit einem sehr eingeschränkten Blickwinkel an die technische Entwicklung heran. Sie werfen bisher nämlich gar nicht mehr den Blick auf die technischen Gesamtkonzepte der Vernetzung wie sie bei der Bundespost gerade Schritt für Schritt durchgesetzt werden, sondern sie beschränken sich allein auf die Technikfolgen. Die technischen Konzepte in ihrer umfassenden systematischen Form – wie zum Beispiel ISDN – werden anscheinend gar nicht als gestaltungsfähig und gestaltungsbedürftig angesehen. Die zugespitzte Fragestellung, ob es überhaupt nach einer total integrierten Vernetzung noch die Chance zu einer sozialverträglichen Gestaltung geben könne, liegt außerhalb der Reichweite dieser Betrachtung. Demgegenüber ist es dringend erforderlich, diese *großtechnischen* Entwicklungen wie ISDN – auch der Deutschen Bundespost – in ihren *aktuellen* sozialen Kontext zu stellen.

Um von vorneherein Mißverständnisse zu vermeiden, es geht nicht um die Frage: „Informationsgesellschaft – ja oder nein?", sondern um ein ganz spezifisches technisches Konzept, das zur Durchsetzung ansteht. „Informationsgesellschaft – ja, aber nicht so!" Aus politischen Gründen halte ich persönlich jedoch immer noch die Forderung „Informationsgesellschaft – nein, wenn nicht . . .!" für besser, weil sie die angestrebte *Beweislastumkehr* für den Betreiber ausdrückt, der erst einmal eine Technik auf den Prüfstand zu stellen hat, um ihre Sozialverträglichkeit unter Beweis zu stellen.[5]

Da jede Form der Technik etwas mit Herrschaft zu tun hat, muß auch die Frage erlaubt sein, in wessen Interesse hier Herrschaft durchgesetzt wird? Erstaunlicherweise werden in der gewerkschaftlichen Diskussion im gesamten politischen Bereich der derzeitigen Bundesregierung von der Deregulierung und Flexibilisierung gerade mit dem sogenannten Beschäftigungsförderungsgesetz über die Schwächung des Streikrechtes (§ 116 AFG) bis hin zur Novellierung der Betriebsverfassung und dem gesamten Sozialabbau nur böse Absichten unterstellt. Der Deutsche Gewerkschaftsbund übt sogar deutliche Kritik an dem maschinenlesbaren Personalausweis und dem Durchpeitschen der Sicherheitsgesetze. Das technische Konzept der Deutschen Bundespost dagegen stößt auf keinerlei gewerkschaftliches Interesse.

Seltsam abgetrennt haben die politischen Vorhaben der Bundesregierung anscheinend überhaupt nichts zu tun mit diesem Schritt zur Modernisierung der Volkswirtschaft in Richtung Informationsgesellschaft. Die Frage, ob – wenigstens zum großen Teil – diese Vorhaben nicht lediglich eine Modernisierung der Rechtsordnung mit Blick auf die Modernisierung der Volkswirtschaft darstellen und auch sonst eine gleichlaufende Linie mit den technischen Konzepten in ihrer Wirkung festgestellt werden kann, diese Frage bleibt meist ungestellt.

Der Gestaltungsauftrag muß auf das politisch verantwortete Gesamtkonzept der Vernetzung zielen

Dabei ist eine sorgfältige Abwägung bei ISDN keineswegs überflüssig. Gerade aus den Fachkreisen der Informatik – wie zum Beispiel der „Gesellschaft für Informatik", die ein breites Spektrum gesellschaftlicher Interessen umfaßt – wird die Notwendigkeit einer „breiteren Diskussion über das Für und Wider des ISDN" hervorgehoben.[6]

Diese Fachleute stellen unter der Überschrift „von der Folgeabschätzung zu den Gestaltungsnotwendigkeiten" fest: „Es muß damit gerechnet werden, daß die Integration und technische Offenheit von Netzen Situationen schaffen, auf die die geltenden Regelungsinstrumente nicht zugeschnitten sind, oder die auf andere Weise zur Umverteilung von Be- und Entlastungen führen. Ziel der Prüfung ist zunächst die Feststellung von Regelungsdefiziten. Diese können dann durch Anpassung der Technik und/oder Weiterentwicklung der Regelungsmechanismen behoben werden."

Trotz der pluralen Zusammensetzung kommt die „Gesellschaft für Informatik" – neben dem Datenschutz! – zu recht deutlich feststellbaren Auswirkungen auf die Mitbestimmungs- und Schutzrechte der Arbeitnehmer. Betriebsräte können schon heute die Probleme bis hin zur Hilflosigkeit beim Umgang mit „vernetzten Systemen" schildern.[7]

Allein dieses Wechselverhältnis von zunehmender *Zentralisierung* der Verfügungsgewalt über Menschen und gleichzeitig möglicher verstärkter *Taylorisierung* (Arbeitsteilung) – insbesondere im Angestelltenbereich – sollte ausreichendes Signal für die Gewerkschaften zur vorbeugenden Netzgestaltung sein. Dabei ist dieses Problem, das *jetzt* den Betriebsräten bewußt wird, schon sehr viel früher von weitblickenden Vertretern der Wirtschaft – wie zum Beispiel dem jetzigen Aufsichtsratsvorsitzenden von Daimler Benz, Edzard Reuter – festgestellt worden: „In den Entscheidungen über die Gestaltung der Telematik sind fundamentale Wirkungen auf die Machtverteilung zwischen den Staaten und innerhalb von Staat, Wirtschaft und Gesellschaft enthalten." Klar warnte Reuter schon 1981 davor, „durch *Politikverzicht* der Entwicklung freien Lauf zu lassen".[8] Aber gerade jenen Politikverzicht hat die Regierung in Bonn *seither* dadurch geübt, daß sie eine technische Infrastruktur wie ISDN politisch verantwortet und befördert, ohne nach den langfristigen Wirkungen zu fragen und einen Gestaltungsauftrag für dieses universelle technische Großsystem wahrzunehmen. Die Gewerkschaften reihten sich in diesen Politikverzicht ein, indem sie den Gestaltungsauftrag für die Netze und damit für die Informationsgesellschaft von den Politikern gar nicht einforderten, sondern im Selbstverzicht sich rein auf die betriebliche Ebene der Gestaltung beschränkten[9].

Auch der SPD-Politiker Peter Glotz hat diese Tradition der Nicht-Politik in einer Rede vor dem Internationalen Metallarbeiter-Bund[10] fortgesetzt, indem er statt politisch-verantwortlicher Technikgestaltung zu fordern, den Gewerkschaften lediglich die gesamte Verantwortung zuschiebt und zur Anpassung an diesen „Sachzwang" der Technik rät: „Der *Tendenz zur Individualisierung* der Arbeit, der Arbeitszeit und des Arbeitnehmers im Beruf und Betrieb muß eine entsprechende Individualisierung der gewerkschaftlichen und auch der politischen Interessenvertretung gegenüberstehen" – innerhalb der starken Klammer der Organisation, versteht sich. Wie aber das bewerkstelligt werden soll, wenn die

Streitfähigkeit schwindet, beantwortet Glotz nicht.

Es kann in diesem Zusammenhang nicht oft genug betont werden, daß die *Reichweite* der heutigen *politischen* Entscheidungen die sozialen Wirkungen der fernen Endausbaustufe einer umfassenden Vernetzung berücksichtigen muß – unter Einbeziehung der Betroffenen natürlich! Andernfalls kratzt es höchstens ein wenig an der Oberfläche großtechnischer Systeme, ohne auch nur annähernd die *Tiefe* dieser komplexen Gesamtkonzeptionen angemessen zu durchschauen.

Man gewinnt aber den Eindruck, daß es den Politikern, was die sozialen Wirkungen angeht, fast vollständig an Kompetenz fehlt. Es erscheint einem so, als ob Blinde uns laut pfeifend auf den Modernisierungspfad in den stockdunklen Wald locken wollen. Oder täuscht dieser Eindruck? Locken uns Sehende, die uns nur im dunkeln lassen wollen? Wenn ich mir jedenfalls die sonstigen politischen Strategien der jetzigen Bundesregierung und ihrer politischen Mehrheit im Bundestag ansehe, so scheint mir das letztere der Fall zu sein. Die rechtspolitischen Strategien hin zu Flexibilisierung und Deregulierung fanden im sogenannten Beschäftigungsförderungsgesetz ihren vorläufigen Höhepunkt. „Ende des Normalarbeitsverhältnisses" oder „Aushöhlung des Arbeitnehmerstatus" lautet die nüchterne Diagnose.[11]

Aber „mußte" dies Werk nicht mit dem Weitblick auf die Informationsgesellschaft vollbracht werden, um durch eine Modernisierung der Rechtsordnung der Modernisierung der Volkswirtschaft via Bundespost den Weg zu ebnen, *bevor* die technische Entwicklung sie außer Kraft setzt. Es muß ein besonderes Anliegen sein, auf diese Verzahnung von sozialpolitischer Wende mit der geplanten technischen Entwicklung hinzuweisen.[12] Nur gab es dazu auf sozialdemokratischer wie gewerkschaftlicher Seite ein gespaltenes Bewußtsein: Modernisierung und damit „die" Technik ist gut, oder jedenfalls kein Problem – und Deregulierung ist schlecht. Der deutliche Zusammenhang war nicht gefragt. Auch insoweit weisen Lothar Späths Ziele, mit Hilfe der Informationsgesellschaft zur Deregulierung und schließlich – statt „formierter Gesellschaft" wie bei Ludwig Erhard – zur „Versöhnungsgesellschaft" vorzustoßen, mehr an Konsistenz auf als Peter Glotzens Erwägungen.[13] Sie haben damit die höhere Treffgenauigkeit für ihr zukünftiges Eintreffen für sich. Haben damit die Konservativen zwar nicht die „schönen Aussichten", aber immerhin die höhere Kompetenz auf ihrer Seite? Die Arbeitsrechtlerin Heide Pfarr sieht denn auch mit dem Blick auf die neuen Technologien schlicht und einfach eine „Flucht aus dem Arbeitsrecht".[14] Klar analysiert sie die betrieblichen Auswirkungen als „Auflösung des Sozialorts Betrieb" und zeigt, wie die einzelnen Faktoren betrieblicher und überbetrieblicher Vernetzung auf den Arbeits- und Lebensalltag wirken und die alte Schutzfunktion des Arbeitnehmerstatus immer mehr auflösen.

Zerstörung der Kommunikation am Arbeitsplatz

Gerade die *Kumulation* vieler einzelner Faktoren, die nicht allein technischer Natur sind, ist es, die das traditionelle Gefüge des Sozialstaates und damit den gewohnten Status des Arbeitnehmers beseitigt. Heide Pfarr schreibt unter der Überschrift „Zerstörung der Kommunikation": „Die neuen Techniken ermöglichen und werden auch zunehmend so eingesetzt, den Betrieb als sozialen Ort, an dem Menschen zusammenarbeiten, miteinander kommunizieren, sich aufeinander angewiesen sehen und sich als in gleicher Lage befindlich begreifen, weitgehend aufzulösen. Diese Auflösungstendenzen zeigen sich nicht nur in der Auslagerung von Tätigkeiten aus dem Betrieb in die Wohnungen der Beschäftigten. Auch der Abbau der Arbeitsplätze – mit der hohen Arbeitslosigkeit im Hintergrund – führt zur Individuation, zur Isolierung der einzelnen, auch noch unmittelbar im Betrieb Tätigen!"[15] Darüber hinaus stellt Heide Pfarr fest, wie gerade die neuen Technologien zusätzlich noch auf die Zerstörung der sozialen Kommunikation einwirken: „Die Quasi-Kommunikation zwischen Mensch und Maschine an Bildschirmarbeitsplätzen konzentriert und absorbiert die Aufmerksamkeit total; die zwischenmenschliche Kommunikation erstirbt oder findet vermittelt und entsprechend formalisiert und reduziert nur über die Maschine statt." Einen Befund, den die letzte große Rationalisierungs*umfrage* der IG Metall bestätigt, denn schon dort wurde von den Beschäftigten die zunehmende Isolierung – auf einem noch relativ niedrigen Stand der Technikeinführung – hervorgehoben. Die fortschreitende Flexibiliserung wie auch die Verweigerung von Vollarbeitsverhältnissen, die zu einer immer stärkeren Differenzierung in *Stamm-* und *Rand*belegschaften führen, erhöhen den Disziplinierungsdruck auf die Arbeitnehmer und reduzieren die Möglichkeiten zur gemeinsamen Gegenwehr. Nicht umsonst hat die IG Druck aus dieser Erkenntnis heraus eine langfristig angelegte Kampagne für das Normalarbeitsverhältnis gestartet.[16]

Als extremes Beispiel möchte ich jene oft zitierte Frau betrachten, die den ganzen Tag, vom Einkauf über die Kinderüberwachung und Essensherstellung bis hin zur Arbeit und Fernsehunterhaltung *nur* vor dem Bildschirm sitzt.[17] Zum einen zeigt es, welch Orwellscher Neusprache wir aufsitzen, wenn wir von „Kommunikations"-technologien sprechen, weil diese technisch-vermittelte Kommunikation die Verödung zwischenmenschlicher Kommunikation mit sich bringt. Zum anderen spannt es den Bogen von der Arbeit über den Haushalt bis hin zum Fernsehen, das ja gerade in seiner Bedeutung, die soziale Kontaktfähigkeit nicht zur Entwicklung kommen zu lassen, bzw. zu verhindern, in umfassenden Langzeitstudien belegt wurde.[18] Des weiteren findet es am sozialen Ort „Privatwohnung" statt, so daß über diese Art Arbeit Kriterien betriebswirtschaftlichen Kalküls in den privaten Bereich eindringen. Es war bisher der private Bereich, der gegenüber dem Bereich der Arbeit im Betrieb eine Rückzugsmöglichkeit bot, den ja gerade die Gewerkschaften durch die Arbeitszeitverkürzung erweitert haben möchten. Was heißt es für die Perspektive der Arbeitszeitverkürzung, wenn jetzt die Herrschaft des ökonomischen Kalküls immer mehr auch in das Privatleben eindringt und es dominiert?

Angesichts der Gefährdung zwischenmenschlicher Beziehungen warnt Barbara Mettler-Meibom in einem leidenschaftlichen Plädoyer: „Erst stirbt die Kommunikation, dann stirbt die Seele" und fordert eine „Kommunikationsökologie".[19] Der Jurist Wolfgang Däubler spricht von der „Gefahr elektronisch vermittelter Lebensformen". Er sieht einen rechtlichen Regelungsbedarf, soziale Zwänge zugunsten einer elektronisch vermittelten Kommunikation auszuschließen. Die Informationsgesellschaft muß ein *Angebot* bleiben, das man in Anspruch nehmen – auf das man aber auch verzichten – kann, ohne zu einer benachteiligten Randgruppe zu gehören, fordert Däubler.[20]

Es wäre gut, wenn die Politiker auch diesen verfassungsrechtlichen Ratschlag beherzigen würden und den hybriden

Netzausbau auf ein bedarfsorientiertes Maß zurückstutzen würden, bevor ein faktischer Anschlußzwang entsteht.[21]

Ich möchte die oben genannte Frau als *Beispiel* der ziemlich totalen menschlichen Isolierung mit Hilfe der Technik nicht verlassen, ohne Heiner Geißler zu zitieren, weil er deutlich macht, wieso er eine derartige Entwicklung für wünschenswert hält: „Wer zu Hause morgens fünf Stunden am Bildschirm arbeitet und nachmittags in der Sozialstation hilft, oder als Übungsleiter arbeitet, wer am Nachmittag Schalrelais zusammenbaut und am Vormittag seine Landwirtschaft betreibt, oder wer vormittags arbeitsteilig arbeitet und nachmittags seine Kinder erzieht, der entzieht sich dem angeblich alles dominierenden Konflikt zwischen Kapital und Arbeit, und solche Leute stehen für den Klassenkampf nicht mehr zur Verfügung!"[22] Neue Technik und Flexibilisierung als Konzept, die gewerkschaftliche Organisierung auszuhöhlen! Aber dieses Beispiel für Konzentrierung der Isolation, dieser *„bildschirmgesteuerte Mensch"* in Reinkultur liefert uns auch noch den Hinweis auf eine weitere Dimension – die gesellschaftspolitischer Art ist.

Hannah Arendt hat gerade in ihren Studien zum Ursprung totaler Herrschaft jenen Wechselkreis von menschlicher Isolierung, Massenpsychose und politischer Unterdrückung herausgestellt.[23] Ihre These, daß gerade totale Herrschaft der atomisierten und isolierten Individuen bedarf, gewinnt angesichts des „bildschirmgesteuerten Menschen" aktuelle gesellschaftspolitische Bedeutung als Gefahr für unsere Demokratie. Dabei war der alles begleitende *Datenschatten* an dieser Stelle noch gar nicht unser Problem. Wir werden weiter unten, beim zusätzlichen Faktor *Kontrolle,* darauf zurückkommen.

Auflösung der Mitbestimmung durch überbetriebliche Vernetzung

Wenden wir uns also nach dem Faktor menschlicher Isolation noch einmal der Frage nach der *sozialen Gestaltungsfähigkeit* – zumindest am *Beispiel* der *Mitbestimmung* zu. Es ist schon oft geschildert worden, wie die bisherigen Mitbestimmungsrechte zum Beispiel bei der Einführung von Btx in einer Bank oder einem Reisebüro leerlaufen, während durch die zunehmende elektronische Selbstbedienung massive Auswirkungen auf die Arbeit und damit die Arbeitsplätze vorhanden sind.[24] Aber generelle überbetriebliche Vernetzung löst den Bezugs- und Gestaltungsort Betrieb auf. Sämtliche bisherigen Mitbestimmungsregelungen werden durch diese Entwicklung unterlaufen. Die Gewerkschaften werden bei dem weiteren politischen Nichtstun aufgrund der Fortentwicklung des Netzbaus der Deutschen Bundespost eines Tages feststellen müssen, daß ihre Mitbestimmung „an Schwindsucht eingegangen" ist.[25] Einen Vorgeschmack auf diese Entwicklung kann derjenige erleben, der sich mit einem Unternehmer wie auch einem Betriebsrat eines Zweigbetriebes unterhält, das im „Just-in-time-Verfahren" Zulieferer zum Beispiel für ein großes Automobilwerk ist. Durch Zugriff des Automobilwerkes auf die Fertigungsplanung und -steuerung des Zulieferers über den erzwungenen Datenverband geht faktisch sämtliche unternehmerische Entscheidungsgewalt auf den Autokonzern über. Arbeitskräfteeinsatz, flexible Arbeitszeiten, Qualifikationsgrößen und Leistungsprofile werden entweder vom Herstellungsunternehmer direkt vorgegeben, oder indirekt über Zugriffsmöglichkeiten in die Fertigungsplanung und -steuerung beeinflußt. Mitzubestimmen hat dieser Betriebsrat schon deshalb nichts, weil „sein“ Unternehmer gar nichts mehr zu entscheiden hat. Beide *zusammen* würden am liebsten das Kabel durchschneiden, das ihnen diesen Arbeitstakt diktiert, aber sie tragen meistens diese neue Form der „Fron“, weil sie keine Alternative haben.[26] Immer mehr scheint unter diesen Bedingungen schon heute eine tatsächliche Mitbestimmungs*chance* allenfalls bei Großunternehmen zu bestehen. Aber auch hier bietet die Datenverarbeitung plus Vernetzung – wie bei Opel in Rüsselsheim zeigt [27] – Ansatzpunkte, um eine Mitbestimmung in der bisherigen Form so zentral zu torpedieren, daß allenfalls, bezüglich der Einflußmöglichkeiten, ein Torso übrigbleibt.

Durch Auslagerung der für die Unternehmensentscheidungen wichtigen Informationen fehlt dann auch solchen Betriebsräten immer mehr die Grundlage, ihre Mitbestimmung noch wirkungsvoll auszuüben. Zumal gerade im Angestelltenbereich, der hier herausgelöst wurde, die „Enteignung des Arbeitswissens“ und damit die Qualifikationsfrage zu den besonders schwierigen Herausforderungen an die soziale Gestaltung gehören.[28] Die IG Metall empfindet diese Möglichkeit, die Mitbestimmung auch in Großunternehmen durch Betriebsaufspaltung und Unternehmensteilung auszuhöhlen, für so bedrohlich, daß sie ihren Betriebsräten ein Papier mit Empfehlungen zur Gegenwehr herausgegeben hat.[29]

Es sieht also schon heute technikbedingt schlecht aus um die Mitbestimmung. Wie wird es erst sein, wenn die universelle Netzausstattung in jedem Haushalt vorhanden sein wird?

Herbert Kubicek hat sich hierzu am systematischsten Gedanken gemacht. Er schlägt ein dreistufiges Verfahren vor:

– soziale *Beherrschung* liegt vor, wenn die Arbeitnehmer den Technikeinsatz in ihrem Sinne gestalten können;

– soziale *Beherrschbarkeit* liegt vor, wenn soziale Gestaltung der Technik möglich erscheint, aber die erforderlichen Regelungen dazu fehlen (Regelungsdefizit);

– *nicht sozial beherrschbar* ist, was einer Technikgestaltung im Sinne der Arbeitnehmer unzugänglich erscheint.[30]

Sein Ergebnis ist, daß ein umfassender integrierter Netzausbau – wie zum Beispiel bei ISDN oder erst recht bei BIGFON – nicht mehr sozial beherrschbar ist, während ansonsten ein weitreichender Ausbau der Mitbestimmungsregelung erforderlich ist, um den alten Mitbestimmungsstandard angesichts der neuen Technik zu halten.[31] Es ist bedauerlich, daß inzwischen viel wertvolle Zeit verstrichen ist, ohne daß auf diesem gezielten konkreten Niveau die Diskussion um die Sozialverträglichkeit der Vernetzung fortgesetzt wurde, und weder die Vorschläge zur Technikgestaltung sorgfältig und fachkundig geprüft wurden, noch – zum mindesten! – die Regelungsdefizite wenigstens in Form von Gesetzentwürfen angenommen hätten. Dennoch – all diese Mängel dürfen keine Ausrede dafür liefern, auf der betrieblichen Ebene heute die Mitbestimmungs-, das heißt die Gestaltungsmöglichkeiten nicht durchzusetzen, die möglich sind.[32]

Gleichzeitig muß in diesem Zusammenhang noch einmal darauf hingewiesen werden, daß die traditionelle arbeitsrechtliche Rechtsdogmatik, die die Arbeitsorganisation im allgemeinen allein dem Direktionsrecht des Unternehmers unterwirft und damit aus der Mitbestimmungs*fähigkeit* ausschließt, nicht mehr aufrechterhalten werden kann. Sie muß neu durchdacht werden, denn die Arbeitsorganisation muß bei den Informations- und Kommunikationstechniken mitbestimmt werden.

Wenn die Politiker das „Prinzip Verantwortung", das sie jetzt so gerne im Munde führen, ernst nehmen würden, müßten sie (statt einen Regierungsbericht Fernmeldewesen oder ein Grünbuch der EG [33] vorzulegen) jene von Hans Jonas vorgeschlagene „Futurologie" in *Berichten* niederschlagen lassen, die uns die sozialen Fernwirkungen sehen läßt und uns heute zum politischen Handeln gegen die sozialen Risiken bewegt.

Verschwundene Tarifautonomie mangels Streikfähigkeit

Außer der Mitbestimmung ist für die *soziale Gestaltungsfähigkeit* der *Tarifvertrag* ein wesentliches Instrument und als Voraussetzung für seine Durchsetzung die *Streikfähigkeit.* Wie sieht es aber damit aus? Auf den ersten Blick gibt es zwei unterschiedliche, wenn nicht gegensätzliche Tendenzen. Betrachten wir die Druckindustrie, so konnte dort die IG Druck und Papier schon im letzten Arbeitskampf 1984 feststellen, daß durch die Computerisierung der betrieblichen Arbeit, verbunden mit den Übertragungsmöglichkeiten der Komunikationstechnologie, ein traditionell geführter Streik nicht mehr die Herstellung des Produktes verhindert. Das hat zur Diskussion über die Umstellung der Streiktaktik geführt. Die Arbeitnehmer müssen im Betrieb bleiben, um in Zukunft noch die Herstellung der Druckerzeugnisse verhindern zu können.[34] Ob und inwieweit dies bei universeller Vernetzung bis in jeden Haushalt gelingen kann, muß sehr bezweifelt werden. So muß wohl für die Industriebereiche, die mit Informationen handeln, die Streikfähigkeit auf längere Sicht verloren gehen.

Ganz Gegensätzliches hört man aus den Bereichen – wie zum Beispiel der Automobilindustrie –, wo „Just-in-time-Verfahren" die Störanfälligkeit der Produktion bei Ausfall relativ kleiner Bereiche – wie zum Beispiel von Zulieferern – die Streikfähigkeit erhöht haben. Die sogenannte „Minimax-Strategie" der IG Metall seit 1984 soll diesen technisch-bedingten Flaschenhals bei der Produktion geschickt genutzt haben. Die Novellierung des § 116 AFG – von den Gewerkschaften hart bekämpft – war die Antwort der Politik. Auch die Novellierung des § 116 AFG war wieder – wie schon das Beschäftigungsförderungsgesetz – eine *Modernisierung der Rechtsordnung* mit Blick auf die technisch sich entfaltende *„Informationsgesellschaft"!* Und wieder diese kognitive Dissonanz, dieses gespaltene Bewußtsein bei den Gewerkschaften: „Die Strategie der Modernisierung der Volkswirtschaft" kommt bei allem Kampf gegen die besonders finanziell belastenden Folgen der Änderung des § 116 AFG nicht in den Blick. Dies wird dann wiederum vor allem von Wissenschaftlern ausgesprochen,[35] während sie in den Gewerkschaften allenfalls am Rande zum Thema wird.[36] So bedauerlich es ist, daß dieses Fehlen des Bezuges zu einer Gesamtstrategie jede Kritik im einzelnen in der Tendenz zur punktuellen Hilflosigkeit verdammt, so hat in der Konsequenz doch die Änderung des § 116 AFG Arbeitskämpfe zu Hasardspielen mit unkalkulierbarem finanziellen Einsatz werden lassen.

Ich habe oben Zweifel anklingen lassen, ob die Technik durch die „Just-in-time-Verfahren" tatsächlich den Gewerkschaften jenen Machtzuwachs – jedenfalls auf Dauer! – bringen konnte. Zunächst sind Zweifel angebracht, ob zum Beispiel gerade jene Zweigbetriebe – wie oben einer geschildert wurde – in ländlichen Regionen mit hoher Arbeitslosigkeit *im allgemeinen* gerade *die* Streikmacht darstellen, um in langen Arbeitskämpfen für die Gesamtorganisation die Kastanien aus dem Feuer zu holen. Aber vor dem Hintergrund von

Massenarbeitslosigkeit, der Zunahme von Randbelegschaften, dem festgestellten Faktor einer Isolierung und Verschlechterung von Kommunikationsmöglichkeiten am Arbeitsplatz gibt es beträchtliche Streikerschwernisse.

Dazu kommen noch die Tendenzen in der Technikentwicklung selbst, die Streikerschwernisse darstellen und von denen ich zwei besonders prägnante herausgreifen will. Auf das erste Streikerschwernis hat Wolfgang Hindrichs auf einem wissenschaftlichen Kongreß des DGB hingewiesen: „Die Mikroelektronik verstärkt die *Zentralisation des Produktwissens* beim technischen Management: Die Arbeit des Meßwagenfahrers zum Beispiel wird immer mehr auf Grundfunktionen des Überwachens und Steuerns reduziert. Bayer experimentiert zum Beispiel gegenwärtig mit hierarchisch aufgebauten Rechnersystemen, die die gehobene Prozeßführung, wie das An- und Abfahren von Anlagen in der die Erprobung verfahrenstechnischer Alternativen erst an den Terminals der Betriebsleiter zulassen. Auf dieser Ebene sind die Steuerrezepturen und die Protokolle der Prozeßverläufe gespeichert und abrufbar. Die Zentralisierung der Kenntnis des Funktionierens der Anlagen auf Hierarchieebenen erschwert die Bestreikung, erleichtert aber den Streikbruch.“ [37] Der bildschirmgesteuerte Arbeitnehmer – also die Mehrheit der Arbeitnehmer und das wichtige Organisationspotential der Gewerkschaften verliert immer mehr den Einfluß auf die Produktion und damit auch die Fähigkeit, sie zum Stillstand zu bringen. In der Praxis hat das zur Folge, daß bei einem Streik diese neuen Technologien durch einige wenige Streikbrecher aus dem Management bedient und weitergefahren werden können.

Zu dieser Technikentwicklung als Streikerschwernis kommt noch ein zweiter Aspekt hinzu, der jetzt wieder gerade mit dem zunehmenden Netzausbau und der dadurch massiven Zunahme an Übertragungsmöglichkeiten zusammenhängt. Diese immer mehr sich erweiternden Möglichkeiten durch den geplanten Ausbau der Kommunikationstechniken schaffen den Unternehmen den Spielraum, die Arbeit während des Arbeitskampfes dadurch fortzusetzen, daß sie eine durch Streik beeinträchtigte oder bedrohte Produktion an einer ganz anderen Stelle fortsetzen, die nicht durch Arbeitskampf bedroht ist.[38] Diese Möglichkeit der *Produktions-* bzw. *Managementfunktionenauslagerung* an x-beliebige Orte wird bei universellem Netzausbau so weit zunehmen, daß über „Just-in-time-Verfahren“ nie mehr gewerkschaftlicher Druck auf die Konzernzentralen, sondern allenfalls umgekehrt ausgeübt werden kann – so jedenfalls meine These.

Nehme ich aber jetzt diese beiden Trends in der Technikentwicklung zusammen – die *Zentralisierung des Produktionswissens* und damit die Bestimmung einiger weniger über die Produktion mit der fast *universellen Möglichkeit der Produktionsverlagerung* in der Endausbaustufe der Netze –, dann sehe ich auch die Streikfähigkeit der Gewerkschaften massiv schwinden.

Je weiter der Netzausbau voranschreitet, um so mehr geht eine relativ autonome soziale Gestaltungsfähigkeit der Gewerkschaften, sowohl auf der Mitbestimmungs- als auch auf der Tarifvertragsebene, verloren.

Abgründe an Regelungsdefiziten und Gestaltungsmängeln tun sich auf, die die Politiker weitgehend verdrängen, ohne an die massiven Legitimationsverluste von morgen zu denken, wenn dieser Politikverzicht bei weiterer Durchsetzung der Technik immer mehr ans Licht der Öffentlichkeit drängt. Kein Wunder aber auch, wenn sich die Gewerkschaften angesichts so massiver Bedrohung durch den technischen Wandel auf ihre grundlegenden Ideale zurückbesinnen – Freiheit, Gleichheit und Solidarität. Aber gleichzeitig müssen sie selbstkritisch feststellen, daß sie diese alten Ideale erst wieder für sich gewinnen und mit neu- und vorwärtsweisenden Inhalten füllen müssen.[39] Gleichzeitig warnen jetzt auch Wissenschaftler, die bisher eher zum Lager der Technikbejaher gezählt wurden, vor einem unkritischen Technikverständnis. Und dieser Hinweis wird mit einem wohlmeinenden Ratschlag verbunden: Die Gewerkschaften wären gut beraten, sich nicht in den „technologisch-technokratischen Konsens" – ergo: zur Modernisierung der Volkswirtschaft einbinden zu lassen.[40]

Ausufernde Kontrollmöglichkeiten beim geplanten Netzausbau

Last but no least kommen wir zu dem Aspekt der *Kontrolle,* der bei der Kumulierung der verschiedenen Faktoren auf dem Weg in die sogenannte „Informationsgesellschaft" eine sehr entscheidende Rolle spielt und bei der Abwägung, für welche Dichte des Netzausbaus man sich letztendlich entscheiden will, ein nicht unmaßgebliches Gewicht für einen möglichst reduzierten Vernetzungsgrad haben sollte. Joseph Weizenbaum meinte auf einer Wiesbadener Tagung mit dem Titel „Informationsgesellschaft *oder* Überwachungsstaat" lakonisch, daß dies gar keine Alternative sei, wie es das „oder" suggeriere; wer die Informationsgesellschaft plane, führe – aufgrund der Eigenschaften der Computertechnik – den Überwachungsstaat mit ein.[41] Angesichts dieser Warnung eines herausragenden Fachmannes müßte man erwarten können, daß die Politiker einen Wettlauf zur Sicherung der Freiheitsrechte der Bürger antreten, um ihre ökonomische Strategie der „Modernisierung der Volkswirtschaft" vor dem Ruf der Verfassungswidrigkeit zu schützen[42] und nicht unnötig Skepsis gegenüber der Durchsetzung dieses technischen Systems bei den Bürgern zu schüren.

Weit gefehlt, auch hier wird eine „Modernisierung der Rechtsordnung" herbeigeführt, die die Nutzung der Techniken für die umfassende Überwachung erst möglich macht: Maschinenlesbarer Personalausweis und Sicherheitsgesetze liefern das rechtliche Instrumentarium, um die geplante Informationsgesellschaft zum lückenlosen Überwachungsstaat ausbauen zu können.[43]

Aber die Politiker verhalten sich auch sonst sehr nachlässig gegenüber der Gewährleistung der Freiheitsrechte. So berührt die Vernetzungstechnik der Deutschen Bundespost – wie zum Beispiel ISDN – eindeutig das „Grundrecht auf informationelle Selbstbestimmung". Eingriffe in Grundrechte dürfen aber nur vom Gesetzgeber – also dem Parlament selbst – vorgenommen werden, das heißt die Entscheidungen über die Einführung von ISDN müßte von unseren Bundestagsabgeordneten selbst wahrgenommen werden; bis heute werden sie jedoch in dem dafür nach unserer Verfassung nicht legitimierten Gremium des Postverwaltungsrates getroffen. Oft ist schon auf diesen verfassungswidrigen Zustand aufmerksam gemacht worden.

Wenn man diese parlamentarische Kontrolle der Deutschen Bundespost will, kann man nur für die öffentlich-rechtliche Form der Bundespost eintreten.[45] Aber wir wollen die Privatisierung verhindern, weil wir auch Ansprüche an einen bedarfsgerechten und bürgerfreundlichen Ausbau der Telekommunikation haben. Der

Kampf allein um die *Form* reicht nicht aus, wenn nicht auch die *Inhalte* stimmen.

Und bei den Inhalten liegt noch einiges im argen. Unter der Überschrift „Läßt sich der elektronische Spitzelstaat noch verhindern?" wurden in dem Zentralorgan der IG Druck und Papier die *Möglichkeiten* dargestellt, wie von seiten der Elektronikkonzerne, die die Programme der Computer warten, wie auch von seiten des Staates vor allem durch seinen Sicherheitsapparat eine allumfassende und bis weit in die Privatsphäre dringend Kontrollmöglichkeit aufgebaut wird. Unter Anspielung auf die Durchsetzung der Sicherheitsgesetze und den maschinenlesbaren Personalausweis wurde dort ausgeführt: „Das Telefonnetz der Post wird – durch Digitalisierung und ISDN – zum Schleppnetz für diejenigen umgerüstet, die schon immer im Trüben fischen wollten!"

Klar wird auch ausgedrückt, daß die Sicherheitsgesetze eine vorweggenommene Modernisierung der Rechtsordnung zur „Anpassung" an ISDN ist. Ich zitiere: „Der wahre Grund, weshalb der ‚Schleppnetzparagraph' nicht bloß für Kontrollen mit dem künftigen *computerlesbaren* Personalausweis, sondern für alle möglichen anderen Schleppnetze gelten soll, dürfte der geplante ISDN-Aufbau sein. *Jetzt* so scheint es, kann er noch unverfänglich ins Gesetzbuch gerückt werden, weil die Öffentlichkeit kaum die Ungeheuerlichkeit ahnt, wie das Telefonnetz zum Schleppnetz umgebaut wird. Die Insider wissen das sehr wohl, die Konzernvertreter geben in den Werbeveranstaltungen für ihre ISDN-Anlagen die programmierte Abhörmöglichkeit ganz offen zu. Die Zulassungsstelle der Post weiß das auch und hat, vielleicht weil ihr die Hände gebunden erscheinen, die Zulassung erteilt." [46]

Angesichts dieses enormen Kontrollpotentials kommt man nicht von ungefähr zu einer Bedrohung der Demokratie.[47] Einer der ersten umfassenden Berichte, im Rahmen einer Fernsehserie hatte voraussehend den Titel „Die heimliche Machtergreifung".[48] Vor allem gespenstisch *heimlich;* das gilt bis heute noch! Kein Wunder auch, daß man mit Blick auf das Grundrecht auf informationelle Selbstbestimmung zu dem Ergebnis kommt, daß unser Telefonnetz verfassungswidrig wird.[49] Nur: Wer wird uns *faktisch* zu diesem Grundrecht noch verhelfen können, wenn die ISDN-Technik allgemein realisiert ist?

Es muß noch einmal betont werden, daß hier von den *Möglichkeiten* einer universellen Großtechnik gesprochen wird, und nicht davon, was rechtlich erlaubt ist. Nur: Wird das Recht nicht zur stumpfen Waffe? Kann es diese gesamten Kontrollrisiken verhindern? Datenschutz nur noch als „symbolic use of politics", um die Öffentlichkeit zu beruhigen, während die praktische Ausübung einer umfassenden Kontrolle gar nicht verhindert werden kann – einfach weil die Großtechnik es faktisch unmöglich macht? [50]

[1] Vgl. z. B. *Büchtemann, Ch. F.,* Die Mitbestimmung 1987, S. 585 ff., sowie die weiteren Beiträge in diesem Heft; *Bieback, K.-J.,* DuR 1987, S. 255 ff.; *Meyer, U./Paasch, U.,* WSI-Mitteilungen 10/1987, S. 581 ff.; sowie allgemein: *Oppolzer, A./Wegener, H./Zachert, U.* (Hrsg.): „Flexibilisierung – Deregulierung", Arbeitspolitik in der Wende. Hamburg 1986; *Kröger, H.-J./Pohl, G.* (Hrsg.): Ellbogengesellschaft. Hamburg 1986; zum Wechselverhältnis Verrechtlichung – Entrechtlichung auch *Bahl, V.,* WSI-Mitteilungen 1981, S. 414 ff. – [2] Vgl. dazu *Bahl, V.,* HFF 12/1985, S. 13 ff.; *Späth, L.:* Wende in die Zukunft. Reinbek 1985. S. 217 ff. – [3] *Genscher, H.-D.,* FR-Dokumentation vom 4. Mai 1985; siehe auch *Kubicek, H.:* Die sogenannte Informationsgesellschaft. In: E. Altvater/M. Baethge u. a.: Arbeit 2000. Hamburg 1985. S. 76 ff., insb. S. 81 ff. – [4] Vgl. *Henss-Sperl, E.:* Text zur Anhörung im rheinland-pfälzischen Landtag zum Bildschirmtext-Staatsvertrag am 22. November 1983, insb. S. 3, unter Bezug auf die Mannheimer Leitsätze zur „Neuen Mütterlichkeit" der CDA; allgemein: *Mettler-Meibom, B.* in: Ein neues Technologiezeitalter – eine Zer-

reißprobe für Frauen und Familien? Tagungsbericht der Arbeitsgemeinschaft für Hauswirtschaft. Bonn 1987. S. 36 ff.; *Vogelheim, E.:* Frauen und Gewerkschaften – Mehr als nur ein organisationspolitisches Potential. In: W. Fiedler/R. Hoffmann/K. Kost (Hrsg.): Gewerkschaften auf neuen Wegen. Marburg 1987. S. 96 ff.; *Buchholz-Will, W.:* Frauen zurück an den Herd? In: H.-J. Kröger/G. Pohl (Hrsg.) (Anm. 1), S. 79 ff. – [5] Vgl. *Bahl, V.:* Legt die Verkabelung den Gewerkschaften die Schlinge um den Hals? In: H. Kohl/B. Schütt (Hrsg.): Neue Technologien und Arbeitswelt. Köln 1984. S. 53 ff. – [6] Empfehlung der Gesellschaft für Informatik: Informatik-Spektrum 1987, S. 205 – 214. – [7] Vgl. die Aufsätze von *Glienke, P./ Gabbe, H./Jung, D.* in: Th. Klebe/S. Roth (Hrsg.): Informationen ohne Grenzen. Hamburg 1987. S. 73 ff. 83 ff. und 144 ff.; siehe auch *Gabbe, H.* in: H. Schauer (Hrsg.): Prima Klima. Hamburg 1987. S. 69 ff. – [8] Vgl. *Bahl, V.* in: Neue Medien – Angriff auf Kopf und Konto und Arbeitsplatz des Arbeitnehmers – Medientag 1982 des DGB in Rheinland-Pfalz. Mainz 1983. S. 43; *Reuter, E.*, FR-Dokumentation vom 1. Oktober 1981. – [9] Vgl. Technologiepolitische Konferenz des DGB 1985: *Bleicher, S.* (Hrsg.): Technik für den Menschen – Soziale Gestaltung des technischen Wandels – Eine Dokumentation. Köln 1987. – [10] *Glotz, P.*, FR-Dokumentation vom 18. August 1986. – [11] *Herschel, W.*, AuR 1985, S. 265 f.; *Mückenberger, U.*, FR-Dokumentation vom 16. Januar 1985. – [12] Vgl. z. B. *Bahl, V.:* Bildschirmtext als „Einstiegsdroge" in die telematische oder auch Informationsgesellschaft – Text zur Anhörung zur Ratifizierung des Bildschirmtextstaatsvertrages am 22. November 1983 im rheinland-pfälzischen Landtag zu Mainz. S. 9 f. – [13] Vgl. *Walther, R.*, Leviathan, 1987, S. 446 ff. – [14] *Pfarr, H.*, FR-Dokumentation vom 13./14. Juni 1986. – [15] Zur elektronischen Heimarbeit vgl. neuerdings auch *Vorjans, B.:* Teleheimarbeit, Möglichkeiten – Probleme – Perspektiven. Frankfurt 1987; *Wedde, P.:* Telearbeit und Arbeitsrecht. Köln 1986; *Karpf, H.:* Heimarbeit und Gewerkschaft. Köln 1980. – [16] Zur Vorstellung der auf zwei Jahre geplanten Kampagne der IG Druck und Papier „Druck + Papier" (Zentralorgan der IG Druck) 20/1987, S. 6 ff. – [17] Vgl. *Bahl, V.:* Technologieentwicklung und neue Heimarbeit – Erosion der Organisierbarkeit von Arbeitnehmerinteressen? (Ms.) Mainz 1985. S. 12. – [18] Vgl. die Vorstellung einer sorgfältigen kanadischen Langzeitstudie zwischen den Dörfern „Notel" (Kein Fernsehen), „Unitel" (ein Fernsehprogramm) und „Multitel" (mehrere Fernsehprogramme) in: Die Zeit vom 13. November 1987 durch K. Böhme-Dürr. – [19] *Mettler-Meibom, B.*, Technische Rundschau 47/1986, S. 10 ff.; dies.: Soziale Kosten der Informationsgesellschaft. Frankfurt 1987; dies.: Breitbandtechnologie. Wiesbaden 1986. – [20] *Däubler, W.* in: S. Bleicher (Hrsg.): (Anm. 9), S. 199 ff., insb. S. 209; ders.: ZRP 1986, S. 42 ff.; ders.: Die neue Gesellschaft. Frankfurter Hefte, Heft 3/1986, S. 256 ff. – [21] Vgl. *Bahl, V.* (Anm. 12) sowie ders.: Technologieentwicklung und neue Heimarbeit (Ms.), 1985. – [22] H. Geißler auf dem CDU-Parteitag im Mai 1984 in Stuttgart, zit. nach *Buchholz-Will, W.:* Frauen zurück an den Herd? In: H.-J. Kröger/G. Pohl (Hrsg.) (Anm. 1), S. 79 – [23] *Arendt, H.:* Elemente und Ursprünge totaler Herrschaft. Frankfurt 1975; s. hierzu auch *Bahl, V.:* Technologieschutz der Arbeitnehmer bei „Neuen Medien". In: „Arbeit und Technik". Bremen 1983. S. 297 ff., insb. S. 302 f. – [24] *Bahl, V.* (Anm. 12), S. 5; allgemein zu Bildschirmtext: *Emanlauer-Blömers, E.:* Vernetzung am Beispiel von Bildschirmtext. Hrsgg. v. d. Pädagogischen Arbeitsstelle des Deutschen Volkshochschulverbandes. Frankfurt 1987. – [25] *Andersch, H.:* Rede auf dem Hambacher Schloß am 4. Oktober 1987 „40 Jahre Verfassung in Rheinland-Pfalz". – [26] Vgl. dazu *Klebe, Th./Roth, S.* (Hrsg.) (Anm. 7), S. 77 f., insb. S. 28 ff. – [27] *Schumann, M.:* EDS – Juristische Auseinandersetzung um die Auslagerung der Datenverarbeitung bei der Opel AG. In: Th. Klebe/S. Roth (Anm. 7), S. 187 ff. – [28] Siehe hierzu *Steinmüller, W.:* Die zweite industrielle Revolution hat eben begonnen. Kursbuch 66 (1981), S. 152 ff.; sowie juristisch: *Pfarr, H.* (Anm. 14); Bestritten wird die Bedeutung dieser „Enteignung des Arbeitswissens" von E. Fehrmann, siehe ders.: „Technologiepolitik im Arbeitnehmerinteresse. In: U. Briefs/E. Fehrmann/R. Hickel u. a.: Technologische Arbeitslosigkeit. Hamburg 1984. S. 28 ff., insb. S. 35. –[29] Vgl. Handelsblatt vom 13./14. November 1987, S. 6. – [30] *Kubicek, H.*, Die Mitbestimmung 1/1985, S. 4 ff. – [31] Vgl. auch *Bekker-Töpfer, E.*, DBW 47 (1987). – [32] Vgl. dazu A. Bahl-Benker, E. Becker-Töpfer und N. Schreiner auf dem Medientag 1986 des DGB-Landesbezirks Rheinland-Pfalz (Mainz 1987). – [33] Neuordnung der Telekommunikation – Bericht der Regierungskommission Fernmeldewesen. Heidelberg 1987; sowie: Kommission der Europäischen Gemeinschaft: Grünbuch über die Entwicklung des Gem. Marktes für Telekommunikationdienstleistungen und Telekommunikationsgeräte (Kom [87] 290 endg. – Brüssel, 30. Juni 1987). – [34] Vgl. z. B. *Wolter, H.* in: S. Bleicher (Hrsg.) (Anm. 9), S. 215 ff., insb. S. 219. – [35] Ausführlich dazu *Hindrichs, W.:* Zunehmende Erschwerung der gewerkschaftlichen Streikfähigkeit aus sozialwissenschaftlicher Sicht. In: G. Muhr (Hrsg.): Streikrecht, Demokratie und Sozialstaat. Köln 1987. S. 57 ff.; *Plander, H.*, Der Betrieb, Beilage Nr. 13/1987 zu Heft Nr. 25 vom 19. Juni 1987 und zu dieser These dort insb. S. 7. – [36] Vgl. *Klebe/Roth,* in: Handelsblatt vom 17. März 1986; dies. in: W. Apitzsch/Th. Klebe/M. Schumann (Hrsg.): § 116 AFG – Kampf um das Streikrecht. Hamburg 1986. S. 27 ff. – [37] *Hindrichs, W.* (Anm. 35). – [38] Vgl. dazu *Klebe/Roth* (Anm. 7) sowie *Hindrichs, W.* (Anm. 35). – [39] G. Fehrenbach, stellvertretender DGB-Bundesvorsitzender, auf der 5. Bildungspolitischen Konferenz des DGB in Köln, zit. nach Frankfurter Rundschau vom 20. November 1987. – [40] M. Baethge ebenda. – [41] *Weizenbaum, J.* in: Hess. Landesregierung, Protokoll der Tagung „Informationsgesellschaft oder Überwachungsstaat" im Hessischen Landtag vom 3. bis 5. September 1984, S. 17 ff. – [42] Vgl. dazu allgemein *Roßnagel, A.*, RuP 1987, S. 4 ff. – [43] *Seifert, J., KJ* 1986, S. 42 ff., siehe auch: *Kutscha/Weßlau,* DuR, 1/1986, S. 3 ff. – [44] Z. B. *Kubicek, H.*, FR-Dokumentation vom 8./9. Oktober 1986. – [45] Zu den Privatisierungsvorschlägen vgl. den Regierungsbericht Fernmeldewesen und das Grünbuch der EG (Anm. 33). – [46] Siehe „Läßt sich der elektronische Schnüffelstaat noch verhindern? Post und Industrie bauen das Telefongeheimnis ab". Druck + Papier, Heft 9/1986, S. 30 f.; siehe hierzu auch *Becker, A.*, HFF, Heft 5/1986, insb. S. 11 ff. – [47] Siehe *Hofmann, W.*, in: Die Zeit vom 30. Oktober 1987; *Berger/Kühn/Kubicek/Mettler-Meibom/Voogd:* Optionen der Telekommunikation. Düsseldorf 1988. – [48] *Prokop, D.:* Heimliche Machtergreifung. Frankfurt 1984. – [49] *Lütge, G.* in: Die Zeit vom 7. November 1986. – [50] *Wolf, R.*, KJ 1986, S. 241 ff. und Leviathan 1987, S. 357 ff.

Die Informatisierung des Gesundheitswesens

Volker Hammer / Alexander Roßnagel, Darmstadt

Computer bei der Polizei, Roboter in der Fabrik, Rechnernetze in der Verwaltung erregen öffentliche Sorge um Grundrechte und Demokratie. Die Informatisierung der Gesundheitsversorgung wird dagegen kaum kritisch registriert. Soweit sie zur Kenntnis genommen wird, beeindrucken die Erfolge der medizinischen Technik. Sollte die künftige Erfassung und Verarbeitung von Informationen gerade in einem so sensiblen Bereich wie der Gesundheitsversorgung tatsächlich ohne Nachteile für die Grundrechte der Betroffenen bleiben? Können mögliche negative Veränderungen durch positive Wirkungen ausgeglichen oder übertroffen werden? Der folgende Beitrag versucht, eine Bilanz der grundrechtsrelevanten Auswirkungen zu ziehen und Ansatzpunkte für eine verfassungsverträgliche Technikgestaltung zu finden.

Die Grundrechtsrelevanz künftiger Informatisierung

Die Informatisierung der Gesundheitsversorgung, die zunehmende Nutzung moderner Informations- und Kommunikationstechniken (IuK-Techniken), ist in vollem Gange. Erste Schritte wurden bereits eingeleitet, wichtige Rahmendaten schon gesetzt. Welche Auswirkungen werden die Verarbeitung und der Austausch von Gesundheitsinformationen für das Grundrecht auf informationelle Selbstbestimmung haben, das jedem die Befugnis gewährleistet, „grundsätzlich selbst über die Preisgabe und Verwendung seiner persönlichen Daten zu bestimmen"? Könnte dadurch jemand in seiner „Freiheit gehemmt werden, aus eigener Selbstbestimmung zu planen und zu entscheiden"?[1] Wird die Informationstechnik die Bedingungen der im Gesundheitsbereich beruflich Tätigen verändern, ihren Beruf frei auszuüben? Wie wird die Freiheit medizinischer Forschung beeinflußt?

Von besonderer Bedeutung wird jedoch sein, wie sich die Informatisierung auf das Grundrecht auf Gesundheit auswirkt. Dieses ist zwar im Grundgesetz nicht ausdrücklich erwähnt, ergibt sich aber aus der Garantenstellung des sozialen Rechtsstaats, die materiellen Voraussetzungen für die Verwirklichung von Freiheitsrechten zu gewährleisten. Das Grundrecht auf Gesundheitsversorgung ist wegen seiner Abhängigkeit von materiellen Ressourcen allerdings nicht direkt einklagbar. Um es in der Praxis umzusetzen, bedarf es vielmehr erst der Operationalisierung durch weitere staatliche Aktivitäten. Dieses Grundrecht ist ein verpflichtender Orientierungsrahmen für alle staatlichen Organe und ein verfassungsrechtlicher Bewertungsmaßstab für die künftige Entwicklung des Gesundheitswesens.[2]

Wegen der Wechselwirkungen zwischen Grundrechten und objektiven Strukturprinzipien ist aber auch zu fragen, welche Auswirkungen die Informatisierung auf die Volksgesundheit und die Funktionsfähigkeit des Gesundheitswesens haben wird. Welche Grundstrukturen des Gesundheitswesens könnten verändert werden, welche Machtzuwächse und Einflußverluste könnten sich ergeben, welche Steuerungsgewinne und Abhängigkeiten könnten entstehen? Welche Grundlagen des Demokratieprinzips oder vom Rechtsstaats- und Sozialstaatsprinzip angestrebte Machtgleichgewichte, Einflußmöglichkeiten und Schutzvorkehrungen werden dadurch berührt?

Um Antworten auf diese Fragen suchen zu können, ist es notwendig, sich eine Vorstellung davon zu verschaffen, wie die Informations- und Kommunikationstechniken künftig in der Gesundheitsversorgung genutzt werden dürften. Wie aber soll dies jemand wissen? Die Zukunft kann niemand kennen. Andererseits aber schaffen heutige Entscheidungen die Sachzwänge von morgen. Sowohl die Entscheidungen für einzelne Informatisierungsschritte als auch Vorsorgemaßnahmen gegen gesellschaftliche Risiken benötigen ein Bild der Zukunft. Es kann nur dadurch gewonnen werden, daß das, was heute über die Bedingungen künftiger Entwicklungen bekannt ist, zusammengetragen und je nach Erkenntnisinteresse ausgewertet wird. Um insbesondere Risiken und Handlungsnotwendigkeiten erkennen zu können, versuchen wir in einem Gedankenexperiment, die Zukunft unter der Annahme zu beschreiben, daß sie von der Struktur und Durchsetzungsfähigkeit der jeweils beteiligten Interessen bestimmt wird und keine bewußte und mächtige Gegensteuerung erfolgt.

Eine Prognose, die unter diesen Bedingungen steht, kann und will keine Prophezeiung sein. Ihr Ziel ist vielmehr eine kritische Überprüfung von Zukunftswünschen. Das Eintreten möglicher negativer Wirkungen soll durch ihre rechtzeitige Darstellung verhindert werden. Sie will sich gerade dadurch irren, daß sie Breschen ins Bewußtsein aller heute Entscheidenden schlägt, die Konterstrategien ermöglichen. Sie lebt von der Hoffnung, eine „selfdestroying prophecy" zu sein.

Wir stellen daher zuerst einige Randbedingungen und Trends vor, die für die künftige Informatisierung wegweisend sind, beschreiben dann diese selbst, versuchen die wichtigsten Veränderungen für die Ausübung von Grundrechten darzustellen und erörtern schließlich einige Ansatzpunkte für eine grundrechtsfreundlichere Gestaltung des sozio-technischen Systems Gesundheitsversorgung.

Die Randbedingungen

Die Zunahme von Zivilisationskrankheiten, von psychosozialen Erkrankungen und von neuen Krankheiten wie AIDS wird zu weiteren Kostensteigerungen im Gesundheitswesen führen. Steigende Kosten verursachen auch die Konkurrenz einer zunehmenden Zahl von Ärzten, den Einsatz teurer Spezialgeräte und Preissteigerungen pharmazeutischer Produkte. Die relative Zunahme der Älteren führt zu einem höheren Bedarf an Gesundheitsdienstleistungen und gleichzeitig zu einem geringeren Anteil von Erwerbstätigen, die die Finanzierung des Gesundheitswesens sichern können. Nachdem bereits heute der Bedarf an Gesundheitsdienstleistungen den Rahmen des Finanzierbaren gesprengt hat, werden die unter künftig verschärften Restriktionen anstehenden Verteilungskämpfe um das knapper werdende Gut Gesundheitsversorgung einen starken

Druck zur Rationalisierung, Prävention und Individualisierung der Risiken ausüben.

Zur Bewältigung der Finanzierungsprobleme werden zwar immer wieder Strategien zur „Privatisierung" und „Verbetrieblichung" der Leistungsbeziehungen vorgeschlagen. Da die Struktur des Gesundheitswesens durch mächtige Verbände geprägt und verfestigt und durch staatliche und professionelle Standards stark reguliert ist, haben diese Vorschläge zur „Deregulierung" allerdings wenig Durchsetzungschancen. Sie werden jedoch einen ständigen Druck ausüben, die Gesundheitsversorgung zu „ökonomisieren" und Rationalisierungspotentiale auszunutzen. Staat, Verbände und Kassen werden daher versuchen, den Preisanstieg mit Mitteln der Leistungs- und Preisbegrenzung und der Kontrolle der Leistungserbringung zu dämpfen. Sowohl Kontrolle als auch Ökonomisierung von Leistungsbeziehungen im Gesundheitswesen korrespondieren mit der Informatisierung von Gesundheitsdienstleistungen. Beide setzen effiziente Möglichkeiten der Erfassung, Verarbeitung und Weiterleitung von Informationen über Leistungs- und Finanzierungsströme voraus.[3]

Die „Transparenzprojekte" der gesetzlichen Krankenkassen[4] und die „Gesundheitsreform" haben hierzu den Weg gewiesen. Um „Überversorgung, Verschwendung und Mißbrauch abbauen, um Unterversorgung und Mangel beseitigen zu können",[5] will das Reformgesetz neben kostenbegrenzenden Maßnahmen wie Festbeträgen für Medikamente vor allem die Kostentransparenz in der gesetzlichen Krankenversicherung erhöhen. Es soll die Kassen „auf die Höhe der Informatikgesellschaft bringen".[6] Zu diesem Zweck werden die Krankenkassen in wesentlich stärkerem Umfang als heute Daten von Versicherten und auch von Krankenhäusern, Ärzten, Zahnärzten, Apothekern und sonstigen Leistungserbringern automatisch speichern und auswerten. Zu diesem Zweck müssen die Leistungserbringer oder ihre Vereinigungen die Abrechnungsunterlagen den Kassen in maschinenlesbarer Form übermitteln. Diese werden in arzt- und versichertenbeziehbare Sammlungen zusammengefaßt und bleiben zur Durchführung von Wirtschaftlichkeitsprüfungen zwei Jahre gespeichert. Außerdem werden alle Leistungen der Kassen und deren Anspruchsvoraussetzungen zehn Jahre lang in einem automatisierten Versichertenverzeichnis gespeichert. Für Forschungszwecke dürfen die Kassen die Daten sogar über die Löschungsfristen hinaus anonymisiert auswerten und speichern.[7] Die Daten stehen den Kassen schon heute in Form von Krankenscheinen oder Rezepten zur Verfügung, können aber bisher nicht automatisiert verarbeitet werden. Dies soll die Informations- und Kommunikationstechnik verändern: „Sie sollen nicht im Keller vermodern."[8]

In das Gesundheitsreformgesetz wurden „in letzter Minute" auch einige Datenschutzforderungen aufgenommen: So dürfen etwa „Krankheitsprofile" nur erstellt werden, soweit sie zur Überprüfung von Ärzten erforderlich sind. Ab 1992 wird die Verknüpfung von Informationen aus verschiedenen Zweigen der Sozialversicherung schwieriger werden, weil dann die Rentenversicherungsnummer nicht mehr als Krankenversicherungsnummer verwendet werden darf. Wie so viele andere Änderungen in diesem Gesetzgebungsverfahren sind auch diese nicht besserer Einsicht, sondern äußerem Druck geschuldet. Sie sind wichtige „Notbremsen" für den Datenschutz, signalisieren aber keine Trendwende. Denn die Gründe, die für eine elektronische Erfassung und Auswertung von Versichertendaten bisher angeführt wurden, werden künftig nicht entfallen, sondern drängender. Vom Gesundheitsreformgesetz gehen vielmehr Impulse zur Informatisierung des Gesundheitswesens aus, die erst zu späteren Zeitpunkten ihren vollen Anpassungsdruck auf die Rechtsordnung entfalten werden. Diesem wollen wir nachgehen und daher – trotz des kleinen Erfolgs für den Datenschutz – die Logik der Ökonomisierung, Prävention und Informatisierung im Gesundheitswesen weiterverfolgen.

Vorbeugen ist besser als heilen. Der allgemeine Trend, individuelle und gesellschaftliche Risiken durch präventive Maßnahmen in den Griff zu bekommen, wird auch im Gesundheitswesen besondere Relevanz für dessen Informatisierung erlangen. Prävention erfordert zuallererst Informationen. Prävention muß zur Erfassung von Risiken und zur Kontrolle des Präventionsverhaltens auf Transparenz im Verhalten des einzelnen und in den gesellschaftlichen Beziehungen und Verhältnissen zielen.[9] Dies ist ohne Informations- und Kommunikationstechnik nicht zu erreichen.

Außer Informationen benötigt Prävention die Fähigkeit, die krankheitsverursachenden Zustände zu verändern. Dieser Machtbezug beeinflußt auch den Handlungsbereich der Prävention. Idealtypisch kann zwischen primärer Verhältnis-Prävention, die versucht, die sozialen Grundlagen von Risiken zu beeinflussen, und sekundärer Verhaltens-Prävention unterschieden werden, die sich auf den subjektbezogenen Anteil der Problementstehung richtet. Während primäre Prävention anstrebt, durch institutionelle Veränderungen die Lebenschancen der Menschen zu verbessern, zielt sekundäre Prävention eher auf eine Anpassung der Individuen an institutionelle Zwänge. Unter Problem- und Krisendruck tendiert machtgestützte Prävention zu einer subjektbezogenen Strategie. Denn eine auf institutionelle Änderungen zielende Vorsorge berührt zum einen bestehende Vorteile und erhöht dadurch kurzfristig den Problemdruck. Zum anderen schafft ihre nur längerfristige Wirksamkeit keine aktuelle Problementlastung. Sekundäre Prävention verlagert dagegen das Problem ins Subjektive, lenkt dadurch von gegebenen Machtstrukturen ab und kann mit schneller eintretenden Erfolgen rechnen. Dieser Vorteil wird allerdings damit bezahlt, daß die Aussparung der sozialen Risikogründe oft nur zu einer Problemverschiebung führt. Ohne institutionelle Änderungen kann sekundäre Prävention nicht auf Dauer wirksam sein. Sie ist auf die Bereitschaft der Betroffenen angewiesen, sich anzupassen, und muß ständig versuchen, diese zu gewährleisten.[10] Sekundäre Prävention tendiert daher zur individuellen Verhaltenssteuerung. Präventiv zu verhindernde Fehlentwicklungen werden individuellem Verhalten zugeschrieben. Aus dem Blick sekundärer Prävention wird daher leicht der Mensch zum Risiko. Ihn zu kontrollieren und zu beeinflussen, hält die Informations- und Kommunikationstechnik vielfältige Möglichkeiten bereit. Sekundär-präventives Handeln wird auf sie nicht verzichten können.

Die künftige Informatisierung medizinischer Versorgung

Unter dem Paradigma der naturwissenschaftlich orientierten Medizin wird weiter versucht werden, die Leistungen kurativer Medizin vor allem durch den Einsatz neuer Techniken zu erhöhen. Neue Verfahren der Bilderzeugung, -aufbereitung und -interpretation werden die Diagnosemöglichkeiten weiter verbessern und dadurch die Strahlenbelastung des Patienten verringern. Die Entwicklung geht in Richtung lernfähiger computergestützter Bilddiagnostik. Der Rechner speichert die Daten jeder neuen Untersuchung, vergleicht nach Mustererkennungsmethoden das untersuchte Organ mit früher abgespeicherten Mustern und macht einen Diagnosevorschlag. Bis zum Jahr 2000 kann in vielen Kliniken die Entscheidung über die Notwendigkeit einer Operation und die Vorbereitung des Eingriffs durch dreidimensionale Bildverarbeitungsverfahren (Tomographie) und Computersimulationen des Operationsverlaufs[11] unterstützt werden. Bereits erstellte Diagnosen und die sie stützenden Computer- oder Röntgenbilder können über das Telekommunikationsnetz grundsätzlich von jedem angeschlossenen Terminal abgefragt werden. Durch den Telekommunikationszugriff auf Patientendaten werden sowohl lästige Doppeluntersuchungen als auch in Notfällen unnötige Zeitverluste vermieden.

Ähnliche Verbesserungen sind auch in der Intensivmedizin, der Labortechnik und der Prothetik zu erwarten. Zum Beispiel könnten informations- und kommunikationstechnische Hilfsmittel Blinden oder Hörgeschädigten einen Teil ihres Wahrnehmungsvermögens wieder erschließen. Der Behinderung angepaßte Computer oder Sprechschreiber ermöglichen Gelähmten zu schreiben, spezielle Scanner übersetzen Texte in Blindenschrift.[12] Gelenkprothesen könnten vom Computer maßgeschneidert modelliert werden: Tomographiebilder des kranken Gelenks werden von einem Graphikcomputer ausgewertet, mittels CAD zu einem Entwurf verarbeitet und direkt in den Prozeßrechner einer Kunststoff-Fräßmaschine eingegeben.[13]

Die Diskrepanz zwischen der anschwellenden Fülle medizinischen Wissens, das der Arzt berücksichtigen soll, und seiner beschränkten Lern- und Merkfähigkeit wird auch künftig weiter zunehmen. Die Medizin hat auf dieses „Wissensdilemma" mit fortschreitender Spezialisierung und ausgedehnter gegenseitiger Konsultation reagiert. Diese Kompensationsstrategie bevorzugt Ballungsgebiete, verstärkt die geographisch ungleichmäßige Verteilung medizinischen Wissens und verteuert die Behandlung. Medizinische Expertensysteme, die für Diagnose und Therapie versprechen, diese Nachteile auszugleichen und neuestes Wissen gleichmäßig verfügbar zu machen, dürfen daher auf eine große Nachfrage rechnen.[14]

Nutzung von Expertensystemen

Zur Unterstützung der ärztlichen Tätigkeit wird es Kommunikationssysteme geben, die aus der Fülle medizinischen Wissens in eingegrenzten Teilgebieten die gesuchten Informationen herausfinden und übertragen, sowie Beratungssysteme, die diese Informationen nutzen, um den Arzt bei seiner Arbeit zu unterstützen. Sie werden sowohl für die Diagnose als auch für die Therapieplanung und -überwachung eingesetzt. Kommunikative Diagnosesysteme speichern die Beschreibungen von Krankheiten und ihre Verbindungen zu Symptomen, fragen den Arzt nach speziellen Symptomen, verfolgen Vermutungen und bieten am Ende des Dialogs dem Arzt Diagnosehypothesen an.[15] Konsultationssysteme nehmen zu der Darstellung eines medizinischen Problems und eines Behandlungsvorschlags Stellung oder speichern die erhobenen Patientendaten, protokollieren das Befinden des Patienten und schlagen bei jeder Visite vor, wie die Medikamentendosis dem Behandlungsverlauf entsprechend bemessen werden soll.[16]

Mittelfristig dürfte sich die Nutzung von

Expertensystemen als Stand der Kunst etablieren und aus haftungsrechtlichen Gründen breit in der ärztlichen Praxis genutzt werden. Dadurch dürfte sich auch das Bild des Arztes noch weiter verändern – weg von dem allwissenden Mediziner, hin zu dem „sich aller verfügbaren Hilfsmittel virtuos bedienenden Arztes".[17]

Auch wenn die Expertensysteme jeweils auf dem neuesten Stand medizinischer Informationen sind, können sie nicht ohne den gesunden Menschenverstand und das Urteilsvermögen eines erfahrenen Arztes auskommen. Sie erfordern eine verbalisierte Symptomeingabe. Nach wie vor wird der Arzt die Krankheitsgeschichte aufnehmen und die körperliche Untersuchung durchführen. Die Qualität der Empfehlungen von Expertensystemen ist daher begrenzt durch die Qualität der eingegebenen Befunde.

Lückenlose Darstellung der Krankheitsgeschichte

Die durch das Gesundheitsreformgesetz eingeführte maschinenlesbare Krankenversichertenkarte wird ab 1992 den Krankenschein ersetzen. Vorerst ist ihr Inhalt und ihr Verwendungszweck noch auf die Leistungsabrechnung beschränkt. Die Möglichkeiten künftiger Technik nutzend, dürfte sie jedoch in einigen Jahren mit einem Speicherchip versehen sein, auf dem alle lebenswichtigen Gesundheitsinformationen gespeichert sind.[18] Sie enthält außerdem einen Hinweis, wo weitere Diagnosedaten und die gesamte Krankheitsgeschichte des Patienten abgerufen werden können. Durch die Aufteilung zwischen lebenswichtigen – auf dem Chip – und sonstigen – an zentraler Stelle – gespeicherten Gesundheitsdaten sind in einem Notfall alle wichtigen Informationen verfügbar, was vor allem für Risikopatienten einen besonderen Vorteil darstellt. Andererseits bleiben durch die zentrale Speicherung alle Informationen verfügbar, auch wenn die Karte abhanden kommt. Sie ermöglicht, die gesamte Krankheitsgeschichte eines Patienten jederzeit lückenlos darzustellen. Die üblichen Fehler und Erinnerungslücken bei ihrer mehrfach wiederholten Aufnahme werden ebenso vermieden wie teure oder lästige Wiederholungsuntersuchungen. Sie verbessert die Fortschreibung der Krankheitsgeschichte und den Informationsfluß bei Überweisungen. Beides bestimmt die Informationsgrundlage ärztlicher Behandlung. In der Regel vermittelt aber nur der Ausweis den Zugang zu den gespeicherten Daten. Der Patient kann also grundsätzlich darüber entscheiden, wem er diese Informationen zugänglich machen will. Da mit Hilfe des Ausweises Arztbesuche verkürzt werden, wird er gern zur Untersuchung oder Behandlung mitgebracht.

Computergestützte Forschung

Expertensysteme, bildverarbeitende Systeme, Simulationssysteme, große Datenbanken und sonstige Informationssysteme werden auch in der *medizinischen Forschung* in steigendem Maß Anwendung finden, um Experimente zu planen, zu entwickeln, zu überwachen und auszuwerten. Die weitgehende Vernetzung dieser Forschungssysteme ermöglicht den schnellen Abgleich von Forschungshypothesen und -ergebnissen mit bereits gesichertem Wissen und wird zu einer weiteren Leistungssteigerung medizinischer Forschung beitragen. Eine besondere Rolle wird die Informationstechnik etwa in der teilautomatisierten Genanalyse spielen. Es wird erwartet, daß mit ihrer Hilfe der Aufbau der menschlichen Gene bis zum Jahr 2000 entschlüsselt sein wird.[19]

Aufgrund der wachsenden Zahl von Zivilisationskrankheiten und ihrer steigenden Verbreitung wird Informations- und Kommunikationstechnik auch genutzt werden, um große epidemiologische Datenbanken aufzubauen und auszuwerten. Die bisher wenigen regionalen Krebsregister werden zu einem flächendeckenden Netz ausgebaut und mit den bereits bestehenden klinischen Tumorregistern verzahnt. Aus deren Datensatz werden die benötigten Merkmale den epidemiologischen Registern überspielt. Neben den Krebsregistern werden bis zum Jahr 2000 weitere Krankheitsregister eingeführt und in der Zeit danach weiter ausgebaut. In ihnen werden möglichst viele Informationen gesammelt, die Aufschlüsse über Krankheitsursachen, Krankheitsverläufe und Behandlungsmethoden liefern könnten. Sie sollen neben der Verbesserung von Diagnose und Therapie auch zur Planung und Bewertung der Prävention sowie zur Durchführung genetischer Untersuchungen dienen.[20]

Wegen der begrenzten Handlungskompetenz des Gesundheitswesens, auf soziale, arbeitsbedingte und ökologische Krankheitsursachen zu reagieren, werden die Prioritäten epidemiologischer Forschung zunehmend auf verhaltensbedingte Risikofaktoren und exponierte Risikogruppen gerichtet sein. Erfaßt und ausgewertet werden dann nicht mehr nur die Daten erkrankter Patienten, sondern je nach Zielsetzung auch die Daten (noch) Gesunder. Ziel solcher Register ist etwa, den Gesundheitszustand bei allen Arbeitern mit Expositionen gegenüber bestimmten Schadstoffen lebenslang und sorgfältig zu registrieren.[21]

Informationstechnik in Krankenhäusern . . .

In den *Krankenhäusern* werden bisher die administrativen und die medizinischen Daten noch weitgehend getrennt geführt. Es ist zu erwarten, daß zur Rationalisierung und gegenseitigen Unterstützung der jeweiligen Tätigkeit beide Informationskreise integriert werden. Daten müßten nicht mehr mehrfach manuell eingegeben werden. Die damit verbundenen Fehlerquellen würden reduziert. Ärztliche Tätigkeiten unterstützende Systeme könnten unmittelbar auf den gesamten Datensatz des Patienten zugreifen und die dort gespeicherten Informationen automatisch berücksichtigen. Aus diesen Gründen werden integrierte, entscheidungsunterstützende Informationssysteme, wie das derzeit in Gießen implementierte HELP, bis zum Jahr 2000 in einigen großen Kliniken und bis zum Jahr 2020 in allen großen Krankenhäusern Anwendung finden.[22]

Ein solches Krankenhausinformationssystem wird dann die Daten der Patienten bei ihrer Einlieferung aufnehmen und Buch führen über deren Krankheitsgeschichte, die aktuellen Diagnosen, die Laborergebnisse, die verabreichten Medikamente und den aktuellen Krankheitszustand. Über ein lokales Netzwerk kann es all diese Informationen in jedem Labor, jedem Operationssaal und an jedem Krankenbett zur Verfügung stellen. Nicht nur Texte, wie die Patientendaten oder Datenbankinformationen, sondern auch digital gespeicherte Röntgen- und Ultraschallaufnahmen, Computertomogramme und Bilder anderer Verfahren werden über Glasfaserkabel an alle benötigten Stellen geleitet. Dieses Informationssystem wird mit den einzelnen Diagnose- und Therapieberatungssystemen gekoppelt und kann durch die Zusammenführung von Labor-, Zustands-, Medikamentierungs- und Diagnosedaten rechtzeitig auf kritische Situationen hinweisen.[23]

Mit seiner Hilfe wird außerdem die Belegung der einzelnen Stationen, die Auslastung der Labors und die Nutzung der Operationssäle koordiniert. Nur so kann der hohe Verwaltungsaufwand für die unterschiedlichen Leistungen und die einzelnen Abrechnungsmodalitäten rationell bewältigt und Kostentransparenz gewährleistet werden. In nichtcomputerisierten Krankenhäusern besteht die Arbeit von Schwestern fast zur Hälfte aus Verwaltungstätigkeiten. Ein großer Teil dieser Zeit könnte genutzt werden für die menschliche Zuwendung zum Patienten. Zu vermuten ist jedoch, daß unter dem hohen Kostendruck die durch Computer eingesparte Arbeitskraft wegrationalisiert wird.

Die Träger anerkannter Krankenhäuser stehen unter einem sehr hohen ökonomischen Druck. Zum einen dürfen die niedergelassenen Ärzte ihre Patienten nur in das Krankenhaus überweisen, das nach einer Preisvergleichsliste die jeweilige Krankheit am billigsten behandelt. Zum anderen müssen sie mit den Kassen über ihre jährlichen Budgets verhandeln. Diese werden errechnet, indem aus Patienenstatistiken Patientenkategorien gebildet werden und für diese je nach Abteilung der Aufwand für Diagnosen, Operationen oder Pflegemaßnahmen bis hin zu Minutenwerten genau ermittelt wird. Diese Vorgaben zu errechnen und einzuhalten setzt eine leistungsfähige Verarbeitung vieler Patienten- und Mitarbeiterdaten voraus.

. . . Arztpraxen und Apotheken

Durch die mit dem Gesundheitsreformgesetz eingeleitete Entwicklung zur elektronischen Abrechnung werden auch zunehmend *Arztpraxen* und *Apotheken* Computer für verwaltungstechnische Aufgaben einsetzen. Mit ihrer Hilfe können Routinen wie Verwaltung der Patienten- und Behandlungsdaten, Terminplanung, Abrechnungen, Rezeptausstellung oder Bescheinigungen standardisiert und weitgehend automatisiert werden.[24] Sie sind vor allem aber die Infrastrukturvoraussetzung für einen umfassenden Datenträgeraustausch mit den Kassenärztlichen Vereinigungen. Schon aus diesen Gründen dürfte um das Jahr 2000 eine große Zahl von Arztpraxen mit Informationstechnik ausgestattet sein. Bis zum Jahr 2020 werden nahezu alle niedergelassenen Ärzte über Praxiscomputer verfügen. Kurzdiagnosen und Abrechnungsdaten werden dann über das Telekommunikationsnetz direkt an die Abrechnungsstelle übermittelt.

Die installierten Informations- und Kommunikationssysteme werden aber auch zu medizinischen Zwecken eingesetzt werden. Mit ihnen können die oben genannten Leistungen von Literatur-Datenbanken oder Informations- und Expertensystemen auch von dem niedergelassenen Arzt ohne räumliche und zeitliche Restriktionen genutzt werden. Erfolgreiche Behandlungsmethoden erreichen den praktizierenden Arzt wesentlich schneller als früher. Der Informationsfluß könnte endlich genauso schnell sein wie eine Grippewelle. Mit Hilfe der Patientenchipkarte kann der Arzt unmittelbar auf gespeicherte Diagnosedaten zugreifen oder Daten aus dem Krankenhausinformationssystem abrufen.

Die Ärzte werden diese Systeme auch zu statistischen Auswertungen nutzen. Um Wirtschaftlichkeitsüberprüfungen und Regresse zu vermeiden, um bei der Verschreibung von Medikamenten die jeweils gültigen Festbetragslisten zu berücksichtigen oder um den bisherigen Therapiefortschritt zu verfolgen, wird sich der Arzt während der Behandlung die jeweils spezifisch bedeutsame Information einblenden lassen. Gibt er eine Leistungsziffer oder eine Medikation ein, werden ihm zum Beispiel umgehend seine aktuelle Leistungs- und Verordnungsstatistik oder die Behandlungsstandards der Krankenversicherungen vor Augen geführt und ihm ein entsprechendes Leistungs- und Verordnungsverhalten nahegelegt.[25]

... Kassenärztliche Vereinigungen

Die *Kassenärztlichen Landesvereinigungen* sind Körperschaften des öffentlichen Rechts, in denen alle Kassenärzte Zwangsmitglieder sind. Sie gewährleisten gegenüber den Kassen, daß die ärztliche Versorgung der Versicherten sichergestellt ist. Dafür erhalten sie von den Kassen eine Gesamtvergütung, die sie unter den Kassenärzten verteilen. Der einzelne Arzt rechnet also nicht mit der Krankenkasse direkt ab, sondern über die Landesvereinigungen.

Diese werden künftig alle Abrechnungsdaten elektronisch aufbereiten und in dieser Form den Kassen übermitteln. Um ihre Arbeit zu rationalisieren, drängen sie die Ärzte, ihre Praxis zu informatisieren und ihre Abrechnungsdaten ebenfalls elektronisch zu übermitteln. Die Vereinigungen überprüfen nicht nur die Leistungen auf die richtige Einordnung in den rechtlich vorgegebenen Katalog, sondern kontrollieren auch die Einhaltung bestimmter Wirtschaftlichkeitsgrenzwerte pro Arzt. Um Wirtschaftlichkeitsüberprüfungen ihrer Mitglieder zurückzudrängen, führen sie selbst automatische Kontrollen durch und machen ihre Mitglieder auf „Ausreißer" aufmerksam.

... und Krankenkassen

Die zirka 1150 *gesetzlichen Krankenkassen* gewährleisten durch ihr Versicherungssystem für etwa 90 Prozent der Bevölkerung die Finanzierung der Gesundheitsversorgung. Aufgrund der paritätischen Leistungen zur Krankenversicherung müssen sie im Rahmen der Selbstverwaltung versuchen, die Versicherteninteressen und die Interessen der Arbeitgeber zusammenzubinden. Sie sind Einzugsstellen für die Beiträge zur Kranken-, aber auch zur Renten- und Arbeitslosenversicherung. Ihnen hat der Arbeitgeber alle versicherungspflichtigen Arbeitnehmer anzumelden und deren Versicherungsnummer, den Beschäftigungsbeginn, die Betriebsnummer, Angaben zur Tätigkeit, Kinderzahl, Personalnummer und Entgelt mitzuteilen. Die Kassen wiederum sind verpflichtet, eine Fülle von Informationen über ihre Versicherten an andere Sozialverwaltungen und sonstige staatliche Behörden regelmäßig oder auf Anforderung weiterzuleiten.[26]

Mit dem Krankheitsspektrum hat sich in jüngster Zeit auch die Aufgabenstellung der Krankenkassen verändert. In Zukunft wird der Gesundheitssicherung durch Prävention und Rehabilitation noch stärkeres Gewicht als bisher zukommen. Krankheitsvorsorge und -früherkennung erfordern Sozial- und Gesundheitsdaten, die die Datenbasis der bisherigen eher reaktiven Gesundheitspolitik bei weitem übertreffen. Darüber hinaus führen die Wandlung der Krankenkassen von der klassischen Krankenversicherung hin zu einem komplexen Dienstleistungsunternehmen mit umfassenden Pflichten zur Aufklärung, Beratung und Auskunft, die notwendigen Planungen zur Bedarfsdeckung mit Gesundheitsgütern und die Sicherung der Wirtschaftlichkeit des Gesundheitswesens zu einem steigenden Bedarf an Informationen.[27]

Bis zum Jahr 2000 werden fast alle Vorgänge innerhalb der Krankenkassen mit

Informationssystemen abgewickelt. Die Kassenärztlichen Vereinigungen und die direkt abrechnenden Krankenhäuser übermitteln den Krankenkassen die Abrechnungsdaten mittels Datenübertragung. Anfangs werden nur die Leistungsmerkmale erfaßt, weil die Kurzdiagnosen und -therapien zu heterogen und zu wenig aussagekräftig sind. Sobald über die elektronische Versicherungskarte aber die Aufnahme der Krankheitsgeschichte einigermaßen standardisiert ist, verarbeiten die Kassen auch die Krankheitsinformationen versichertenbezogen. Die Kassen erhalten damit erstmals gegenüber den Leistungsanbietern wirkliche Kontrollmöglichkeiten über die von ihnen erbrachten Leistungen. Zur Erhöhung der Kostentransparenz fassen sie ihre Informationen arzt- und versichertenbezogen zusammen. Die automatische Auswertung dieser Daten ermöglicht ihnen einmal, Mißbrauchs- und Manipulationsfälle besser als bisher zu erkennen. Zum anderen können sie dadurch Kosten- und Wirtschaftlichkeitsvergleiche zwischen verschiedenen Krankheiten, Behandlungsverfahren, Ärzten, Kliniken, Patienten und Patientengruppen durchführen. Mit Hilfe von Durchschnitts- und Grenzwerten kontrollieren sie automatisch das Abrechnungsverhalten der Ärzte und die Leistungsanforderungen der Versicherten. Wenn entsprechende Werte überschritten sind, veranlassen sie Wirtschaftlichkeitsprüfungen des 1989 neu eingeführten und von ihnen getragenen „Sozialmedizinischen Dienstes". Dieser hält in Beratungen Ärzte und Patienten zu einem zweckmäßigen und wirtschaftlichen Verhalten an. Die Auswertungen dienen auch als Unterlagen für die paritätisch besetzten Prüfungsausschüsse, zur Vorbereitung von Regreßforderungen oder als Belege für Leistungsverweigerungen gegenüber Ärzten oder Versicherten.[28]

Die Fortschritte der Diagnose und die elektronische Verarbeitung aller Gesundheitsdaten[29] erlauben außerdem, besonderen Wert auf die medizinische Prävention zu legen. Sie gilt neben der Kostentransparenz als der wichtigste Hebel zur Dämpfung des Kostenanstiegs. Verstärkte Prävention ist nicht nur aus wirtschaftlichen Gründen gefordert, sondern auch durch die Verschiebung des Krankheitsspektrums von Akut- und Infektionskrankheiten hin zu chronischen Zivilisationskrankheiten notwendig. Diese können in der Regel nicht geheilt, sondern durch kurative Medizin allenfalls hinsichtlich ihrer Symptome gemildert werden. Um Ursachen dieser Krankheiten erkennen zu können, werden verstärkt auch Daten der individuellen Lebensgeschichte und Lebensumgebung sowie genetische Informationen erfaßt und ausgewertet. Gleichzeitig werden für die Präventionsmaßnahmnen Erkenntnisse berücksichtigt, die durch Auswertung der für alle wichtigen Zivilisationskrankheiten eingerichteten Register gezogen werden können.

Allerdings bestehen nur geringe Aussichten, daß diese Kenntnisse für eine Beeinflussung der *sozialen* Dimensionen von Krankheit und Gesundheit genutzt werden. Das Ziel der Prävention, in allen Lebensbereichen gesundheitsgerechte Bedingungen zu schaffen und damit für alle Bürger die Chance zu erhöhen, gesund zu bleiben, übersteigt die Handlungskompetenz sowohl der Krankenkassen als auch des gesamten Gesundheitssystems. Sie haben beide kaum Einfluß auf die sozialen, arbeitsplatzbedingten und ökologischen Krankheitsursachen. Der Schwerpunkt der Aktionsmöglichkeiten liegt für das gesamte Gesundheitssystem, wie es heute und auch künftig organisiert ist, im Bereich individuellen Verhaltens.[30] Mangels Alternativen werden auch künftig subjektbezogene Präventionskonzepte bevorzugt. Eine an der individuellen Krankheit ansetzende Präventionsstrategie entspricht außerdem den professionellen Interessen des Medizin- und Pharmasystems und dem Interesse an einer Dethematisierung der Krankheitsursachen, die eine Veränderung der Arbeits- und Lebensbedingungen erfordern würden. Die Unmöglichkeit, die durch das Industriesystem hervorgerufenen Ursachen von Erkrankungen zu beseitigen, läßt Risikofaktoren vor allem in selbstverschuldetem Verhalten wie Rauchen, Streß, Fehlernährung, Bewegungsarmut und riskanten Freizeitaktivitäten suchen. Die Orientierung an sekundärer Prävention unterstützt eine Individualisierung des Krankheitsrisikos und fordert präventive Verhaltensmodifikationen.[31]

Auf der Grundlage der gesammelten Informationen und spezieller verbindlicher Screening-Programme[32] könnte künftig in Zusammenarbeit mit den Berufsgenossenschaften versucht werden, individuelle Krankheitsrisiken eines jeden Versicherten zu erkennen[33] und für ihn einen speziellen Präventionskatalog zu erstellen. Dieser kann von dem Verbot, an bestimmten belastenden Arbeitsplätzen zu arbeiten, bis hin zu speziellen Verhaltensanforderungen in der Privatsphäre reichen. Dabei dürfte der Versuch gemacht werden, durch allgemeine und gezielte Aufklärung, durch Verhaltenstraining oder das Initiieren von Selbsthilfeaktionen freiwillig eine diesem Katalog entsprechende Lebensführung aufzubauen oder eine Verhaltensänderung zu erreichen.[34]

Der steigende Kostendruck wird jedoch einen wirtschaftlichen Beitrag der Präventionsmaßnahmen zur Kostendämpfung fordern. Sowohl die Freiwilligkeit der Vorsorgemaßnahmen als auch vor allem die Krankheitsursachen, die außerhalb des Einflusses des Gesundheitssystems bleiben, werden die Effektivität der Präventionsmaßnahmen stark begrenzen.[35] Es werden Versuche nicht ausbleiben, diese durch stärkeren Druck auf das individuelle Verhalten zu erhöhen.[36]

Selbst wenn verhaltensbezogene Präventionsmaßnahmen die multifaktoriellen Ursachen für die jeweilige Krankheit nicht beseitigen können, so führt die auf ihrer Grundlage mögliche Verwirklichung von mehr „Eigenverantwortung“ zumindest zu einer finanziellen Entlastung der Gesundheitsversorgung. Wer gegen den individuellen Präventionskatalog grob und bewußt verstößt oder geforderte Behandlungs- oder Vorsorgemaßnahmen ablehnt, verliert ganz oder teilweise seinen Versicherungsschutz oder muß deutlich höhere Beiträge leisten. Das Eigenverschulden des Kranken nachzuweisen, erfordert unter Umständen allerdings, risikoinduzierende Verhaltensweisen zu erfassen oder aus vorhandenen Daten herauszusieben.

Effektivierung der staatlichen Gesundheitsverwaltung

Die *staatliche Gesundheitsverwaltung* übt zum einen die Kontrolle über die Selbstverwaltungsorgane der gesetzlichen Krankenversicherung und der Kassenärzte aus, ist zuständig für die Aufsicht und Planung im Krankenhausbereich und entwickelt gesundheitspolitische Initiativen. Zum anderen ist sie für die Gesundheitsaufsicht (zum Beispiel nach dem Seuchenrecht) zuständig. Auch sie wird künftig ihre Verwaltungstätigkeit durch Informations- und Kommunikationstechnik effektivieren und hierbei auf eigene und fremde Datenbestände zurückgreifen. Die elektronische Datenverarbeitung in den Kassen und Krankenhäusern ermöglicht es zum Beispiel, aggregierte Datenbestände über deren wirtschaftliche Entwicklung, über Risikostrukturen, über bestimmte Krankheiten, Medikamente oder Behandlungsformen zusammenzuführen und auszuwerten. Erkenntnisse aus den Datensammlungen der Berufsgenossenschaften und Umweltinformationssystemen könnten mit den Daten aus dem Gesundheitsbereich korreliert und für staatliche Präventionsinitiativen genutzt werden. Die Planungs- und Steuerungskapazität der staatlichen Gesundheitsverwaltung würde durch die elektronische Informationsverarbeitung deutlich erhöht.

Solange an Seuchen wie AIDS nur ein relativ geringer Anteil der Bevölkerung erkrankt und sie hauptsächlich durch Aufklärung bekämpft werden sollen, genügen hierfür klassische Mittel der Informationsverarbeitung. Sollte jedoch eine Seuche sich schneller und stärker verbreiten und die Verwaltung unter öffentlichem Druck versuchen, sie mit Hilfe seuchenrechtlicher Zwangsmaßnahmen wie Meldepflichten, Reihenuntersuchungen, Einreise- und Tätigkeitsverbote, Ausweisungen oder Absonderungen zu bekämpfen, dann dürfte die Gesundheitsverwaltung auch Informationstechnik nutzen. Sie dürfte vermutlich mit Hilfe der verfügbaren Gesundheitsinformationen ein Seuchenregister anlegen, in dem sie die Erkrankten, die Krankheitsträger, die Ansteckungs- und Ausscheidungsverdächtigen sowie die Mitglieder von Risikogruppen speichert und alle durchgeführten Zwangsuntersuchungen und deren Ergebnisse festhält. Mit seiner Hilfe würden die seuchenrechtlichen Zwangsmaßnahmen konzipiert, geplant und kontrolliert.

Die Patienten

Die *Patienten* und die Versicherten sind Finanziers des gesamten Gesundheitswesens, die Konsumenten der Gesundheitsdienstleistungen und die Betroffenen der Informationsverarbeitung. Sie liefern den anderen Akteuren im Gesundheitswesen eine Vielzahl höchst sensibler Daten. Sie verfügen über keine durchsetzungsfähige Interessenvertretung. Einfluß auf die Entwicklung des Gesundheitswesens können sie allenfalls über die Selbstverwaltung der gesetzlichen Krankenversicherung ausüben. Ihre unmittelbaren Interessen werden sie auch künftig nur in nachgeordnetem Maße durchsetzen können.

Um zu gewährleisten, daß der Informationsfluß im Gesundheitswesen von Anfang an in elektronischer Form stattfinden kann, wird die Versicherungschipkarte auch die Funktion des Krankenscheins erfüllen. Sie dient der Erschließung aller beteiligten verwaltungstechnischen und medizinischen Informationssysteme. In der Regel ermöglicht der Patient erst durch ihre Herausgabe den Zugriff auf seine Daten. Ärztliche Behandlungen oder Zusatzleistungen der Kassen sind aber von der Offenbarung von Gesundheitsdaten abhängig.

Auch in Zukunft wird ein Großteil der gesundheitlichen Beschwerden (heute etwa 80 Prozent) trotz der professionellen Kritik an nichtprofessionellen Heilbehandlungen im Laiensystem verbleiben. Die Bürokratisierung des Gesundheitswesens und die Leistungsverkürzungen der gesetzlichen Krankenversicherung fördern den Trend zur Selbstbehandlung und -medikation. Mikroelektronische Diagnostik- und Therapiegeräte wie Blutdruck- oder Blutzuckermeßgeräte oder Geräte zur Schmerzbekämpfung oder Muskellokkerung werden zunehmend von Apotheken, Sanitätshäusern oder dem Versandhandel vertrieben und von den Patienten auf eigene Veranlassung oder auf Anordnung eines Arztes eingesetzt.[37]

Medizinische Datenbanken, die mit Hilfe von Expertensystemen im Dialog mit dem Patienten Telediagnosen erstellen, werden auch bis zum Jahr 2020 noch nicht verfügbar sein. Sie für den Normalbürger zu erschließen, scheitert zum einen an rechtlichen Gründen und zum anderen an der hohen Komplexität des notwendigen Fach- und Strukturwissens. Allerdings werden Medienkonzerne und Serviceunternehmen medizinische Beratung als Telematikdienste anbieten. Diese individuellen Beratungen werden mit gedruckten Gesundheitsratgebern konkurrieren. Differenzierter als dies heute in Anzeigen möglich ist, wird in diesem Zusammenhang auf rezeptfreie Medikamente und Mixturen, spezielle Heilverfahren und Kuren aufmerksam gemacht.

Computergesteuerte Gesundheitsversorgung und Grundrechtsentfaltung

Der Einsatz der Informations- und Kommunikationstechnik in der Arztpraxis oder im Krankenhaus ermöglicht, Behandlungs- und Verwaltungsabläufe zu rationalisieren und die Qualität der medizinischen Versorgung, die technikbasiert ist, zu verbessern. Diagnostik, Therapie, Prothetik, Labor- und Intensivmedizin werden mit ihrer Hilfe ihre Leistungsfähigkeit erhöhen. Krankheiten können früher erkannt und geheilt, Schmerzen gelindert, Belastungen vermieden, gesundheitliche Mängel besser ausgeglichen und Leben in größerem Umfang als bisher gerettet oder verlängert werden. So wird bei einer schwierigen Untersuchung ein Expertensystem weniger Fragen auslassen als der Arzt, der vielleicht vielbeschäftigt, abgespannt und für das Fachgebiet nicht ausreichend spezialisiert ist. Wenn Ärzte Krankenhausinformationssysteme, die die Verwaltungs- und Behandlungsdaten der Patienten verarbeiten, medizinische Wissensbanken und Expertensysteme breit nutzen, wird der Versorgungsstandard einheitlicher, da hochwertiges Spezialwissen ortsunabhängig zur Verfügung steht. Ärztliche Entscheidungen können sich jeweils auf den neuesten Kenntnisstand stützen, da die Informationssysteme eine schnelle Diffusion von Wissen ermöglichen. Mit ihrer Hilfe lassen sich anstehende Entscheidungen mit anderen Diagnosen und Therapien besser koordinieren und komplexe Aufgabenstellungen schneller und vollständiger beherrschen.[38] Informations- und Kommunikationstechnik kann somit die Leistungsfähigkeit medizinischer Dienstleistungen deutlich steigern. In dieser Hinsicht werden die Verwirklichungsbedingungen für die Grundrechte auf Gesundheit und freie Entfaltung deutlich verbessert.

Die medizinischen Informationssysteme beinhalten allerdings auch Gefahren und Nachteile für die Patienten. Ihre Vorteile zur Diagnose oder Therapie nicht zu nutzen, wird später einmal als Unterlassung einer erforderlichen Heilungsmaßnahme angesehen werden und Haftungsfragen nach sich ziehen.[39] Allein schon zu ihrer rechtlichen Absicherung werden die Ärzte diese Systeme nutzen und alle Untersuchungsschritte nachprüfbar dokumentieren. Dadurch verändert sich aber die Vertrauensbeziehung zwischen Arzt und Patient.

Zum einen werden der persönliche Kontakt und die unmittelbare körperliche Untersuchung zugunsten einer Apparatemedizin zurückgedrängt.[40] Das Gespräch über die Krankheitsgeschichte wird durch die Chipkarte ersetzt. Auch die Ergebnisse der Systeme werden selten hinterfragt. Ein hoher Zeit- und Kostendruck („Drei-Minuten-Medizin") wird die Ärzte verleiten, ihnen in der Regel zu vertrauen. Diagnose und Therapieplanung gehen dadurch immer stärker auf Techniksysteme über, die weder für den „behandelnden" Arzt noch gar für die Patienten durchschaubar sind. Ihnen wird auch verborgen bleiben, welche ökonomischen Vorgaben in den Vorschlägen der Expertensysteme berücksichtigt werden.

Zum anderen werden durch Benutzung medizinischer Informationssysteme die Informationen, die ursprünglich nur der vertraute Arzt hatte, nun auch für Mitarbeiter, Kollegen, eventuell sogar Versicherungen oder Gesundheitsbehörden abrufbar in dem System gespeichert.[41] Diese höchst sensiblen personenbezogenen Informationen liegen in einer maschinenauswertbaren Form vor, die sie zum idealen Material für Rasterfahndungen und Kontrolläufe vieler anderer Institutionen der staatlichen Vorsorge und Sicherheit machen.

Expertensysteme werden auf einzelne Teilgebiete beschränkt sein, die relativ gut erforscht, leicht zu strukturieren und klar begrenzbar sind. Ihre Entwicklung hängt von einer exakten Strukturierung medizinischen Wissens ab. Genau diese Eigenschaften der Schulmedizin geraten jedoch zunehmend in das Kreuzfeuer der Kritik. Das exakte naturwissenschaftliche Spezialistentum, das der Medizin in der Vergangenheit zu großen Erfolgen verholfen hat, scheint in seiner Absolutheit zur Fessel zu werden. Psychosoziale Krankheitsursachen können mit diesen Instrumenten — wenn überhaupt — nur sehr beschränkt wahrgenommen werden. Es wird daher zunehmend die Forderung erhoben, den Menschen nicht mehr nur als Summe von Organen aufzufassen, sondern zu einer ganzheitlichen Denkweise zurückzukehren, die Körper und Psyche als Einheit auffaßt und die soziale Situation des Kranken berücksichtigt. Medizin soll nicht nur als naturwissenschaftlich-technische Disziplin, sondern auch als soziale und humanistische Wissenschaft verstanden werden. Eine solche Denkweise ist allerdings nicht auf den Computer zu übertragen. Es ist daher zu befürchten, daß die Computerisierung der Medizin auch zu einer Verfestigung der naturwissenschaftlich-technischen Ausrichtung medizinischer Tätigkeit führt und die Chancen einer humanistischen Erneuerung der Medizin verringert.

Verdatung von Gesundheitsleistungen

Je preiswerter die einzelne Gesundheitsdienstleistung erbracht wird, um so breitere und qualifiziertere Leistungen kann die Krankenversicherung finanzieren. Es besteht ein Interesse der Allgemeinheit, der Solidargemeinschaft aller Versicherten wie auch der Leistungserbringer, den Kostenanstieg in der gesetzlichen Krankenversicherung zu bremsen und deren Funktionsfähigkeit zu erhalten. Jeder Versicherte hat ein Interesse an stabilen Beiträgen. Sofern die Bemühungen um mehr Kostentransparenz dazu beitragen, dieses Ziel zu erreichen, verbessern sie damit zugleich die Bedingungen, das Grundrecht auf Gesundheit für viele Bürger sowie die Gemeinschaftsgüter Volksgesundheit und Funktionsfähigkeit der Gesundheitsversorgung zu sichern. Es ist jedoch fraglich, ob es zu diesem Zweck notwendig ist, für jeden Versicherten ein komplettes automatisiert geführtes Leistungskonto vorzuhalten — als Vorrat für Stichproben.

Verhaltenssteuerungen mit Hilfe von Leistungs- und Wirtschaftlichkeitsvergleichen dürften zwar einerseits Kosten einsparen. Andererseits aber führen statistische Vergleichsverfahren zu einer „Standardisierung des Gesundheitswesens".[42]

Der mit der Kostenkontrolle und ihrer möglichen Sanktion verbundene moralische und ökonomische Druck auf Ärzte und Patienten erlaubt dann nur noch eine Durchschnittsbehandlung. Wenn aber fast alle Beteiligten versuchen (müssen), unter dem Durchschnitt zu bleiben, so sinkt mit der Zeit der Durchschnittswert und erzeugt einen weiteren Druck nach unten. Diese abwärtsweisende Kostenspirale optimiert die Krankheitskosten, nicht aber die Gesundheitsfürsorge. Individuelle Leistungsprofile dürften dazu führen, daß die Betroffenen ihr Recht auf Gesundheit nur noch unsicher und unvollständig wahrnehmen. Jede an Durchschnittswerten orientierte Normbildung und Verhaltensbeeinflussung läuft jedoch Gefahr, das eigentliche Ziel der Krankenbehandlung aus den Augen zu verlieren, nämlich die Hilfe zur Gesundung eines individuell geprägten und nicht normbaren Menschen.

In den Krankenhäusern wird die informations- und kommunikationstechnisch gestützte „Herrschaft der Minutenwerte“ den Handlungsspielraum der Ärzte und Pflegekräfte zunehmend einschränken. Ihre Möglichkeiten, sich den Patienten zuzuwenden, werden durch diese Arbeitstakte begrenzt. Modelle, die für die Betriebssteuerung einer Produktion von Sachwerten entwickelt wurden, werden auf kranke und hilfsbedürftige Menschen übertragen. Dies hält möglicherweise die Lohnnebenkosten in Grenzen, verbessert aber nicht die Verwirklichungsbedingungen des Rechts auf Gesundheit.

Unter diesen Bedingungen ist es sehr fraglich, ob die durch Informations- und Kommunikationstechnik ermöglichten Verbesserungen kurativer Medizin tatsächlich allen Kranken gleichmäßig zugute kommen. In vielen Fällen werden technische Apparate und Softwareprogramme sehr teuer sein. Es könnte daher sehr leicht sein, daß sich diese Systeme nur jene Ärzte oder Krankenhäuser leisten können, die nicht nur die Durchschnittswerte der Krankenkassen vergütet bekommen.

Stärker als bisher könnte sich eine Differenzierung zwischen gut ausgestatteten, aber teuren Anbietern und den von den Kassen akzeptierten Dienstleistungen schlechter ausgerüsteter Ärzte, Zahnärzte und Krankenhäuser herausbilden. Eine (durch Informations- und Kommunikationstechnik) verbesserte Gesundheitsversorgung könnten sich oftmals nur noch die Besserverdienenden leisten.

Die vollständige Erfassung ärztlicher Leistungen und ihre Kontrolle zielt nicht nur auf die Bewertung der kassenärztlichen Tätigkeit insgesamt, sondern auch auf eine Beurteilung spezieller Behandlungsmuster. Um notwendige von luxuriösen Leistungen abgrenzen zu können, müssen die Kassen die erfaßten Tätigkeiten mit gefestigten Normvorstellungen über das diagnostische und therapeutische Vorgehen vergleichen. Sie und der Sozialmedizinische Dienst dehnen dadurch ihre Kontrollen bis in die ärztliche Therapiefreiheit hinein aus. Solche Einflußnahmen auf ärztliche Tätigkeiten und durch sie verursachte Standardisierung medizinischer Hilfe schränken die Freiheit der ärztlichen Berufsausübung in starkem Maß ein.

Die Verwirklichung dieser Freiheit wird außerdem gefährdet durch vermehrte Einsichtnahme Dritter in den Bereich ärztlicher Schweigepflicht. Das Vertrauensverhältnis zwischen Arzt und Patient wäre schnell ohne Wert, sobald der Betroffene vor der Alternative steht, auf die Wahrung seiner Intimdaten oder auf eine wirksame Hilfe zu verzichten. Wird inadäquates Gesundheitsverhalten durch höhere Beiträge oder sonstige Maßnahmen sanktioniert, kann der Arzt mit seiner Diagnose unfreiwillig in die Rolle eines Denunziators geraten. Eine intakte Vertrauensbeziehung ist die elementare Voraussetzung ärztlicher Tätigkeit. In dem Maß, wie sie durch Bestrebungen zur Kostentransparenz, Prävention, Forschung und Mißbrauchskontrolle durchbrochen wird, ist auch die Berufsfreiheit des Arztes betroffen.[43]

Gleichzeitig wird dadurch das Patientengeheimnis, die Kehrseite der ärztlichen Schweigepflicht, ausgehöhlt. Kein Arzt kann mehr gewährleisten, daß das, was ihm anvertraut wird, ausschließlich in seiner Verfügungsgewalt verbleibt. Für die Patienten reduziert sich damit die Befugnis, über höchst intime Daten selbst zu verfügen. Krankheitsinformationen werden mehr und mehr der dualen Beziehung zwischen Patient und freigewähltem Arzt entzogen. Gerade für die oft angstbesetzte Situation der Hilfsbedürftigkeit gehen damit auch Identität, Individualität und freie Entfaltung verloren.[44]

Verdatung der Patienten

„Nur auf der Grundlage personenbezogener Individualdaten kann Transparenz im Gesundheitswesen entstehen."[45] Daher ist zu erwarten, daß versucht wird, über die bisherigen Verarbeitungsgrenzen hinaus[46] die gespeicherten Daten stärker auch für die Allgemeininteressen der Kostenbegrenzung und Qualitätssicherung zu nutzen. Die Vorteile dieser Transparenz für die Kostendämpfung werden dadurch erkauft, daß die Grundrechte der Versicherten größeren Gefährdungen ausgesetzt werden. In den Leistungskonten werden künftig Angaben zusammengeführt, die zuvor nur einmal in Papierform an verschiedenen Orten aufbewahrt wurden. Dies ermöglicht eine nahezu vollständige Abbildung von Behandlungsursachen und Behandlungsverläufen. Ein sehr sensibler Bereich der Lebensführung wird nahezu lückenlos aufgezeichnet, in seiner historischen Entwicklung dokumentiert und für alle möglichen Auswertungen verfügbar gehalten.

Die Massenverarbeitung von Daten ist immer mit Kontextverlusten verbunden. Wesentliche Informationen über Krankheitsverläufe wie subjektive Befindlichkeit und Alltagstauglichkeit lassen sich kaum durch den Datenstrom des Gesundheitswesens erschließen. Viele Ereignisdaten wie etwa die Ziffern für ärztliche Leistungen bleiben skelettierte Einzelangaben, die einen breiten Interpretationsspielraum lassen.[47] Hinzu kommt, daß es bisher keine Standardisierung bei der Dokumentation von Prozeßdaten durch die verschiedenen Instanzen des Gesundheitswesens gibt und sie wegen der Komplexität der Phänomene auch nicht in befriedigender Weise möglich ist. Sofern sie – etwa im Zusammenhang mit der Versicherungs-Chipkarte – angestrebt wird, ist dies nur auf Kosten präziser individueller Informationsgehalte möglich. Werden in ihrem Aussagegehalt schillernde Daten mit anderen ebenfalls von ihrem Hintergrund abgelöste Daten verbunden, potenziert jede Auswertung die Gefahr unzulässiger Verkürzungen. Die Folge solcher Kontextverluste sind abstrakte Schematisierungen und Kategorisierungen, die sehr leicht, und zwar gerade dann, wenn ein von irgendeiner Norm abweichendes Verhalten ermittelt werden soll, zu falschen, für den Betroffenen äußerst gefährlichen Etikettierungen führen.[48]

Nichtnormgerechtes Verhalten wie etwa häufiger Arztwechsel, hoher Medikamentenverbrauch, lange oder häufige Arbeitsunfähigkeiten oder für das Krankheitsbild überdurchschnittliche Behandlungskosten werden durch die Auswertung der Leistungskonten erkannt und führen zu Überprüfungen, aufgedrängten Beratungsgesprächen, Leistungsverweigerungen und eventuell zu Regressen. Um ihnen zu entgehen, werden die Patienten ihr Verhalten dieser Normierung anpassen. „Wer unsicher ist, ob abweichende Verhaltensweisen jederzeit notiert und als Information gespeichert, verwendet oder weitergegeben werden, wird versuchen nicht aufzufallen.“[49] Wer damit rechnen muß, daß ihm durch bestimmte ärztliche oder pflegerische Leistungen oder durch den Bezug von Medikamenten Risiken oder Nachteile entstehen können, wird von seinem Recht auf Gesundheitsversorgung nicht mehr in der bisher gewohnten Weise Gebrauch machen.

Neben Arzt, Kassenärztlicher Vereinigung, Krankenkasse und Sozialmedizinischem Dienst gibt es in den Trägern der vielen künftigen Krankheits- und Risikoregistern weitere Stellen, die sogar gegen den Willen des Betroffenen[50] höchst sensible Daten über die Lebensverhältnisse und den Gesundheitszustand des einzelnen vorrätig halten. Auch wenn sie grundsätzlich durch Abtrennen von Name und Anschrift „faktisch anonym“ gespeichert und weitergegeben werden, kann jeder Betroffene durch die Fülle der gesammelten Daten deanonymisiert werden. Wenn die Datensätze einmal „zu Forschungszwekken“ herausgegeben worden sind, kann in dem danach möglichen freien Datenfluß nicht mehr kontrolliert werden, wer – mit welchem Zusatzwissen und welchem Aufwand – in der Lage ist, den fehlenden Personenbezug herzustellen.[51] Banken, Versicherungen oder Arbeitgeber könnten jedenfalls an solchen Informationen sehr interessiert sein und mit Hilfe ihrer personenbezogenen Datensätze eine Deanonymisierung leicht erreichen. Sofern dies nicht ausdrücklich sanktioniert wird[52], dürften sich die Krankheitsregister zu „Gesundheits-Schufas“ entwickeln. Lebensversicherungen etwa könnten von Antragstellern fordern, von Auskunftsrechten gegenüber den Registern Gebrauch zu machen und ihnen die Bescheinigungen vorzulegen – wie heute bereits für AIDS-Tests.[53]

Alle Gesundheitsinformationen sind an zentraler Stelle gespeichert und können von sehr vielen Terminals aus mit der Chipkarte abgerufen werden. Der Patient hat zwar in der Regel die Kontrolle, wer mit ihrer Hilfe erstmals auf die Daten zugreift. In der Situation der Erkrankung, wenn der Wunsch nach Untersuchung und Behandlung sehr stark ist, bleibt dem Betroffenen jedoch nicht viel anderes übrig als sie dem behandelnden Arzt auszuhändigen und ihm damit die Information zu offenbaren. Jeder Arzt und jedes Krankenhaus werden diese Daten in ihrem System speichern, um sie für die weitere Behandlung zur Verfügung zu haben. Die Zahl der Stellen, die diese sensiblen Daten besitzen und damit die Möglichkeiten für mißbräuchliche Verwendungen oder für informationsgestützte Einflußnahmen auf den Betroffenen haben, nimmt daher ständig zu.

Das Datenmaterial, das die Krankenkassen über den Gesundheitszustand des einzelnen haben, bildet eine dezentrale Gesundheitsdatenbank, in der 90 Prozent der Bevölkerung erfaßt sind. Die Daten bleiben jedoch nicht im Bereich der Gesundheitsversorgung, sondern können dem Betroffenen in für ihn nicht überschaubaren Wegen in anderen Situationen wiederbegegnen. Sie dürften vor allem den „Datenhunger“ anderer Sozialverwaltungen wekken. Wenn diese Daten für die Aufgabenerfüllung einer anderen Sozialbehörde erforderlich sind, darf und muß die Krankenkasse diese Informationen übermitteln.[54] Zusammen mit den riesigen Datenbanken der Sozialversicherung, der Arbeitslosenversicherung, der Gesundheitsregister und der Aufsichts- und Prüfungsbehörden stellt sie ein dezentrales Sozialinformationssystem dar, das für nahezu die gesamte Bevölkerung vielfältige medizinische, ökonomische, soziale, psychologische und psychiatrische Daten enthält. Würde gar noch die erst für 1992 vorgesehene Trennung der Kranken- und Rentenversicherungsnummer wieder aufgehoben, könnten durch die allgemeine Versichertennummer auf einheitliche Weise die Datenbanken erschlossen und die Daten zusammengeführt werden. Es solches multisektorales Personenkennzeichen würde technisch die Möglichkeit potenzieren, Sozialdaten zu offenbaren und zu übermitteln. Erfolgt die Übermittlung online, würde das aus dem Gebot der informationellen Gewaltenteilung folgende Verbot einer Zentraldatei mehrerer Leistungsträger[55] unterlaufen. Aber auch andere staatliche Verwaltungen wie Polizei oder Finanzämter werden Interesse an diesen Informationen entwickeln und über die heute auf bestimmte Daten begrenzte Amtshilfe hinaus Zugriff auf diese Daten fordern.[56]

Aufgrund der Informationsvernetzung und der Vielfalt von Datenströmen ist nicht nur das informationelle Selbstbestimmungsrecht gefährdet, weil die Versicherten „nicht mehr wissen können, wer was wann und bei welcher Gelegenheit über sie weiß."[57] Gefährdet sind auch die Rechte auf Selbstbestimmung und Gesundheit, wenn immer mehr Menschen Leistungen nicht beanspruchen, weil sie die damit verbundenen Informationen nicht preisgeben wollen. Gefährdet ist auch das Patientengeheimnis und der mit ihm gewährleistete Schutz menschlicher Würde und Persönlichkeitsentfaltung.[58] Sofern eine Preisgabe intimer Gesundheitsinformationen heftige Schamgefühle oder soziale Diskriminierung auslöst und zu körperlichen oder psychischen Beeinträchtigungen führt, kann darüber hinaus das Recht auf körperliche Unversehrtheit oder das Recht auf Freiheit[59] berührt sein.

Verdatung und Prävention

Über die schon angedeutete normierende, standardisierende und verhaltenssteuernde Wirkung der elektronischen Sammlung und Auswertung von Gesundheitsdaten hinaus haben personenbezogene Datenbanken zum Zweck der Prävention weitere besondere Risiken. Verstärken die Krankenkassen und die Gesundheitsverwaltungen ihre Anstrengungen zur Prävention, so werden für sie zunehmend Daten über den gesellschaftlichen Hintergrund des einzelnen interessant. Soweit aber der Hauptzweck einer Informationssammlung Prävention ist, fällt es schwer, Voraussetzungen und Grenzen der Datenerhebung und -verarbeitung zu umschreiben. Denn für das Erkennen und Vorbeugen von Gesundheitsrisiken kann nahezu jede personenbezogene Information relevant sein.[60]

Sowohl in den präventiv orientierten Sammlungen der Kassen als auch in den vielen Krankheitsregistern werden über Jahre hinweg hochsensible personenbezogene Informationen auf Vorrat gesammelt. Die Sammlungen stehen für beliebige politische Zielsetzungen offen. Je nach Ausrichtung der Gesundheitspolitik wird eine interessengerichtete Auswertung die gewünschten statistischen Belege finden. Ihr Personenbezug ermöglicht sogar gezielte individuelle Maßnahmen.

Die Bildung von Risikogruppen wird vom Kostendruck, der Nachweisbarkeit, den Präventionsmöglichkeiten und den politischen Rahmenbedingungen abhängen. Risikodefinitionen, Risikobewertungen und Präventionsstrategien werden daher wechseln. Ursprünglich harmlos erscheinende Datensammlungen können für die Betroffenen plötzlich schwere Nachteile verursachen. Die Einrichtung einer Datenbank für Hämophile zum Beispiel, die den Betroffenen angemessene Hilfe bei Gefahr sicherstellen soll, könnte auf diesem Weg selbst zu einer Gefahr für die Bluter führen: In Zeiten einer AIDS-Hysterie könnten sie wegen der Bluttransfusionen, die sie benötigen, als Risikoträger angesehen werden. Durch entsprechende Verwendung ihrer Datenbank könnten sie sich nachteiligsten Diskriminierungen ausgesetzt sehen.[61]

Die jahrelange Latenzzeit, in der eine Seuche wie AIDS noch nicht ausgebrochen, aber übertragbar ist, stellt die Präventionspolitik der Gesundheitsbehörden vor ein Dilemma. Entweder sie unterziehen die Gesamtbevölkerung einem möglichst kontinuierlichen Screening oder sie beschränken sich auf „Risikogruppen" und versuchen, den Rest der Bevölkerung mit harten Maßnahmen gegen die Risikogruppen symbolisch zu beschwichtigen. Diese „Risikogruppen" technisch zu erfassen und seuchenrechtlich zu behandeln, kann leicht dazu führen, daß die Betroffenen ins gesellschaftliche Abseits und die soziale Isolation geraten. Diese Gefahr ist deshalb besonders groß, weil die von AIDS hauptsächlich Betroffenen sub- oder gegenkulturellen Lebenswelten angehören.

Die künftige Verdatung des Gesundheitswesens

Die Verdatung des Gesundheitswesens dürfte insgesamt eine Machtverschiebung noch weiter weg von den Betroffenen hin zu den bürokratischen Apparaten des Gesundheitssektors bewirken. Gesundheit wird zu einer rationierten und damit beherrschbaren Sache. Über die Herrschaftsmittel werden mit Hilfe der Informationstechnik vor allem die Gesundheitsbürokratien verfügen. Sie entscheiden über Handlungs- und Lebenschancen. Sie – weniger die Ärzte – bestimmen durch ihre statistischen Kontrollverfahren die Behandlungsmethoden und das Leistungsspektrum. Sie definieren durch die Festlegung von Risikofaktoren auch Normen für die Lebensführung und beeinflussen durch sanktionsbewehrte Präventionsempfehlungen das Verhalten der Versicherten. Je nach Bildung von Betroffenengruppen können sie in der politischen Auseinandersetzung Gesundheitsrisiken ebenso in den Vordergrund rücken wie auch wegbegründen. Eine Machtverschiebung, die solche weitgehenden Verhaltenssteuerungen ermöglicht, könnte die demokratische Struktur unserer Gesellschaft gefährden.

Aspekte einer verfassungsverträglichen Gestaltung

Die beschriebenen negativen Folgen für die künftige Entfaltung von Grundrechten sind nicht zwangsläufig. Sie sind nur zu erwarten, wenn keine kräftige Gegensteuerung erfolgt. Ein entsprechender politischer Wille vorausgesetzt, wäre es auch möglich, die positiven Wirkungen der Informationstechnik zu sichern und die negativen zu vermeiden. Die Informations- und Kommunikationstechnik ist wie keine andere Technik vor ihr gestaltungsbedürftig und gestaltungsfähig.[63] Eine verfassungsverträgliche Gestaltung kann jedoch nie auf die Technik allein begrenzt sein. Sie muß vielmehr ihren sozialen und politischen Verwendungskontext berücksichtigen und eingebettet sein in eine grundlegende Reform der Gesundheitsversorgung. Wie sehr der Grundrechtsschutz von der Struktur und den politischen Randbedingungen des Gesundheitswesens abhängt, sollen zwei Beispiele zeigen: Die Notwendigkeit der Informatisierung als Mittel zur Kostendämpfung und Ökonomisierung hängt unter anderem ab von der Zahl von Erkrankungen und deren Kosten. Statt durch eine technikunterstützte Kostenbegrenzung an den Folgen anzusetzen, könnten auch die Ursachen bekämpft werden. Unter diesem Blickwinkel verwundert es, daß einerseits der Kostenanstieg der Gesundheitsversorgung beklagt wird, andererseits aber zum Beispiel die Werbung für das Rauchen nicht verboten wird, der Straßenverkehr mit Hunderttausenden von Verletzten, die jährlich Kosten von etwa 25 Mrd. DM verursachen,[64] nicht gezähmt wird oder krebserregende Stoffe produziert und in den Verkehr gebracht werden dürfen. Mit relativ einfachen Mitteln könnten Ursachen dieser Art beseitigt oder begrenzt werden – und damit auch der Kostenanstieg und die Verarbeitung personenbezogener Informationen zu seiner Dämpfung.

Ähnlich beeinflußt das Vergütungssystem der Ärzte den Umfang der erforderlichen Abrechnungsdaten: Eine individuelle Abrechnung von Einzelleistungen erfordert die Speicherung, Auswertung und Kontrolle der jeweiligen Leistungen. Eine individuelle Pauschalvergütung verlangt nur die Speicherung der Anzahl der Patienten. Eine fixe Monatsvergütung der Ärzte wie bei Angestellten oder Beamten erfordert unter Umständen nicht einmal das Speichern der Patientenkennzeichnung.[65]

Die Struktur des Gesundheitswesens und seine politischen Randbedingungen hängen also eng mit der Notwendigkeit und den Auswirkungen seiner Informatisierung zusammen. Aus deren Untersuchung können allerdings keine Vorschläge zu einer umfassenden Reform der Gesundheitsversorgung hergeleitet werden. Im folgenden können daher lediglich einige Aspekte verfassungsverträglicher Technikgestaltung angesprochen werden, die für sich oder im Rahmen einer solchen Reform berücksichtigt werden sollten.

Recht auf Krankheit

Das Selbstbestimmungsrecht des Patienten kann nur gewahrt werden, wenn er nicht nur Objekt einer perfektionierten Krankenversorgung, sondern als selbstbewußtes Individuum anerkannt ist, das an der Erhaltung und Wiederherstellung seiner Gesundheit aktiv mitarbeiten kann. Dies bedeutet auch, daß der Wille des Kranken vor dem Wohl des Kranken rangiert. Das Recht auf freie Entfaltung enthält daher selbstverständlich auch das Recht auf Krankheit.[66] Daher muß der Patient wählen können zwischen Arztgespräch oder Expertensystem, Handhalten oder Apparatemedizin, gesundheitsriskantem Lebensstil oder Teilnahme an allen Frühdiagnosen. Um diese Selbstbestimmung auch in der hilfebedürftigen Situation des Krankseins gegenüber den Zwängen der Zweckmäßigkeit in einem Krankenhausbetrieb durchsetzen zu können, wäre die Einführung von Patientenfürsprechern zu erproben.

Das Recht auf Gesundheit ist ein individuelles Recht. Es darf nicht durch die „Herrschaft der Durchschnitts- und Minutenwerte" standardisiert und entwertet werden. Zwar setzt seine Gewährleistung die ökonomische Leistungsfähigkeit der gesetzlichen Krankenversicherung voraus. Solange aber die Kosten der Gesundheitsversorgung auch durch die Veränderung krankheitsverursachender Verhältnisse oder Strukturreformen verringert werden können, darf die notwendige Sicherung der Wirtschaftlichkeit nicht auf Kosten dieses Grundrechts gesucht werden. Gerade wenn die ökonomischen Zusammenhänge berücksichtigt werden, zeigt sich die besondere Bedeutung der primären Verhältnisprävention sowohl für das Grundrecht auf Gesundheit als auch für die Wirtschaftlichkeit der Gesundheitsversorgung. Allein die Bekämpfung der Krankheits*ursachen* verspricht, sowohl die Kosten zu senken, als auch die Bedingungen für ein gesundes Leben zu verbessern. Daher sollten auch die Verursacher, die die Gesundheit *anderer* beeinträchtigen, stärker an den Kosten des Gesundheitswesens beteiligt werden. Soweit Krankheiten durch *eigenes* Verhalten verursacht werden, würde das Verursacherprinzip zwar eine spezifische Belastung des Betroffenen fordern. Der Gesundheitsschutz darf aber nicht zur Bevormundung der Versicherten führen. Sanktionen für ein Verhalten, das nicht den Normen der Gesundheitsbürokratie entspricht, gefährdet das Recht auf Selbstbestimmung und die Vielfalt pluralistischer Lebensstile.

Schon gar nicht darf die Frage nach gesund und krank, nach erforderlichen und überflüssigen Heilmaßnahmen in Softwareprogrammen zur Mißbrauchskontrolle entschieden werden. Denn in ihnen könnte Krankheit nur als Abweichung von DIN-ähnlichen Normvorstellungen definiert werden. Dies verbietet sich aber angesichts der immer breiter werdenden „Grauzone“ medizinischer Begriffe im Interesse der Rechte auf Gesundheit und Selbstbestimmung des Patienten.

Wider den stillen Zwang von Expertensystemen

Die Therapiefreiheit gewährleistet dem Arzt das Recht, die Patienten, die sich ihm anvertraut haben, nach der von ihm für richtig erachteten Weise zu behandeln. Es darf nicht durch ökonomisch motivierte Normierung ärztlicher Diagnose, Therapie und Medikamentierung ausgehöhlt werden. Das berufsnotwendige Vertrauensverhältnis zwischen ihm und dem Patienten erfordert, das ärztliche Schweigerecht und das Patientengeheimnis zu wahren. Gleichzeitig aber muß die gesetzliche Krankenversicherung wissen, welche Leistungen sie bezahlt und wie erfolgreich diese waren, und muß sich gegen Bereicherungsversuche wehren können. Für Wirtschaftlichkeits- und Qualitätskontrollen würde aber genügen, nach Überprüfung der Leistungsberechtigung nur die Daten eines Teils der Versicherten oder aller Versicherten während begrenzter Zeiträume in einen anonymisierten Transparenzbestand aufzunehmen. Dieser könnte für die Mißbrauchskontrolle arztbezogene Stichprobenüberprüfungen ermöglichen. Um pluralistische Möglichkeiten ärztlichen Handelns zu gewährleisten, sollte eine unabhängige Institution nach den Bedingungen des Einzelfalls und nicht nach Standardwerten die Ärzte überprüfen. Würden den Kassenärztlichen Vereinigungen jeweils ein Gesamtbudget entsprechend der Leistungsfähigkeit der Kassen überwiesen, wäre die Verteilung der Gesamtsumme und die Mißbrauchskontrolle eine rein interne Angelegenheit der Kassenärzte. Patientenbezogene Auswertungen wären in jedem Fall überflüssig.

Die Therapiefreiheit ist aber auch gegenüber dem stillen Zwang von Expertensystemen zu sichern. Es sollten nur solche Systeme zugelassen werden, deren Zuverlässigkeit und Geeignetheit zuvor von einer unabhängigen Stelle geprüft wurden.[67] Für Fehler der Systeme wäre eine Gefährdungshaftung des Herstellers einzuführen, damit der Schaden jedenfalls nicht dem Arzt oder dem Patienten angelastet wird. Die Systeme müßten in jedem Fall ihre Schlußfolgerungen dem Arzt detailliert begründen und auf Alternativen in der Diagnose oder Therapie hinweisen. Der Arzt hat dann die Pflicht und der Patient die Möglichkeit, zwischen unterschiedlichen Diagnose- oder Behandlungsformen zu wählen.

Informationelle Selbstbestimmung

Das Recht auf informationelle Selbstbestimmung ist soweit möglich durch technische oder organisatorische Vorkehrungen zu sichern. So fordert das Gebot der informationellen Gewaltenteilung, die unterschiedlichen Zwecken dienenden Datenbestände der Sozialverwaltung gegeneinander abzuschotten und gerade nicht zu einer dezentralen Sozialdatenbank weiterzuentwickeln. Auf die Steigerung an Verwaltungseffizienz, die ein Online-Verbund der Sozialverwaltungen auf der Grundlage einer einheitlichen Versichertennummer bietet, muß auch künftig verzichtet werden, wenn die Freiheit der Versicherten gewahrt werden soll. Ähnliches gilt für Krankenhausinformationssysteme. Für die medizinische Versorgung sind Insellösungen oft ausreichend und Vernetzungen nur aus ökonomischen Gründen gefordert. Ist dies der Fall, sollten die medizinischen Informationsbestände und die Verwaltungsdaten getrennt bleiben.

Die große Bedeutung primärer Prävention für die Grundrechtsentfaltung rechtfertigt die erforderlichen umfangreichen Datensammlungen über krankheitsverursachende Verhältnisse. Diese erfüllen ihren Zweck aber auch dann, wenn sie anonym geführt, möglichst mit aggregierten Daten arbeiten und gegenüber der Umwelt abgeschottet sind.[68]

Die Versicherten-Chipkarte, die nicht zur Erschließung unterschiedlicher Sozialdatenbanken, sondern nur zur Speicherung medizinischer Daten genutzt wird, bringt für die Patienten eine Reihe von Vorteilen, beinhaltet aber auch viele Risiken. Vor ihrer Einführung sollte daher in einem Probeversuch getestet werden, ob folgende technische Schutzvorkehrungen realisierbar sind: Es sollten möglichst alle relevanten Daten auf der Karte gespeichert sein, um die Konzentration solch sensibler Daten vieler Versicherten an einer zentralen Stelle zu vermeiden. Außer den Notfalldaten sollten alle Daten mit einem öffentlichen Schlüsselsystem[69] verschlüsselt sein, so daß nur ein Arzt mit seinem Schlüssel die Daten lesen kann. Die Kartei wäre mit differenzierten Schutzmechanismen zu versehen, so daß der Patient über entsprechende Bedienelemente in der Lage ist, auch nur Teile seiner Krankheitsgeschichte preiszugeben. Schließlich wäre zu testen, unter welchen Bedingungen die Benutzung der Karte jedem Arzt oder Patienten freigestellt werden kann, und welche rechtlichen Schutzregeln verhindern können, daß strukturelle Zwangslagen (gegenüber Versicherungen, Arbeitgebern) entstehen, Informationen aus der Chipkarte preiszugeben.

Der Schutz der Grundrechte hängt auch in einem informatisierten Gesundheitswesen vor allem davon ab, wie in ihm Macht verteilt und begrenzt werden kann. Daher ist neben den genannten organisatorischen und technischen Sicherungen immer auch zu prüfen, welche Maßnahmen zu Entbürokratisierung, Dezentralisierung und Demokratisierung der Gesundheitsversorgung ergriffen werden können.

[1] BVerfGE 65, 1 (43). – [2] Siehe z. B. näher *Böckenförde:* Die sozialen Grundrechte im Verfassungsgefüge. In: ders.//Jekewitz/Ramm (Hrsg.): Soziale Grundrechte. 1980. S. 9; *Kittner:* Alternativ-Kommentar des Grundgesetzes, 1984, Art. 20 1–3 IV, Rdnr. 64 f.; *Seewald:* Zum Verfassungsrecht auf Gesundheit. 1981; *Zuck:* Grundrechtsschutz und Grundrechtsentfaltung im Gesundheitswesen. 1983. S. 25 ff.; zur Garantenstellung siehe auch BVerfGE 33, 303

(331). – [3] Siehe hierzu *Hilbig/Renner,* Soziale Sicherheit 1/1988, S. 11. – [4] Siehe hierzu z. B. *Meye/Schwartz:* Transparenzprojekte in der GKV. 1984. S. 19 ff.; *Bull:* Rechtliche Grundlagen der Offenbarung von Patientendaten durch Kassenärzte. In: Meye/Schwartz, S. 99 ff.; *Schwartz/Meye:* Arzt- und Patientendaten zwischen Anonymität und Offenbarung. In: Hohmann (Hrsg.): Freiheitssicherung durch Datenschutz. 1987. S. 381 ff.; *Simitis:* Thesen zum Schutz von Krankenkassendaten, ebenda S. 352 ff.; *Gradek:* Das Transparenz-Forschungsprojekt der AOK Lindau, S. 364 ff. – [5] Derzeit laufen etwa 6000 Verfahren wegen Abrechnungsbetrügereien, siehe *Blüm:* Bulletin des Presse- und Informationsamtes der Bundesregierung 1988, S. 573; siehe hierzu auch *Naase:* Soziale Sicherheit. 1986. S. 369 ff. – [6] *Blüm* (Anm. 5), S. 572. – [7] Siehe hierzu §§ 292 ff., 302 ff., 310 ff. GRG. – [8] *Blüm* (Anm. 5), S. 572. – [9] Siehe hierzu z. B. *Wollner:* Gesellschaftsanalyse, Computereinsatz und öffentliches Bewußtsein. In: Reese u. a.: Die politischen Kosten der Datenverarbeitung. 1979. S. 193; *Ronge:* Kursbuch 66 (1981), S. 114. – [10] Siehe hierzu z. B. *Deppe,* FR-Dokumentation v. 25. April 1988, S. 10; *Vobruba:* Prävention durch Selbstkontrolle. In: Wambach (Hrsg.): Der Mensch als Risiko. 1983. S. 29 ff. – [11] Siehe z. B. *Visintin* u. a. CM 9/1986, S. 21 ff. – [12] Siehe hierzu z. B. *Class/Haug,* CM 9/1987, S. 22 ff.; FR vom 9. Januar und 16. Juli 1988. – [13] Siehe hierzu z. B. *Visintin* u. a. (Anm. 11), S. 26. – [14] *Puppe/Puppe,* CM 9/1986, S. 30: In 20 Jahren wird an ihrem Standard die übrige Medizin gemessen werden. – [15] Z. B. hat QMR an der Medizinischen Fakultät in Pittsburgh 577 Krankheiten und deren Verbindungen zu 4100 Anzeichen, Symptomen und weiteren Patientenmerkmalen in seiner Wissensbasis gespeichert, siehe *Rennels/Shortliffe,* Spektrum der Wissenschaft 12/1987, S. 132. – [16] Solche Expertensysteme wie ROUNDSMAN oder ONCOCIN sind bereits in der Erprobung, siehe näher *Rennels/Shortliffe* (Anm. 15), S. 129 ff. – [17] *Puppe/Puppe* (Anm. 14), S. 29; siehe auch *Rennels/Shortliffe* (Anm. 15), S. 128; *Hilbig/Renner* (Anm. 3), S. 14. – [18] Siehe § 299 GRG. Ein Vorläufer dieser Chipkarte wurde bereits an der Universität Graz entwickelt, siehe CW vom 1. Mai 1987, S. 87; *Hilbig/Renner* (Anm. 3), S. 15. – [19] Siehe hierzu z. B. *Klingholz,* Zeitmagazin 12/1988, 62 ff. – [20] Siehe hierzu z. B. *Wunder:* Vom Kampf gegen die Krankheit zum Kampf gegen die Kranken. In: Elling/Wunder (Hrsg.): Krebsregister. Erfassung als Politik. 1986. S. 28. Er referiert in diese Richtung weisende Vorschläge. Siehe zur Fülle bereits bestehender oder geförderter Krankheitsregister *Busch:* Das Erfassungsumfeld der Krebsregistrierung, ebenda S. 209, 220. – [21] Siehe hierzu *Wagner:* Arbeitsmedizin, Sozialmedizin, Präventionsmedizin 9/1983, S. 223 ff. sowie *Wunder* (Anm. 20), S. 30 f. und *Narr/Schwandner:* Die Herrschaftslogik der Krebsregister . In: Elling/Wunder (Anm. 20), S. 92. – [22] Siehe hierzu näher *Rennels/Shortliffe* (Anm. 15), S. 133 f; *Schubert* u. a.: Chancen und Risiken des Einsatzes von Expertensystemen in Produktion, Verwaltung, Handwerk und Medizin. In: Materialien der Enquete-Kommission „Technikfolgen-Abschätzung“, Band III. Bonn 1987. 182 ff. – [23] Siehe hierzu *Rennels/Shortliffe* (Anm. 15), S. 133 ff. – [24] Siehe hierzu z. B. *Hilbig/Renner* (Anm. 3), S. 12. – [25] Siehe hierzu *Hilbig/Renner* (Anm. 3), S. 13; *Fresenius,* CM 10/1986, S. 46. – [26] Siehe hierzu z. B. *Bull:* Datenschutz oder Die Angst vor dem Computer. 1984. S. 277 ff.; *Busch* (Anm. 20), S. 195 ff.; *Marburger,* Die Polizei 1985, S. 234 ff.; *Pickel,* DuD 1985, S. 196 ff. – [27] Siehe hierzu z. B. *Gradek* (Anm. 4), S. 365; *Eberle,* Die Ortskrankenkasse 15/16–1985, S. 581 ff.; *Meye/Schwartz* (Anm. 4), S. 9 f.; *Schwartz/Meye* (Anm. 4), S. 381 f. – [28] Siehe hierzu z. B. *Gradek* (Anm. 4), S. 370 ff.; *Schwartz/Meye* (Anm. 4), S. 383 ff.; *Meye/Schwartz* (Anm. 4), S. 49, 85 ff. – [29] Für epidemiologische und ähnliche Forschungsvorhaben dürfen schon heute die personenbezogenen Daten der Kassen anonymisiert ausgewertet und über die Löschungsfristen hinaus aufbewahrt werden, siehe § 295 GRG. – [30] Vgl. hierzu näher *Eberle* (Anm. 27), S. 583 ff. – [31] Z. B. *Labisch:* Soziologische Grundprobleme der primären Prävention und das Konzept der „gemeinschaftlichen Gesundheitssicherung“ der Weltgesundheitsorganisation. In: Rosenbrock/Hauß (Hrsg.): Krankenkassen und Prävention. 1985. S. 51 ff. 63; *Lemke:* Möglichkeiten präventiver Gesundheitssicherung für Bevölkerungsgruppen in benachteiligten Lebenslagen durch die gesetzlichen Krankenkassen, ebenda S. 211 ff., 224; *Müller:* Prävention von arbeitsbedingten Erkrankungen? In: Wambach (Anm. 10), S. 176 ff.; *Vobruba* (Anm. 10), S. 31 ff.; *Eberle* (Anm. 27), S. 587 ff.; *Busch* (Anm. 20), S. 200. – [32] Z. B. *Eberle* (Anm. 27), S. 583 f.; im Bereich der Arbeitsmedizin werden derzeit für etwa 1,8 Mio. Arbeitnehmer aus betrieblichen Risikogruppen jeweils 40 bis 70 Vorsorgeuntersuchungen durchgeführt. – [33] Z. B. *Hien/Elling:* Krankheitserfassung in chemischen Großbetrieben – Das Beispiel BASF. In: Elling/Wunder (Anm. 20), S. 112. – [34] Siehe hierzu z. B. *Eberle* (Anm. 27), S. 590 f. – [35] Siehe hierzu *Eberle* (Anm. 27), S. 590. – [36] So könnten etwa Heilbehandlungen oder Vorsorgemaßnahmen nach dem Vorbild des § 63 SGB I von jedem Versicherten erzwungen werden. – [37] Siehe hierzu *Hilbig/Renner* (Anm. 3), S. 13/14. – [38] Siehe hierzu z. B. *Schubert* u. a. (Anm. 22), S. 217 ff. – [39] Zur Haftungsproblematik bei Fehlern von Expertensystemen und der Gefahr des Verdunstens von Verantwortung siehe *Beier,* RDV 1986, S. 189 f.; *Kongehl,* DuD 1987, S. 171. – [40] Siehe hierzu kritisch z. B. *Gerok,* FAZ vom 22. Februar 1986. – [41] Siehe hierzu *Beier,* DVR 1986, S. 188. – [42] *Schwandner:* Standardisierung der Krankheit. In: Komitee für Grundrechte und Demokratie (Hrsg.): Technik, Mensch und Menschenrecht. 1986. S. 91. – [43] Siehe hierzu *Simitis* (Anm. 4), S. 359; *Schwartz/Meye* (Anm. 4), S. 392; *Lilie:* Medizinische Datenverarbeitung, Schweigepflicht und Persönlichkeitsrecht im deutschen und amerikanischen Recht. 1980. S. 49. – [44] Siehe hierzu auch *Bourmer:* Patientengeheimnis aus der Sicht des Arztes. In: Gliss/Hentschel (Hrsg.): Datenschutz. 1982. S. 291; *Narr/Schwandner* (Anm. 22), S. 88 f.; *Lilie* (Anm. 43), S. 47. – [45] *Gradek* (Anm. 4), S. 370. – [46] Siehe hierzu §§ 292 ff. GRG. – [47] Siehe z. B. *Schwartz/Meye* (Anm. 4), S. 387. – [48] Siehe hierzu z. B. *Simitis* (Anm. 4), S. 361; *Schwartz/Meye* (Anm. 4), S. 388 f.; *Meye/Schwartz* (Anm. 4), S. 34; *Busch* (Anm. 20), S. 207; *Lilie* (Anm. 43), S. 49. – [49] BVerfGE 65, 1 (43). – [50] Um bei steigendem Datenschutzbewußtsein überhaupt noch repräsentative Datensätze zu erhalten, wird sich vermutlich die Regelung des § 9 des saarländischen Krebsregistergesetzes als Vorbild durchsetzen. – [51] Siehe hierzu *Rzadtki/Wollenteit:* Persönlichkeitsrecht und Krebsregistrierung. In: Elling/Wunder (Anm. 20), S. 164 ff.; *Steinmüller:* Erfordernisse des Datenschutzes bei der wissenschaftlichen Auswertung von Informationen der gesetzlichen Krankenversicherung. 1979. S. 73 ff. – [52] In § 7 Abs. 1 KRG-NRW und in § 12 Abs. 3 KRG-Hamburg wird dies zwar verboten, aber nur in Hamburg als Ordnungswidrigkeit (§ 15) sanktioniert. – [53] Siehe FR vom 13. Mai 1988; Zeit 22/1988 vom 27. Mai 1988, S. 35. – [54] Siehe §§ 35 SGB I und 69 SGB X. – [55] § 96 Abs. 3 SGB X. – [56] Siehe hierzu näher *Steinmüller/Rieß:* Die Verwendung der Versicherungsnummer in den Gesetzentwürfen zur Strukturreform im Gesundheitswesen, Gutachten 1988. – [57] BVerfGE 65, 1 (43). – [58] Siehe BVerfGE 32, 373 (380). – [59] So RGZ 97, 343 (346) für ein privatärztliches Gutachten über die Behandlungsbedürftigkeit des Ehemannes in einer Nervenheilanstalt in der Hand einer böswilligen Ehefrau. – [60] Siehe hierzu *Simitis* (Anm. 4), S. 356; *Schwartz/Meye* (Anm. 4), S. 391. – [61] Siehe hierzu z. B. *Kongehl,* DuD 1987, 67. – [62] Siehe ähnlich *Schwandner* (Anm. 42), S. 93; *Atteslander,* Universitas 40 (1985), S. 133; *Labisch* (Anm. 31), S. 622; *Simitis* (Anm. 4), S. 359. – [63] Siehe hierzu den abschließenden Beitrag von Roßnagel sowie ders. u. a.: Zur Verfassungsverträglichkeit der Informations- und Kommunikationstechnik. 1989. – [64] Siehe FR vom 23. Juli 1988. – [65] *Borchert,* CR 1988, 395. – [66] Siehe z. B. KG Berlin NJW 1981, 2521; *Zuck* (Anm. 2), S. 33 f. – [67] Ebenso *Seelos:* Medizin, Mensch, Gesellschaft. 1984. S. 37. Für die Zulassung am Menschen angewandter „lebenserhaltender Geräte“ ist eine solche Prüfung seit 1986 vorgeschrieben. – [68] Siehe hierzu *Steinmüller* (Anm. 51). – [69] Siehe hierzu näher *Hammer,* DuD 1988, S. 391 ff.

Für wertvolle Hinweise danken wir den Herren MinR Affeld (Ministerium für Arbeit, Gesundheit und Soziales, Düsseldorf), Prof. Dr. v. Alemann (Fernuniversität Hagen), Barth (AOK Dortmund), Bernhard (Universität Witten-Herdecke), Prof. Dr. Ehlers (Universität Göttingen), Fuchs (AOK Frankfurt), Prof. Dr. Haas (TÜV Rheinland), Dr. Kongehl (Universität Ulm), Mühlbauer (Universität Witten-Herdecke), Prof. Dr. Podlech (TH Darmstadt), Dr. Schaefer (Kassenärztliche Vereinigung Hessen), MdL Dr. Schwandner (Landtag Baden-Württemberg), Siewert (AOK-Landesverband Westfalen-Lippe) sowie unseren Kollegen U. Pordesch und P. Wedde. Für den Text sind jedoch allein die Autoren verantwortlich. Für mögliche Fehler trifft unsere Gesprächspartner kein „mitwirkendes Verschulden“.

Alternativen
und
Gestaltungsmöglichkeiten

Entwicklungspfade der Telekommunikation

Herbert Kubicek, Bremen

Die Deutsche Bundespost hat 1984 ein Konzept vorgelegt, nach dem in einem Zeitraum von 30 Jahren und mit einem geschätzten Aufwand von 300 bis 500 Milliarden das flächendeckende Fernsprechnetz stufenweise zu einem computergesteuerten und computergerechten Universalnetz für die Übertragung von Sprache, Daten, Texten und Bildern umgebaut werden soll.[1] Über dieses Netz soll eine Fülle elektronischer Dienstleistungen angeboten werden, die über elektronische Endgeräte genutzt werden können. So wie heute jeder Betrieb und fast jeder Privathaushalt ein Telefon besitzt, sollen in 20 bis 30 Jahren in allen Betrieben und Privathaushalten Datenstationen oder multifunktionale Terminals eingesetzt und an das Netz angeschlossen werden.

Die technologische Grundlage dafür bieten Basisinnovationen im Bereich der Mikroelektronik, die Digitalisierung von Sprache und Bildern und die optische Nachrichtentechnik. Sie sollen in einem vierstufigen Netzausbaukonzept in einer spezifischen Art und Weise angewendet werden:

– Seit einigen Jahren werden die über 6 000 elektromechanischen Fernsprechvermittlungsstellen schrittweise durch digitale speicherprogrammierte Vermittlungscomputer ersetzt.

– In Verbindung mit neuen Netzanschlüssen im Teilnehmerbereich können auf den bisherigen Kupferanschlußleitungen des Fernsprechnetzes zwei Kanäle gleichzeitig für unterschiedliche Dienste benutzt werden. Aus dem Fernsprechnetz wird dann das ISDN (= Integriertes Sprach- und Datennetz).

– Parallel dazu werden Glasfaserkabel als Teilnehmeranschlußleitungen eingesetzt, über die noch schnellere Datenübertragung und Videokonferenzen möglich sind.

– In einer letzten Ausbaustufe sollen dann eventuell auch noch Hörfunk- und Fernsehabruf einbezogen werden, so daß ein

Prof. Dr. **Herbert Kubicek**, geb. 1946. 1977 bis 1988 Professor für Betriebswirtschaftslehre an der Universität Trier, seit 1988 Professor für Angewandte Informatik an der Universität Bremen. Arbeitsschwerpunkte: Organisationstheorie, Technikfolgenabschätzung und soziale Beherrschbarkeit der Informations- und Kommunikationstechniken im Büro- und Verwaltungsbereich. Zahlreiche Veröffentlichungen, u. a.: Organisation, 2. Auflage Berlin 1984 (zus. mit A. Kiesner); Mikropolis. Mit Computernetzen in die Informationsgesellschaft, 2. Auflage Hamburg 1986 (zus. mit A. Rolf).

Prof. Dr. Herbert Kubicek, Universität Bremen, Fachbereich 3, Bibliothekstraße, 2800 Bremen 33

integriertes Universalnetz (IBFN = Integriertes Breitband-Fernmeldenetz) verwirklicht werden könnte.

Damit die technologischen Potentiale für wirtschaftliches Wachstum voll ausgeschöpft werden und die Infrastruktureffekte voll zum Tragen kommen, wird auch die rechtliche Struktur der Bundespost und des Fernmeldewesens geändert. Dem Bundestag liegen dazu Gesetzesänderungen [2] vor:

– Das Postverwaltungsgesetz soll durch ein Postverfassungsgesetz ersetzt werden. Es stellt die wirtschaftlichen Ziele in den Vordergrund und sieht eine Trennung des hoheitlichen Bereichs und der Dienstleistungsfunktionen vor. Letztere sollen drei Unternehmen mit eigenen Vorständen und Aufsichtsräten übertragen werden. Für die einzelnen Unternehmen ist eine eigene Haushaltsführung und Kostenrechnung vorgesehen. Die Deutsche Bundespost soll noch über das Netzmonopol und das Monopol für den einfachen Fernsprechdienst verfügen. Alle anderen Fernmeldedienste dürfen auch von anderen angeboten werden.

– Im Fernmeldeanlagengesetz werden dementsprechend die Bestimmungen über das Fernmeldemonopol geändert. „Jedermann" ist danach berechtigt, Telekommunikationsdienstleistungen für andere – mit Ausnahme des einfachen Fernsprechdienstes – zu erbringen. „Jedermann" darf auch zugelassene Endeinrichtungen errichten und betreiben. Anbieter von Telekommunikationsdienstleistungen müssen dies anzeigen. Eine Genehmigungspflicht ist nicht vorgesehen.

Chancen und Risiken

Die Befürworter dieser Konzeption betonen nicht nur die großen Chancen für die Steigerung des Wirtschaftswachstums und die internationale Konkurrenzfähigkeit der stark exportorientierten fernmeldetechnischen Industrie sowie – aufgrund erwarteter Rationalisierungseffekte – der gesamten Wirtschaft. So wie der Ausbau des Straßennetzes und die Ausweitung des Individualverkehrs die Menschen mobiler und den Transport bequemer gemacht hat, so sollen die Telekommunikationsnetze Raum und Zeit bei der Kommunikation überwinden und, etwa mit den Worten des Bundespostministers, die Menschen „informierter und damit urteilsfähiger" machen, so daß sie „demokratischer in ihren Entscheidungen" werden. Die „Kommunikationsgesellschaft" führt nach dieser Auffassung „über einen hohen Grad der Dezentralisierung und Individualisierung zu einer höheren Chancengerechtigkeit". [3]

Kritiker bezweifeln dies. [4] Nach ihrer Auffassung muß damit gerechnet werden, daß die direkte soziale Kommunikation abnimmt und die zunehmende elektronische Kommunikation selbst technisch überwacht werden kann. Außerdem dürften die Menschen als Bürger(innen), Verbraucher(innen) und Arbeitnehmer(innen) für staatliche Behörden und private Unternehmen berechenbarer werden. Wenn in fast allen Lebensbereichen die bisherigen Kommunikations- und Transaktionsformen durch elektronischen Nachrichtenaustausch bis hin zur Mensch-Maschine oder Maschine-Maschine-Interaktion ersetzt werden und wenn Raum und Zeit an Bedeutung verlieren, entfallen auch die Prämissen vieler Schutzgesetze zugunsten der wirtschaftlich und sozial Schwächeren – etwa im Arbeits- und Datenschutzrecht. Insbesondere wird bemängelt, daß ein Verfahren fehlt, das Recht in den einzelnen Anwendungsbereichen der Telekommunikation regelmäßig und systematisch danach zu überprüfen, ob aufgrund veränderter Transaktionsformen Regelungsdefizite entstehen. Denn das Hauptrisiko besteht in einer schleichenden Aushöhlung des sozialen Rechtsstaats durch technische Veränderungen seiner Verwirklichungsbedingungen.

Wunschdenken oder Vergleich von Alternativen?

Da die Pläne zum Ausbau der Telekommunikationsinfrastruktur auf 30 Jahre angelegt sind und sich die Folgen von Infrastrukturen stets langsam, mehrfach vermittelt und an sehr unterschiedlichen Orten einstellen, sind Voraussagen über Wirtschaftswachstum, soziale Verbesserungen, Risiken etc. mit hoher Ungewißheit behaftet. Es stehen ungewisse Erwartungen und fragwürdige Analogien gegen andere ungewisse Erwartungen und ebenfalls fragwürdige Analogien. Gleichwohl scheint die herrschende Politik von Wunschdenken und Problemverdrängung bestimmt. Die höchst ungewissen Chancen reichen aus, um Investitionslenkungsprogramme im Umfang mehrerer hundert Milliarden auf den Weg zu bringen sowie die Bundespost und das gesamte Fernmeldewesen umzustrukturieren. Risikoerwartungen werden nicht ernst genommen und nicht auf eventuelle Konsequenzen im Sinne der Änderung der Pläne untersucht.

Dabei begnügen sich die Kritiker nicht mit dem Hinweis auf Risiken, sondern schlagen auch technische bzw. rechtliche Alternativen vor. Sie fordern im Grunde nur das, was in jüngster Zeit in vielen politischen Programmen versprochen und in anderen technologischen Feldern auch ansatzweise realisiert wird: Die bewußte Gestaltung des technischen Wandels nach erweiterten Kriterien und in demokratisch einwandfrei legitimierten Verfahren:

– Die denkbaren Gestaltungsalternativen, Optionen oder Entwicklungspfade sollen systematisiert und offengelegt werden.
– Für sie sollen dann die ökonomischen und sozialen Folgen abgeschätzt werden.
– Bei der Bewertung sind neben ökonomischen und militärischen Kriterien auch Kriterien wie Umweltverträglichkeit, Sozialverträglichkeit, Verträglichkeit mit Freiheitsrechten zu berücksichtigen.
– Die Auswahlentscheidung soll in einem möglichst demokratischen Prozeß und mit möglichst hohem gesellschaftlichem Konsens getroffen werden.
– Angesichts des langen Ausbauzeitraumes ist zu berücksichtigen, daß die beiden folgenden Generationen andere Wertmaßstäbe anlegen und andere Wertungen treffen könnten. Ihnen dürfen Gestaltungsspielräume nicht durch irreversible Festlegungen genommen werden. Daher sind nur Alternativen verantwortbar, die noch in 20 oder 30 Jahren rückgängig gemacht oder zumindest modifiziert werden können.

Dies alles haben Bundesregierung und Bundestag bisher nicht eingeleitet. Dabei ist es möglich, verschiedene Entwicklungsalternativen zu identifizieren, deren soziale und politische Folgen abzuschätzen und nach den genannten Kriterien zu bewerten. Ein solches Vorgehen wurde in dem Forschungsprojekt „Optionen der Telekommunikation“ (OPTEK) versucht, das im Rahmen des Programms „Sozialverträgliche Technikgestaltung des Landes Nordrhein-Westfalen“ durchgeführt wurde.[5] Im folgenden soll auf der Grundlage der Projektergebnisse gezeigt werden, daß es in der Telekommunikationspolitik technisch-organisatorische Alternativen gibt und diese zu Optionen künftiger Entwicklung gebündelt werden können. Sie führen immer wieder zu Verzweigungssituationen, die demokratische Entscheidungen fordern. Für diese sind die unterschiedlichen Auswirkungen für Freiheitsrechte zu berücksichtigen, die hier insbesondere für das Recht auf informationelle und kommunikative Selbstbestimmung angedeutet werden.

Was versteht man nun in der Telekommunikationspolitik genau unter denkbaren Gestaltungsalternativen oder Optionen? Welche Maßnahmen können als zentrale Parameter angesehen werden, welche haben vergleichsweise geringe Bedeutung für bestimmte Folgen? Für die Beantwortung dieser Fragen bietet sich folgender Bezugsrahmen an (vgl. Abb. 1):

1. Die Infrastruktur bei der Telekommunikation besteht aus den Komponenten Netze, Dienste, Gebühren und Geräte. Sie eröffnet das technisch-wirtschaftliche Potential für eine Fülle von Anwendungen.

2. Wer welche Netze und Dienste zu welchen Bedingungen betreiben und Geräte vertreiben darf, bestimmt die Ordnungspolitik.

3. Häufig wird bei Aussagen über ökonomische und soziale Chancen eine direkte Verbindung zwischen Infrastruktur und Folgen der Telekommunikation hergestellt. Demgegenüber ist die zentrale Bedeutung von Anwendungen zu betonen. Sie stellen unterschiedliche Arten der Nutzung der Infrastruktur dar und beinhalten zumeist über die bloße Nachrichtenübertragung hinaus weitere Elemente der Datenspeicherung und -verarbeitung. Überwiegend handelt es sich um Transaktionen zwischen Anbietern und Nutzern. Die Infrastruktur begünstigt bestimmte Anwendungen mehr als andere, sie determiniert die Anwendungen jedoch nicht. Von Anwendungen können auch Impulse zur Ergänzung der Infrastruktur ausgehen.

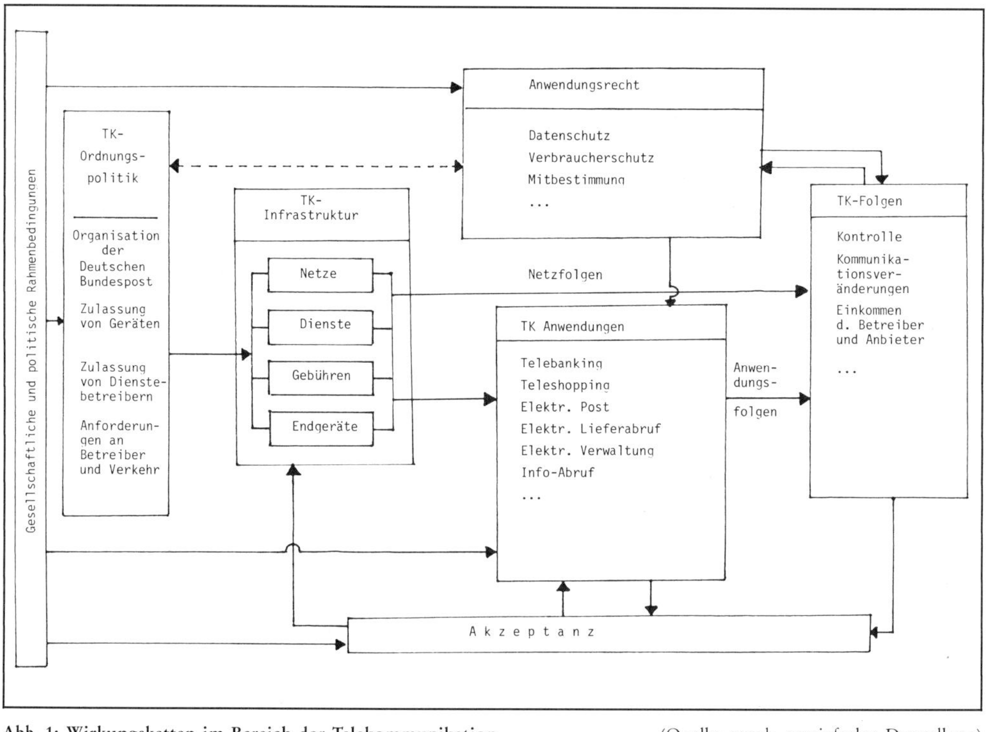

Abb. 1: Wirkungsketten im Bereich der Telekommunikation. (Quelle: optek, vereinfachte Darstellung)

4. Die Anwendungen haben im Zusammenhang mit den Interessenlagen, Machtstrukturen und Entwicklungstendenzen in den jeweiligen Anwendungsbereichen eine Reihe von Folgen im Sinne von Be- und Entlastungen, die zumeist unterschiedlich auf verschiedene Gruppen von Akteuren und passiv Betroffenen verteilt sind.
5. Bei der Anwendungsgestaltung sind rechtliche Bestimmungen zu beachten, die entweder den Technikeinsatz im jeweiligen Bereich betreffen oder Anforderungen an bestimmte Handlungszusammenhänge stellen. Sie sollen zusammenfassend als Anwendungsrecht bezeichnet werden. Eine wichtige Frage ist, ob und wie eine Koppelung zwischen Anwendungsrecht und Ordnungspolitik hergestellt wird, weil Telekommunikationsdienste und -anwendungen die Wirksamkeit des geltenden Rechts berühren können und die Frage auftritt, was woran angepaßt werden soll.
6. Der wirtschaftliche Erfolg wie auch das Ausmaß einer Reihe sozialer Risiken hängt letztlich von der Akzeptanz im Sinne der Anzahl der Anschlüsse und der Intensität der Nutzung der Dienste und Anwendungen ab.
7. Die Ordnungspolitik, die Anwendungen, das Anwendungsrecht und die Akzeptanz werden von umfassenden gesellschaftlichen Rahmenbedingungen und Entwicklungstrends beeinflußt.

Derzeitige Pläne und Alternativvorschläge

Telekommunikations- oder bisher Fernmeldenetze bestehen aus Übertragungswegen, Vermittlungseinrichtungen und Endgeräten und können in einer Reihe von Punkten unterschiedlich gestaltet werden. Hier sollen nur vier Punkte herausgegriffen und um zwei ordnungspolitische Aspekte ergänzt werden, die im Hinblick auf die zu betrachtenden Folgen besonders relevant sind.

Integration versus Entkoppelung

In der aktuellen sozialwissenschaftlichen Technikforschung wird den Leitbildern der Technikentwicklung besondere Beachtung geschenkt. Es handelt sich um Vorstellungen, oft bildhaft oder als Analogie ausgedrückt, die die Arbeit von Entwicklungsingenieuren „leiten“. *Das* Leitbild bei der Entwicklung der Fernmeldenetze ist seit einer Reihe von Jahren das integrierte Universalnetz.[6] Während bisher für jede Nachrichtenform (Sprache, Texte, Bilder) ein separates Spezialnetz errichtet wurde,

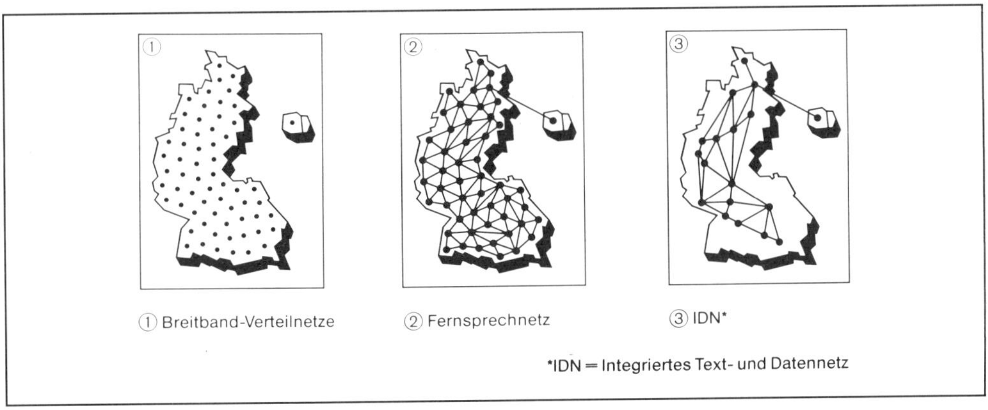

Abb. 2: Derzeitiges Haupt-Fernmeldenetz (Quelle: DBP)

(Abb. 2) wird seit den siebziger Jahren ein integriertes Universalnetz als Fernziel angestrebt, das allerdings in mehreren Stufen (Schmalband-ISDN, Breitband-ISDN und IBFN) erreicht werden soll. Es ist rein technisch faszinierend, daß über ein haarfeines Glasfaserkabel 2000 Telefongespräche oder pro Teilnehmeranschluß ein Telefonkanal, Bildtelefonkanal, ein Daten- und Textkanal sowie mehrere Hörfunk- und Fernsehkanäle gleichzeitig und unabhängig voneinander genutzt werden können (Abb. 3). Ingenieure der Bundespost sprechen von einer Evolution, in der sich das ISDN aus dem digitalisierten Fernsprechnetz entwickele. Und sie betonen, daß mit der Integration die Ressourcen der Anschlußleitungen besser ausgelastet und Rohstoffe gespart werden.

Die Integration ist aber gleichzeitig auch Konzentration. Bei Verwendung der vorgesehenen speicherprogrammierten Vermittlungstechnik würden in einem Steuerrechner Daten über die Benutzung aller technischen Medien einschließlich der abgerufenen Hörfunk- und Fernsehprogramme anfallen. Aus diesen Daten können etwa lückenlose Verhaltensprofile oder politische Einstellungen rekonstruiert werden. Und im Falle einer technischen Störung der Vermittlungsstelle oder der Beschädigung der Anschlußleitung bei Straßenbauarbeiten wären im Gegensatz zu heute gleichzeitig alle elektronischen Außenverbindungen unterbrochen. Mit zunehmender Konzentration von Diensten steigt der mit einem Ausfall verbundene Schaden.

Wenn an eine ISDN-Vermittlungsstelle nach den wirtschaftspolitischen Erwartungen einmal mehrere Tausend Datenverarbeitungsstationen, etwa für den elektronischen Zahlungsverkehr und den elektronischen Lieferabruf, angeschlossen sind, so muß mit physischer Gewalt gegen diese

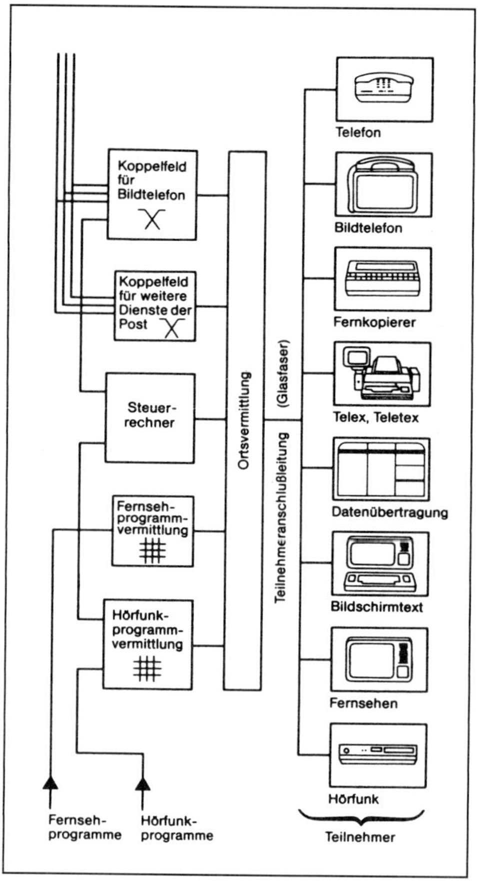

Abb 3: Integriertes Breitband-Fernmeldenetz (IBFN)
(Quelle: DBP)

Schaltknoten des elektronischen Nervensystems der Informationsgesellschaft oder entsprechenden Erpressungsversuchen gerechnet werden. Die bisherigen Bombenanschläge auf Rechenzentren geben Anlaß genug, dieses Risiko ernst zu nehmen. Auch Software-Manipulationen und „Viren"-Angriffe sind nicht auszuschließen. Vor allem Wartungspersonal der Systemhersteller und Bedienungspersonal hat prinzipiell die Möglichkeit, Manipulationen an der Software der Vermittlungsrechner vorzunehmen, die nicht ohne weiteres von anderen entdeckt werden können. Die Weitergabe bestimmter Informationen an

Dritte dürfte auch diesen die Möglichkeit bieten, von außen Manipulationen vorzunehmen.

Bei einem integrierten und speicherprogrammierten Vermittlungsnetz sind diese Risiken systemimmanent. Schutzmaßnahmen richten sich dann gegen die Menschen, die mit dem System zu tun haben. So werden die Vermittlungsstellen und das Vermittlungspersonal in dem von General Electric betriebenen Datennetz MARK III mit mehrfachen Zugangskontrollen und permanent laufenden Videokameras überwacht.[7]

Eine weitere „Schwachstelle" sind all diejenigen, die mit der Entwicklung und Wartung der Vermittlungssoftware befaßt sind. Sie könnten Informationen an potentielle Angreifer weitergeben. In diesem Zusammenhang ist wohl die Überprüfung von Beschäftigten aus dem Bereich „Öffentliche Vermittlungstechnik" der Siemens AG durch den bayerischen Verfassungsschutz zu sehen, die ohne Wissen der Betroffenen durchgeführt wurde.[8]

Ist dies der Preis für eine nicht aufhaltbare Entwicklung hin zu integrierten Systemen? Noch vor zehn Jahren galten in der Fernmeldetechnik andere Leitbilder. So warnte 1977 das für Telekommunikation zuständige Vorstandsmitglied der Siemens AG, Dieter von Sanden, eindringlich vor einer Integration von Telefon- und Datennetzen.

„Zuverlässigkeitsforderungen stehen dem Zusammenfassen wesensfremder Funktionen entgegen; deshalb gibt es heute Daten/Textnetze neben dem Telefonienetz."

„Mit anderen Worten, im Zweifelsfalle nehme man lieber einfache, übersichtliche getrennte Funktionen oder Anlagen mit einem gewissen Mehraufwand bei der Anschaffung – also bewußtes Zusetzen von Redundanz – als eine Mischanlage, die wegen ihrer Kompliziertheit letztlich erhöhte Betriebsaufwendungen bringt.

Aus dieser Philosophie der Desintegration, des Zusetzens von Redundanz heraus, ist auch das Trennen von Telefonie einerseits und Text- und Datenübermittlung andererseits in verschiedene Vermittlungsnetze betriebssinnvoll. Das deutsche Konzept des digitalen Datennetzes neben dem Telefonienetz trägt diesem Rechnung ..."[9]

Folgt man dem Leitbild der Entkoppelung[10] so besteht eine Alternative darin, die bisherige Trennung der Vermittlungsstellen und der Anschlußleitungen aufrechtzuerhalten und beide Netze maßgeschneidert für ihre jeweiligen Funktionen zu modernisieren.[11]

Vermittlungstechnik: Hardware und/oder Software

Sowohl das Fernsprechnetz als auch das Integrierte Text- und Datennetz (ISDN) sind als Sternnetze ausgelegt, das heißt sie verfügen über eine Vermittlungsstelle, von der strahlenförmig die Teilnehmeranschlüsse abgehen. Allerdings sind diese Vermittlungsstellen in beiden Netzen, den jeweiligen Funktionen entsprechend, völlig unterschiedlich.

Im Fernsprechnetz wird eine elektromechanische Vermittlungstechnik verwendet, bei der im Raumvielfach durchgeschaltet wird. Bei Ferngesprächen sind mehrere Vermittlungsstellen involviert. An keiner kann ohne weiteres abgelesen werden, mit wem ein(e) Teilnehmer(in) telefoniert. Dafür müßte erst eine Zählvergleichseinrichtung installiert werden, die in der Vermittlungsstelle für jeden sichtbar ist und von denen es nur eine sehr begrenzte Anzahl gibt. Diese Anonymität des Vermittlungsvorgangs war nicht immer gegeben. Das „Fräulein vom Amt" konnte die Zielnummern und sogar die Inhalte erfahren und aufschreiben (Abb. 4). Die Fernmeldetechnik hat dann schrittweise das Fernmeldegeheimnis technisch vergegenständlicht und Mißbrauch erschwert.

Bei der Datenübertragung war dies von Anfang an anders. Private interne Datennetze waren immer schon rechnergesteuert. Der Vermittlungsrechner muß eine Reihe von Funktionen erfüllen oder prüfen, damit zwischen zwei Computern eine fehlerfreie Verbindung hergestellt wird. Dementsprechend wurden im integrierten Text- und Datennetz selbstverständlich speicherprogrammierte Vermittlungsstellen errichtet, die notwendigerweise Absendernummer und Zielnummer speichern müssen, um eine Verbindung herzustellen.

Inzwischen gibt es diese speicherprogrammierte Vermittlungstechnik auch in betrieblichen Fernsprechnebenstellenanlagen. Seit 1984 werden in der Bundesrepublik speicherprogrammierte Orts- und Fernvermittlungsstellen installiert, die zunächst speichern, von welchem Anschluß aus eine Verbindung mit welchem anderen gewünscht wird. Ergänzt um Datum, Uhrzeit und Gebühreneinheiten sollen diese Daten in Zukunft in zwölf regionale Gebührenrechenzentren übertragen und dort drei Monate gespeichert werden.

Als Grund wird angeführt, daß bisher eine teure Zählvergleichseinrichtung installiert werden mußte, wenn sich Postkunden über ihre Fernsprechrechnung beschwerten. Außerdem sei der Wechsel von Mechanik zu Elektronik überall zu beobachten. Letzteres trifft ohne Zweifel zu: Elektronik ist billiger und wartungsfreundlicher. In der Elektronik bestehen jedoch auch Gestaltungsspielräume hinsichtlich der Frage, was in Hardware und was in Software realisiert wird. Die Entscheidung für speicherprogrammierte Vermittlungs-

Abb. 4: Die Anonymität des Vermittlungsvorgangs war nicht immer gegeben. Hier: Telefonvermittlungsamt Chemnitz, 1901.
(Foto: Bundespostmuseum, Frankfurt/M.)

systeme ist eine Entscheidung zugunsten eines möglichst großen Anteils der Funktionen in Software. Dies eröffnet Flexibilität und geringere Anpassungs- und Erweiterungskosten bei der Einführung neuer Dienstemerkmale – und es ist Voraussetzung für die angestrebte Integration der Datendienste.

Unter Datenschutzgesichtspunkten fällt die Bewertung hingegen anders aus: Es gibt keinen Grund, hinter den erreichten Stand des technisch optimalen Datenschutzes zurückzufallen, der darin besteht, daß möglichst wenig Daten anfallen. Nun entstehen Daten und damit ein „Entsorgungs-“ und Kontrollproblem. Da die Netzausbaupläne auf 30 Jahre angelegt sind, muß das Risiko berücksichtigt werden, daß im Jahre 2020 oder 2030 bei Krisen und Unruhen eine Regierung diese technischen Kontrollmöglichkeiten exzessiv nutzt und Kommunikation kontrolliert. Datenschutzexperten fordern vor dem Hintergrund dieser Problematik,

> Vermittlungsrechner als „dedicated systems“ auszustatten, die „nicht frei programmierbar“ sind. „Diese wichtige Forderung soll bewirken, daß keine Funktionen leicht hinzugefügt werden. Wir kennen das Problem aus der DV-Sicherheit. Überall, wo Software im Spiel ist, da ist auch die Sicherheit „soft“, leicht zu umgehen oder abzuschalten für den, der privilegierte Schreibberechtigungen im System hat oder sie sich verschaffen kann. Sind die Sicherheitsmechanismen hingegen in Hardwarebausteinen realisiert, dann muß sich schon jemand mit Schraubenzieher und Lötkolben an der Anlage zu schaffen machen, um ihre Funktionen zu verändern“.[12]

Ein Alternativ-Konzept besteht deshalb darin, das Fernsprechnetz mit festgeschalteter elektronischer Vermittlungstechnik so zu modernisieren, daß weiterhin anonyme Verbindungen hergestellt, die Kosten aber gesenkt werden. Technisch ist dies nach Aussagen von Experten möglich. Aber der „Markt“ verlangt es nicht, und die Entwicklungskosten sind in die protokollierende Vermittlungstechnik gesteckt worden. Die anonym durchschaltende elektronische Vermittlungstechnik bedeutet nicht den Verzicht auf detaillierte Gebühreninformationen. In den Vermittlungsstellen würden zwar, wie heute, nur die Gebühreneinheiten gezählt. Wer jedoch eine detaillierte Aufstellung der angerufenen Nummern und der dabei anfallenden Gebühren haben will, kann dafür heute schon dezentrale Geräte in der Größe eines Tischrechners mit Druckstreifen einsetzen.

Der Hinweis auf die Existenz technischer Alternativen ist deswegen besonders wichtig, weil nach dem Volkszählungsurteil des Bundesverfassungsgerichts die Datenerhebung auf das „erforderliche Maß“ beschränkt werden muß. Angesichts der Existenz elektronischer Alternativen ist diese Erforderlichkeit der Speicherung von Herkunfts- und Zielnummern bei der Deutschen Bundespost nicht gegeben.

Netzstruktur: Stern- oder Ringnetz

Die hohe Konzentrationsmöglichkeit von Verbindungsdaten in den Vermittlungsstellen hängt auch mit der sternförmigen Struktur der für Fernsprechen und Datenübertragung im öffentlichen Netz üblichen Vermittlungsnetz zusammen (vgl. Abb. 5).

Bei den innerbetrieblichen Computernetzen wird schon seit längerer Zeit eine bus- oder ringförmige Netzstruktur verwendet, die ohne Vermittlungszentrale auskommt. Wenn ein Computer einem anderen eine Nachricht übersendet, so wird sie mit einer elektronischen Adresse versehen und in das Netz „ausgestrahlt“ (broadcasting). Sie läuft wie auf einem Rollband der Gepäckausgabe am Flughafen an allen anderen Stationen vorbei.

Diese lesen die Adressen und nehmen die an sie adressierte Nachricht heraus.

Auf dieser Grundlage wurde vorgeschlagen, die Verbindungs- und Inhaltsdaten vor dem Netzbetreiber und potentiellen externen Angreifern durch Errichtung von Vermittlungs-Verteilnetzen mit Glasfaserkabeln zu sichern.[13] Von den Ortsvermittlungsstellen aus sollen Glasfaserkabel in Ringstruktur verlegt werden (vgl. Abb. 5) – oder vorläufig die Kupferkoaxialkabel für Kabelfernsehen genutzt werden. Die Nachrichten werden darin verteilt und dabei einschließlich der Adresse verschlüsselt. Der Netzbetreiber erfährt nur, zu welcher Vermittlungs-Verteilstelle er die Nachricht transportieren soll. Netzbetreiber und externe Angreifer können die Nachricht nur entschlüsseln und die Empfänger nur bestimmen, wenn sie den Code knacken. Die Verschlüsselung und Entschlüsselung erfolgt nach komplizierten mathematischen Verfahren durch Computer.

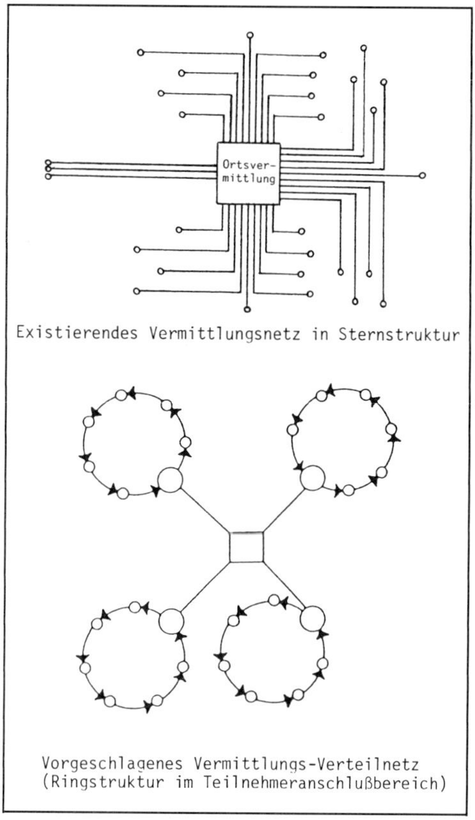

Abb. 5: Zwei unterschiedliche Netztopologien
(Quelle: DBP)

Offene oder geschlossene Netze: Datenschutz im Anwendungsbereich

Heute betreibt die Deutsche Bundespost auf dem Fernsprechnetz und dem IDN etwa ein Dutzend unterschiedlicher Datenübertragungsdienste. Sie unterscheiden sich u. a. durch Übertragungsgeschwindigkeiten, Verbindungsaufbau, Transportsteuerung. Überwiegend können nur Datenstationen mit derselben Übertragungsgeschwindigkeit verbunden werden. Zwischen den Anwendern gibt es zusätzlich eine Reihe von Vereinbarungen über Datenformate u. a. m., die für die jeweiligen Hersteller von Hardware und Software spezifisch sind. Damit verteilen sich die etwa 200 000 angeschlossenen Datenstationen auf eine größere Zahl von Teilnetzen mit mehr oder weniger geschlossenen Benutzergruppen, das heißt Inseln von inkompatiblen Subsystemen. In der Informatik wird seit Jahren an Standards für sogenannte technisch offene Netze gearbeitet. Hersteller von Hardware und Software sollen sich von Anfang an an bestimmte Standards halten, damit später jeder Computer mit jedem anderen Daten austauschen kann. Dafür wurde ein Grundmodell für die Standardisierung sogenannter Protokolle für Schnittstellen entwickelt: das OSI-7-Schichten-Modell. Der ISDN-Standard ist an diesem OSI-Modell orientiert. Mit dem ISDN soll letztlich nur noch ein Datenübertragungsdienst entstehen, an den alle Datenstationen angeschlossen werden können.

Vertreter der Bundespost sprechen davon, daß mit dem ISDN im Bereich der Datenübertragung das möglich wird, was für das Telefonieren selbstverständlich ist: Hunderte Millionen Teilnehmer sind von einem Telefon aus erreichbar, unabhängig davon, wo deren Telefon angeschlossen ist und wo es hergestellt worden ist.

Standardisierung und technisch offene Netze erscheinen insofern als ein wesentlicher Schritt zu mehr Freizügigkeit und Freiheit bei der Datenübertragung. Die geltenden Datenschutzgesetze machen jedoch einen grundlegenden Unterschied zwischen dem Austausch gesprochener Wörter und dem Austausch maschinell speicherbarer und verarbeitbarer Daten. Die Speicherung und Weitergabe personenbezogener Daten ist grundsätzlich untersagt, wenn sie nicht für ganz bestimmte Daten und bestimmte Zwecke erlaubt wird. Die speichernde Stelle darf diese Daten nicht für andere Zwecke verarbeiten oder an andere weitergeben.

Die bestehende Inkompatibilität der Datenverarbeitungssysteme ist auch so etwas wie eine technische Verkehrsberuhigung für den Datenverkehr. Mit einem offenen Netz stellen sich völlig neue Probleme der Sicherung des Datenschutzes. Eine grundlegende Frage ist die nach der Förderungswürdigkeit und Zulässigkeit eines Einheitsstandards und Einheitsnetzes. Die Technikhersteller und Großanwender haben daran ein enormes Interesse. Die Deutsche Bundespost als größter Investor und Netzmonopolist kann wesentlich zur Durchsetzung beitragen.

Im Bereich der öffentlichen Verwaltung gerät eine solche Netzpolitik jedoch in grundlegende Konflikte mit den Datenschutzgesetzen und dem Grundrecht auf informationelle Selbstbestimmung. Für das vom Land Baden-Württemberg geplante Landessystemkonzept, das als Anwendungsnetz auf dem ISDN aufbauen soll, hat die Landesdatenschutzbeauftragte den Konflikt wie folgt beschrieben:

„Es ist keine Frage: Das Landessystemkonzept fordert den Datenschutz aufs äußerste heraus. Denn es sieht die Verwaltung als Informationseinheit. Der Datenschutz dagegen verlangt vom Staat, sein Wissen auf zahlreiche kleine Informationseinheiten aufzuteilen. Das Landessystemkonzept will eine von Hindernissen weitgehend freie Kommunikation zwischen den Behörden; der Datenschutz dagegen, daß jeder Bürger grundsätzlich selbst darüber entscheidet, welcher Behörde er welche Informationen für welche Zwecke zukommen lassen will.“[14]

Sie betont, daß der Gesetzgeber genau definieren muß, welche Behörde welche Daten zu welchen Zwecken verarbeiten und an wen weitergeben darf.

Und sie stellt heraus, daß rechtliche Weitergabeverbote nicht ausreichen, wenn deren Einhaltung nicht kontrolliert werden kann:

„(So) ist es beispielsweise unerläßlich, Datenströme gegeneinander abzuschotten. Dafür werden die bislang eingesetzten Techniken – etwa der Paßwortschutz – sicher nicht immer ausreichen. Neue Abschottungsmethoden müssen zur Anwendung kommen. Solange und soweit sich gebotene Abschottungen wegen des Standes der Technik oder zu hoher Kosten nicht erreichen lassen, darf die Landesregierung insoweit neue Kommunikationstechniken selbst dann nicht einsetzen, wenn dies zu Lasten der Effektivität der Verwaltung geht und zugleich einen Verzicht auf Rationalisierung bedeutet.“[14]

Solche technischen Abschottungsmethoden werden von Informatikern inbesondere in Verschlüsselungsverfahren gesehen. Es ist eine wichtige Forschungsaufgabe, besser nachvollziehbare technische „Schotte“ zu entwickeln. Bis dahin erscheinen im Bereich der öffentlichen Verwaltung nur jeweils geschlossene Teilnetze im Hinblick auf das Grundrecht auf informationelle Selbstbestimmung normenkonform und sozialverträglich. Technisch offene Netze mit einheitlichen Datenformaten sind in diesem Bereich von daher nicht ohne weiteres zulässig.

Auch über den Datenschutz im öffentlichen Bereich hinaus ist die engere Rechnerkopplung, zum Beispiel beim elektronischen Lieferabruf, problematisch. Es entsteht letztlich ein riesiges Computernetz mit 6 000 Vermittlungsstellen als Knoten und Millionen von Datenverarbeitungsanlagen als Endgeräte, die online in Sekundenbruchteilen Daten austauschen. Neben der schon erwähnten Verwundbarkeit besteht ein weiteres Problem in der Fortpflanzung und Potenzierung von Fehlern. Was Technikern als Ideal einer riesigen Maschine erscheint, bewertet der Biochemiker Vester als „Unding".

„Als Biologe drängt sich mir sofort der Vergleich mit der Natur auf. Dort findet die direkte Vernetzung unterschiedlicher Organismen nicht statt, denn Störungen an einer Stelle sollen nicht gleichzeitig auf alle Stellen übertragen werden." [15]

Subventionierung oder zusätzliche Abgaben?

Zur Zeit werden die Datenübertragungsdienste zu mehr als 50 % von den Fernsprechteilnehmern subventioniert. Auch der gesamte Netzausbau wird aus den Gewinnen des Fernsprechdienstes finanziert. Dies soll auch nach der Neuordnung der Bundespost so bleiben. Nach der Gebührenregelung für das ISDN wird die Datenübertragung teilweise erheblich verbilligt. Dies verwundert nicht, weil die Ausweitung der Datenübertragung ein erklärtes Ziel der herrschenden Telekommunikationspolitik ist.

Wird die Datenübertragung ausgeweitet, steigen jedoch die Risiken des Datenschutzes und damit der Kontrollaufwand. Darüber hinaus wird zusätzliche Datenübertragung häufig ein Ersatz für direkte zwischenmenschliche Kommunikation sein. Banken machen im Giroverkehr heute bereits die Bedienung am Schalter teurer und das Telebanking durch zusätzliche Zinsen attraktiv. Aber gerade die, die wenig Geld haben, sind besonders auf Hilfe am Schalter angewiesen. Der Markt kann so die Möglichkeiten einschränken, eine bestimmte Kommunikationsform zu wählen.

Um die steigenden Datenschutzkontrollen finanzieren zu können, wird eine am Verursacherprinzip orientierte Datenabgabe vorgeschlagen.[16] Zur Subventionierung der persönlichen Inanspruchnahme von Dienstleistungen und zur Sicherung bzw. zum Ausbau der sozialen Kommunikationsinfrastruktur könnte ebenfalls eine Abgabe für Datenübertragungen erhoben oder die Gebühr entsprechend höher angesetzt werden – etwa um die gelben Postdienste mit den Überschüssen wieder auszubauen.

Ordnungspolitik: Deregulierung oder Regulierung

Die derzeitigen Vorschläge für die rechtliche Neuordnung des Fernmeldewesens zielen auf eine doppelte Deregulierung im Sinne der Aufhebung oder Lockerung gesellschaftlicher Kontrolle durch Recht. Erstens dürfen neben dem bisherigen Monopolisten Deutsche Bundespost weitere Anbieter von Telekommunikationsvermittlungseinrichtungen und Telekommunikationsdiensten tätig werden, ohne daß diese einer Zulassung bedürfen (Deregulierung hinsichtlich des „Wer"). Zweitens unterliegen in Zukunft die Bundespost als Anbieter in Form des öffentlichen Unternehmens Telekom wie auch die privatwirtschaftlichen Anbieter einer geringeren Regelungs- und Kontrolldichte bei der Dienstegestaltung (Deregulierung hinsichtlich des „Was"). Hinter dieser Art der Neuordnung steht das wirtschaftspolitische Ziel, durch die Aufhebung von bzw. den Verzicht auf Vorgaben und Kontrollen möglichst viel Telekommunikationsverkehr zu erzeugen.

Dabei wird jedoch nicht berücksichtigt, daß Telekommunikationsverkehr – wie jeder andere technische Verkehr – auch spezifische Risiken erzeugt, die unter anderem grundrechtsrelevant sind. Die doppelte Deregulierung durch den Gesetzgeber steht somit im Konflikt zu seinem Auftrag, den Schutz der Grundrechte zu sichern und die Einführung riskanter Techniken oder Verkehrsformen entsprechend zu regeln. Dieser Schutzauftrag spricht nicht unbedingt dagegen, daß neben der Bundespost andere Anbieter von Telekommunikationsdiensten tätig werden. Eine solche Deregulierung hinsichtlich des „Wer" müßte jedoch verknüpft werden mit einer stärkeren Regulierung hinsichtlich des „Was". Eine solche am staatlichen Auftrag zur Sicherung der Grundrechte orientierte Regulierung der Telekommunikation sollte sich vor allem auf zwei Bereiche erstrecken.[17]

– Zum einen bedarf die Planung und Errichtung der Telekommunikationsinfrastruktur ebenso wie die Straßen- und Schieneninfrastruktur eines gesetzlich geregelten Planungs- und Genehmigungsverfahrens mit öffentlicher Beteiligung und Kontrolle. In einem entsprechenden Telekommunikationsplanungsgesetz müßten unter anderem die Rechte des Bundestags und der Länder festgelegt und eine Prüfung und Genehmigung durch den Bundesdatenschutzbeauftragten oder eine ähnliche Instanz verankert werden.

– Wie für alle anderen Verkehrssysteme auch ist zweitens eine Regulierung der Zulassung, der Verkehrsformen, Rechte und Pflichten von Anbietern und entsprechender Kontrollinstanzen erforderlich. Solche für Telekom und alle anderen Anbieter einheitlichen Regelungen, insbesondere des Datenschutzes, sollte in einem Telekommunikationsverkehrsgesetz zusammengefaßt werden.

Berücksichtigt man die Erfahrungen aus dem Bereich des Automobilverkehrs oder der Chemie, so ist keineswegs sicher, daß eine solche Regulierung wirklich in Konflikt mit wirtschaftspolitischen Zielen gerät.

Vier Optionen

Die erwähnten technischen Gestaltungsmöglichkeiten können mit unterschiedlichen rechtlichen Regelungen verbunden werden. Dann entstehen jeweils andere Rahmenbedingungen für die Telekommunikation, die die Anwendungen und deren Folgen in den verschiedenen Arbeits- und Lebensbereichen beeinflussen. Erst die vergleichende ökonomische und soziale Bewertung dieser Folgen schaffen eine rationale Grundlage für die Auswahl einer bestimmten technischen und ordnungspolitischen Variante. Große Unternehmen verwenden bei langfristigen und ungewissen Entscheidungen die sogenannte Szenariotechnik. Die Vielzahl der Handlungsmöglichkeiten wird zu wenigen Strategien oder Optionen gebündelt, deren Folgen dann grob abgeschätzt werden.

Als Optionen der Telekommunikation werden hier idealtypische Kombinationen von technischen und rechtlichen Gestaltungsmöglichkeiten bezeichnet, die im Hinblick auf bestimmte Ziele und politische Grundwerte stimmig erscheinen. Die Auswahl dieser Ziele und Grundwerte soll das gesamte derzeitige Spektrum abdekken und zu einer deutlichen Abgrenzung zwischen den Optionen führen. Die Optionen sollen Mehrheits- und Minderheitspositionen verdeutlichen und sind aus heutiger Sicht nicht gleich wahrscheinlich. Bei einem auf 30 Jahre angelegten Prozeß des Ausbaus der Fernmeldeinfrastruktur sind solche Prognosen allerdings mit erheblicher Ungewißheit verbunden. Während Bundespost und Technikhersteller oftmals Trends der jüngeren Vergangenheit linear fortschreiben, muß eine umsichtige und politisch verantwortungsvolle Planung auch Trendbrüche, einen Wertewandel und einen politischen Prioritätenwechsel in Rechnung stellen. Wenn sich in bezug auf den Einsatz der Informations- und Kommunikationstechniken in den nächsten 10 bis 20 Jahren ähnliche Veränderungen einstellen wie in bezug auf den Einsatz von Chemikalien im Zusammenhang mit der Ernährung und der Umwelt, wird vieles ganz anders kommen als es die heute herrschende Planung vorsieht. Welche alternativen Entwicklungsmöglichkeiten unsere Gesellschaft in bezug auf die Telekommunikation hat, wird in der OPTEK-Studie in vier Optionen gegenübergestellt.

Die Postoption

Die Postoption stützt sich netzpolitisch auf die von der Deutschen Bundespost vorgelegten Ausbaupläne und ordnungspolitisch auf die derzeit noch geltenden Regelungen. Technische Innovation und wirtschaftliches Wachstum haben als Ziele höchste Priorität und erfordern staatliche „Hebammendienste" im Sinne einer umfassenden Telekommunikations-Angebotspolitik. Zur Erreichung dieser Ziele wird der Aufbau eines flächendeckenden digitalen Universalnetzes angestrebt, auf dem neben dem Fernsprechen auch öffentlich zugängliche standardisierte Massendienste der Text-, Daten- und Bildübertragung realisiert werden sollen. Zu diesem Zweck erfolgt eine starke Einflußnahme auf Hersteller, Anbieter und Anwender, um zu einheitlichen Standards für Geräte und Dienste zu kommen. Der Erhalt des Netz- und Dienstemonopols schafft dafür günstige Voraussetzungen. Als Gegenleistung werden Dienste und Geräte mit erheblichen Vorleistungen äußerst billig angeboten, um sie über die kritische Akzeptanzschwelle zu heben.

Warnungen vor sozialen Risiken werden nicht beherzigt und auch keine besonderen Datenschutzmaßnahmen ergriffen. Der Netzausbau schreitet zwar wie geplant voran. Die Nachfrage nach Anschlüssen und die Teilnehmerzahlen neuer Dienste bleiben jedoch erheblich hinter den Prognosen zurück. Im Jahr 2000 gibt es eine Million ISDN-Anschlüsse, davon zirka 0,3 Millionen Breitband-ISDN, und zusätzlich eine Million IBFN-Anschlüsse. Im Jahr 2020 haben sich die Anschlußzahlen verdoppelt. Die geringe Akzeptanz liegt zum einen an dem verbreiteten Unwohlsein vieler Menschen angesichts der nicht ausgeräumten Risikoerwartungen, zum anderen aber auch daran, daß einem großen Teil der Kleinbetriebe und der Privathaushalte bei stagnierenden Realeinkommen die finanziellen Mittel fehlen.

Die Wettbewerbsoption

Die Wettbewerbsoption knüpft ebenfalls an den bisher vorgelegten Netzausbauplänen an. Ordnungspolitisch orientiert sie sich an der Deregulierung in Großbritannien, den Empfehlungen der Regierungskommission und dem derzeitigen Entwurf für ein Poststrukturgesetz. Technische Innovation und wirtschaftliches Wachstum haben auch hier höchste Priorität. Im Gegensatz zur Postoption glaubt man jedoch, daß diese Ziele am besten durch ein Zurückschneiden staatlicher Telekommunikationspolitik auf eine dienende Funktion für die privatwirtschaftlichen Wettbewerber maximiert werden können. Der Ausbau der öffentlichen Telekommunikationsinfrastruktur erstreckt sich dementsprechend in erster Linie auf die netztechnische Grundversorgung im Schmalband-ISDN und die Bereitstellung von Grunddiensten (Fernsprechen, Datenübertragungsdienste) für die vielfältigen privatwirtschaftlichen Anwendungsfelder. Höchste Priorität hat dabei der Bedarf der Geschäftskommunikation. Das Fernmeldemonopol wird bis auf das bloße Netzmonopol aufgelöst. Privatwirtschaftliche Unternehmen können demnach auch Fernsprechdienste betreiben und Fernsprechapparate vertreiben.

Weil die Hebammenfunktion der Bundespost damit entfällt, bleibt der Ausbaugrad des Schmalband-ISDN geringer als in der Postoption. Da aufgrund der Deregulierung die privatwirtschaftlichen Wettbewerber einen großen Teil der Gewinne aus dem Fernsprechdienst abschöpfen, fehlen der Bundespost die entsprechenden Mittel für einen angebotsorientierten Netzausbau mit entsprechenden Vorleistungen. Als Folge davon schreitet die Digitalisierung wesentlich langsamer voran. Auf das IBFN mit Glasfaserkabeln als Regelanschlußleitung im Ortsnetz wird aus diesen Gründen ganz verzichtet.

Die Mehrzahl der Privathaushalte kann sich Telekommunikationsgeräte nicht leisten. Immer wieder bekanntwerdende Verstöße gegen Datenschutzbestimmungen durch privatwirtschaftliche Diensteanbieter tragen darüber hinaus zu einer nur geringen Akzeptanz bei.

Die sozialtechnokratische Option

Die sozialtechnokratische Option basiert auf der Annahme, daß die Postoption aus Akzeptanzgründen auf halbem Weg steckenbleibt. Im Gegensatz zur Wettbewerbsoption werden die Ursachen nicht in der Trägheit der Bundespost gesehen, sondern in Datenschutzproblemen des technischen Konzeptes und in einer Wirtschafts-, Beschäftigungs- und Einkommenspolitik, die eine breite Nachfrage nicht möglich macht. Darüber hinaus wird von wachsenden protektionistischen Tendenzen auf den Weltmärkten ausgegangen, die der Inlandsnachfrage einen höheren Stellenwert verschaffen.

Auch hier haben technische Innovation und wirtschaftliches Wachstum höchste Priorität. Es geht jedoch in erster Linie um Massenanwendungen, die ihrerseits eine größtmögliche Akzeptanz von neuen Geräten und Diensten bei den Privathaushalten voraussetzen. Um dies sicherzustellen, müssen Bedenken hinsichtlich des Datenschutzes bei den neuen Netzen und Diensten durch gesetzliche Maßnahmen und durch eine aufwendige Netztechnik,[18] ausgeräumt werden. Dazu kommt es allerdings erst, nachdem die Post- oder Wettbewerbsoption nicht die Erwartungen erfüllt haben. Eine „Konzertierte Aktion“ unter Beteiligung von Post, Herstellern, Anwendern, Verbrauchern, Verwaltung, Parlamenten, Gewerkschaften, Datenschutzbehörden leitet diese Wende ein. Neben der Berücksichtigung der Datenschutzprobleme spielt eine Politik der Überwindung der Massenarbeitslosigkeit durch Umverteilung von Arbeit eine große Rolle, die erheblich zu einem breiten politischen Konsens über die maximale Nutzung der Informations- und Kommunikationstechniken beiträgt. Dieser Konsens macht es auch möglich, auf Dauer erhebliche staatliche

Vorleistungen für den Netzausbau zu erbringen.

Er beruht darauf und kommt darin zum Ausdruck, daß das Fernmeldemonopol einer parlamentarischen Steuerung und Kontrolle unterworfen wird, das heißt der Auf- und Ausbau neuer Netze und die Einführung neuer Dienste einem Parlamentsvorbehalt unterliegen. Damit sollen Regelungsdefizite vermieden werden. Die Dienstedefinition und -regelung erfolgt anwendungsorientiert (zum Beispiel Telebanking-Dienst, elektronischer Post-Dienst). Die hohe Akzeptanz elektronischer Dienste führt dazu, daß die „gelbe" Post weitgehend austrocknet. Der nicht elektronisch substituierbare Paketdienst wird überwiegend von Privatfirmen übernommen. Ansonsten bleibt das Fernmeldemonopol erhalten. Politik und Wirtschaft akzeptieren, daß das Ziel einer größtmöglichen Informatisierung der Gesellschaft nicht mit einer Privatisierung und Zersplitterung der Post vereinbar ist.

Netzpolitisch kommt die Bedeutung des Datenschutzes in einem Wechsel zu einem Vermittlungs-Verteilnetz auf Glasfaserbasis zum Ausdruck, das ein hohes Maß an Datensicherheit gewährleistet. Durch Anwendung spezieller Verschlüsselungsverfahren und das Prinzip der Nachrichtenverteilung im Teilnehmerbereich wird eine vollständige Anonymisierung von Verbindungen und Nachrichten auch gegenüber dem Netzbetreiber erreicht. Bei Anwendungen, wo ihm dies erforderlich scheint, kann sich der Teilnehmer mittels seiner elektronischen Unterschrift per Chip-Karte gegenüber dem Nachrichtenempfänger identifizieren.

Für dieses Konzept sind Glasfaser-Teilnehmeranschlüsse technisch notwendig. Seine forcierte Implementierung führt dazu, daß bereits relativ früh ein flächendeckendes Breitband-ISDN zur Verfügung steht und vor allem Bildübertragungsdienste massenhaft genutzt werden.

Als flankierende Maßnahme bietet die Post ein „Volkskommunikationsterminal" an, das die Nutzung aller für Privathaushalte relevanter Dienste ermöglicht. Dieses Gerät ist wegen der Massenproduktion sehr kostengünstig und findet deshalb eine weitgehende Verbreitung. Die Post vertreibt und wartet die Geräte im Monopol zu sehr niedrigen Gebühren und kann so die Dienstenutzung der Privathaushalte erheblich ankurbeln.

Die Technikbegrenzungsoption

Während die sozialtechnokratischen Optionen auf seit langem bekannte soziale Risiken wie Datenschutz und Arbeitsplatzverluste reagiert, trägt die Technikbegrenzungsoption auch solchen Risiken der Informations- und Kommunikationstechniken Rechnung, für die erst langsam das Bewußtsein wächst und die in vollem Umfang auch erst nach einer breiteren und intensiveren Nutzung erfahrbar sein werden. Gemeint sind die Gefahren für die Persönlichkeitsentwicklung und die sozialen Beziehungen, die mit dem Begriff informations- und kommunikationsökologische Risiken umschrieben werden können. Diese Problemwahrnehmung wird verbunden mit einer durch immer neue Katastrophen genährte zunehmende grundsätzliche Ablehnung großtechnologischer Systeme. Soziale Beherrschbarkeit wird als Ziel mit hoher Priorität anerkannt. Und es setzt sich die Überzeugung durch, daß dazu eine Begrenzung der Informations- und Kommunikationstechniken notwendig ist, ebenso wie es Grenzwerte für Chemikalien gibt. Gleichwohl bleibt es bei dem Ziel einer innovationsorientierten Modernisierung der Telekommunikationsinfrastruktur, allerdings mit neuen Akzenten und Unterzielen.

Der Ausbau der Telekommunikationsinfrastruktur soll moderne ökologische Techniken zur Anwendung bringen und dem wachsenden Bedürfnis geschäftlicher Anwender nach Daten- und Textkommunikation entsprechen. Dieses Ziel soll jedoch nicht um den Preis einer Umfunktionierung der Privathaushalte zu einem Markt für elektronische Güter und Dienstleistungen und um den Preis einer technisch, politisch und sozial nicht mehr beherrschbaren Fernmeldeinfrastruktur erreicht werden. Aus diesem Grunde verfolgt man eine Politik des Netzausbaus, bei dem eine Technikbegrenzung von Anfang an vorgesehen ist. Ihre wichtigsten Elemente sind Größenbegrenzung, Begrenzung der Komplexität, Entkoppelung und Dezentralisierung, Anpassung der jeweiligen Netze an unterschiedliche Benutzererfordernisse und Benutzergruppen, Dateneinsparung durch technische, rechtliche und ökonomische Maßnahmen und die Weiterentwicklung rechtlicher Regelungen bei neuen Verkehrsformen.

Das Fernmeldemonopol bleibt erhalten bzw. wird wiederhergestellt und im Sinne parlamentarischer, föderaler und auch direkter Demokratie besser ausgestaltet. Dazu gehört eine demokratische Kontrolle der Post durch einen anders zusammengesetzten Postverwaltungsrat sowie durch das Budgetrecht des Parlaments und einen inhaltlichen Parlamentsvorbehalt bei der Netz- und Dienstgestaltung. Ein Telekommunikationsplanungsgesetz regelt die ineinander verzahnten Kompetenzen von Bund und Ländern. Das Planungsverfahren muß inhaltlich unter anderem sicherstellen, daß Alternativen benannt und einer inhaltlichen und interessenpolitischen Bewertung unterworfen sind. Ein „Bundesamt für Telekommunikation" dient dazu, alternative Entwicklungspfade der Telekommunikation zu formulieren, zu bewerten und in einen technologiepolitischen Bürgerdialog einzubringen.

Netzpolitisch wird die Digitalisierung mit speicherprogrammierter Vermittlungstechnik im Zuge der Wende gestoppt und die parallele Modernisierung des Fernsprechnetzes und des Integrierten Text- und Datennetzes eingeleitet.[19]

Verfassungsrelevante Auswirkungen

Die Optionen haben unterschiedliche Folgen auch für die Grundrechte und Demokratie. Hierzu sollen einige Hinweise genügen. Die Optionen führen beispielsweise zu unterschiedlichen Anwendungsformen der Telekommunikation im öffentlichen Bereich insgesamt und im Sicherheitsbereich im besonderen. Die Anwendungen im öffentlichen Bereich erzeugen in unterschiedlichem Maße Probleme für die Sicherung des Grundrechts auf informationelle Selbstbestimmung und können von den Sicherheitsbehörden in unterschiedlichem Maße zur Überwachung der Bürger und Bürgerinnen und zur Einschränkung von Freiheitsrechten ge- bzw. mißbraucht werden. Die verfassungspolitische Bedeutung der anstehenden Entscheidungen verdeutlichen etwa auch folgende Unterschiede:

– Im Wettbewerbsszenario sind sowohl die staatlichen Aktivitäten insgesamt wie auch die technischen Überwachungsmittel am geringsten ausgeprägt. Dafür steigen die Unübersichtlichkeit der privatwirtschaftlichen Anwendungsbereiche und die Berechenbarkeit von Verbrauchern und Arbeitnehmern.

– In der sozialtechnokratischen Option ist nur der technische Datenschutz optimiert. Die sozialpolitischen Ziele erfordern jedoch einen zunehmenden Datenbedarf.

Und insgesamt nimmt die für eine lebendige Demokratie notwendige soziale Kommunikation hier gerade deswegen ab, weil technischer Datenschutz und die soziale Sicherung zu hoher Akzeptanz technisch vermittelter Kommunikation beitragen.

Konsequenzen

Die aufgezeigten Optionen und Gestaltungsmöglichkeiten haben aufgrund der unterschiedlichen Netztechnik und ordnungspolitischen Regelungen unmittelbar und mittelbar unterschiedliche Konsequenzen. Bei der vergleichenden Bilanzierung sollten diese unterschiedlichen Folgen – mehr als bisher – in den jeweiligen Anwendungsbereichen abgeschätzt und gegenübergestellt werden. Dabei erweist sich aufgrund des engen Zusammenhangs von Fernmeldetechnik, Datenschutz, Technikanwendung und (verfassungs-) rechtlichen Vorgaben eine interdisziplinäre Kooperation als dringend erforderlich. Zu wünschen ist insbesondere, daß interdisziplinäre wissenschaftliche Arbeit und Bürgerdialog zu wechselseitigen Anregungen zusammengeführt werden können.

[1] Der Bundesminister für das Post- und Fernmeldewesen, Stab 202, Konzept der Deutschen Bundespost zur Weiterentwicklung der Fernmeldeinfrastruktur, Bonn 1984; sowie *Kubicek, H./Rolf, A.:* Mikropolis. Mit Computernetzen in die „Informationsgesellschaft", 2. Aufl., Hamburg 1986. – [2] Entwurf eines Gesetzes zur Neustrukturierung des Post- und Fernmeldewesens und der Deutschen Bundespost (Poststrukturgesetz). Deutscher Bundestag, Drucksache 11/2854; sowie Neuordnung der Telekommunikation, Bericht der Regierungskommission Fernmeldewesen Heidelberg 1987; s. hierzu kritisch *Roßnagel/ Wedde,* DVBl 1988, S. 562 ff.; *Fangmann,* RDV 1988, S. 53 ff. – [3] Vgl. z. B. *Schwarz-Schilling,* Der Landkreis, 8 bis 9/1983, S. 370. – [4] Vgl. u. a. *Kubicek:* Telematische Integration: Zurück in die Sozialstrukturen des Frühkapitalismus. In: Steinmüller (Hrsg.): Verdatet und vernetzt. Frankfurt/M. 1988, S. 51 bis 104; sowie *Mettler-Meibom:* Soziale Kosten der Informationsgesellschaft. Frankfurt/M. 1987. – [5] OPTEK (Berger/Kubicek/Kühn/Mettler-Meibom/Voogd): Optionen der Telekommunikation. Materialien für einen technologiepolitischen Bürgerdialog. 3 Bde. Düsseldorf 1988. – [6] Vgl. zum folgenden OPTEK, (Anm. 5), S. II/214 ff. – [7] Vgl. „Die schwache Stelle ist der Mensch" in: Spiegel 7/1985. – [8] Dies sind erste Anzeichen, die in die von Jungk und Roßnagel befürchteten Entwicklungen einer zunehmenden Einschränkung von Freiheitsrechten weisen. Vgl. z. B. *Jungk:* Der Atomstaat, 1987; *Roßnagel:* Bedroht die Kernenergie unsere Freiheit? 1984; *Roßnagel/Wedde/Hammer/Pordesch:* Die Verletzlichkeit der „Informationsgesellschaft", 1989. – [9] *Von Sanden:* Der Stand der Nachrichtentechnik in Deutschland im Vergleich zur internationalen Entwicklung, in: 50 Jahre Professorenkonferenz, 50 Jahre Fernmeldewesen, am 29. und 30. November 1977 in Darmstadt, S. 9. – [10] Vgl. dazu allgemein *von Weizsäcker, E. U.* und *C.:* Fehlerfreundlichkeit als Evolutionsprinzip und Kriterium der Technikbewertung, Universitas 1986, S. 791, sowie: *Perrow:* Normal Accidents. New York 1984. – [11] Vgl. ausführlich *Kubicek/Rolf* (Anm. 1), S. 322 ff. – [12] *Gliss:* Konsequenzen aus der Einrichtung offener Kommunikationssysteme. Chancen, Risiken und Einwirkungsmöglichkeiten auf die Entwicklung. In: Gerner/ Spaniol (Hrsg.): Kommunikation in verteilten Systemen. Berlin 1987. S. 776 bis 786. – [13] *Pfitzmann/Pfitzmann/Waidner,* DuD 1986, S. 178 bis 192. – [14] 6. Tätigkeitsbericht der Landesbeauftragten für den Datenschutz Baden-Württemberg 1985, S. 17 f. – [15] *Vester* in: Manager Magazin 6/1988, S. 217. – [16] Vgl. zur Idee der Dateneinsparung *Ullrich:* Wieviel Daten braucht die Utopie? Kursbuch 66 (1981), S. 2. 134, und zur Begründung und Ausgestaltung einer Datenabgabe, *Roßnagel,* CR 12/1988. – [17] Vgl. *Brinckmann:* Rechtliche und politische Kontrolle einer neuen Infrastruktur. In: Gesellschaft für Rechts- und Verwaltungsinformatik (Hrsg.): Kommunikationstechnische Vernetzung. Darmstadt 1986. S. 25 bis 48; *Scherer,* CR 2/88; Gesellschaft für Rechts- und Verwaltungsinformatik, CR 12/88; *Steinmüller,* ÖVD/Online 19/1985 sowie *Kubicek:* Zur sozialen Beherrschbarkeit integrierter Fernmeldenetze. In: Schröder (Hrsg.): Arbeit und Informationstechnik. Berlin u. a. 1986. S. 324 ff. – [18] *Pfitzmann/Pfitzmann/Waidner* (Anm. 13), S. 178 ff. – [19] S. hierzu *Kubicek/Rolf* (Anm. 1), S. 319 ff.

Recht und Akzeptanzverweigerung – zwei Wege zur Gestaltung von Technik?

Wolfgang Däubler, Bremen

Die Bewertung technischer Entwicklungen nach ihrer Verfassungsverträglichkeit mündet in die Forderung nach verfassungsverträglicher Technikgestaltung. An wen aber ist diese zu richten? Ist ihre Erfüllung alleinige Aufgabe des Staates oder ist nicht jeder aufgefordert, durch aktives Tun dafür zu sorgen, daß Freiheit und Demokratie nicht durch technische Veränderungen ausgehöhlt werden? Welche Möglichkeiten haben staatliche Instanzen, die Technik zu steuern, auf welche Hindernisse stoßen sie? Wie können Bürger den technischen Wandel beeinflussen? Welche Mittel haben sie, ihre Macht als Verbraucher geltend zu machen? Ist Technikgestaltung durch Akzeptanzverweigerung möglich?

Nach der „Verfassungsverträglichkeit" von technischen Entwicklungen zu fragen, zielt nicht nur auf eine Analyse der in der Gegenwart angelegten Zukunft. Vielmehr geht es selbstredend auch darum, bestimmte, mit heutigem Verfassungsverständnis unvereinbare Veränderungen zu blockieren, durch eigenes aktives Tun dafür zu sorgen, daß das Gemeinwesen den heutigen Stand relativer Freiheitlichkeit bewahrt.

Einer recht tief sitzenden deutschen Tradition entspricht es, das eigene Engagement auf Appelle an den Staat zu beschränken. Er wird als der zentrale Akteur gesehen, der die Dinge wieder ins Lot bringt. Gerade dann, wenn es um die Verteidigung von verfassungsrechtlichen Grundpositionen geht, scheint er am ehesten zum Handeln berufen. Den Auswüchsen des Liberalismus ist mit staatlicher Sozialpolitik begegnet worden, deren Rang schließlich dazu führte, daß der Staat des Grundgesetzes sich als Sozialstaat ver-

Prof. Dr. **Wolfgang Däubler,** geb. 1939, Professor für Arbeitsrecht, Handels- und Wirtschaftsrecht an der Universität Bremen. Studium an den Universitäten Tübingen, Hamburg, Berlin und Dijon. Promotion 1965, Assessorexamen 1966. Von 1966 bis 1971 wiss. Assistent an der Universität Tübingen, seit 1971 in Bremen. Veröffentlichungen u. a.: Der Streik im öffentlichen Dienst, 2. Auflage Tübingen 1971; Das Grundrecht auf Mitbestimmung, 4. Auflage Frankfurt 1976; Das Arbeitsrecht, Band 1, 8. Auflage Reinbek 1986, Band 2, 4. Auflage Reinbek 1986; Tarifvertragsrecht (zus. mit H. Hege), 2. Auflage Baden-Baden 1981; Gewerkschaftsrechte im Betrieb, 5. Auflage Neuwied 1987; Gläserne Belegschaften?, Köln 1987; Haftung für gefährliche Technologien, Heidelberg 1988.

Prof. Dr. Wolfgang Däubler, Universität Bremen, Bibliothekstraße, 2800 Bremen

steht. Ist es da nicht naheliegend, Vergleichbares für die Technikgestaltung zu erwarten? Wird nicht vielleicht eines Tages im Grundgesetz vom „Humane-Technik-Staat" die Rede sein?

Vorstellungen dieser Art sind nicht ungefährlich. Sie idealisieren die tatsächlichen Handlungsmöglichkeiten des Staates und beachten zu wenig, daß Parlamentsmehrheiten, Regierungen, Ministerien usw. zahllosen divergierenden Anforderungen ausgesetzt sind und deshalb oft keine andere Wahl haben, als den stärksten Kräften nachzugeben. Der schlichte Wunsch, die Technik möge bestehende Strukturen nicht aus den Angeln heben, hat dabei nur einen recht bescheidenen Stellenwert.

Grenzen und Möglichkeiten staatlicher Steuerung

Die Vorstellung, der Staat könne Technik nach bestimmten verfassungsrechtlichen oder ethischen Maßstäben steuern, sieht sich auch von anderer Seite in Frage gestellt. Rechtssoziologen vertreten seit einer Reihe von Jahren den Standpunkt, das interventionistische Recht habe die Grenzen seiner Leistungsfähigkeit überschritten. Zweckprogramme als solche seien ein zu grobes Mittel, um das Verhalten komplexer (Teil-)Systeme zu steuern. Aussichtsreich sei es demgegenüber, die „Selbstorganisationsfähigkeit" der Systeme als zentrale Vorgabe zu behandeln und durch Regelung der Kommunikation der Systeme untereinander ihre „Reflexivität" zu sichern: Sie werden auf diese Weise veranlaßt, zu einer brauchbaren Umwelt für die jeweils anderen Teilsysteme zu werden.[1] Wichtig daran ist der Hinweis, daß sich Steuerung nicht auf Konditional- und Zweckprogramme begrenzen läßt, doch ist nicht dargetan, warum die neue Rechtsform des „reflexiven Rechts" Exklusivität sollte beanspruchen können. Die heutige Realität auch der steuerungsstarken, effektiv beachteten Normen wird weitgehend durch Vorschriften mit konditionaler Struktur (Strafrecht, Sozialhilfe) sowie durch Zweckprogramme (zum Beispiel Bauleitplanung) beherrscht. Das Datenschutzrecht ist ein Beispiel, wie gerade auch neueste Entwicklungen durch relativ pauschale normative Vorgaben beeinflußt werden, ohne daß man ernsthaft den Vorwurf erheben könnte, es ginge nur um eine symbolische Reglementierung von Informationsflüssen.[2] Mit welchen Mitteln der Staat steuert, ist allerdings eine Frage geworden, die sich nicht mehr durch einen quasi selbstverständlichen Rückgriff auf jene Regelungstechniken beantworten läßt, die ihren Niederschlag im Bundesgesetzblatt finden.

Staatliche Steuerung durch (wie auch immer beschaffenes) Recht besitzt schließlich keinerlei Monopol auf Initiierung und Durchführung gesellschaftlicher Veränderungen. Schon in der Vergangenheit sind die Lebensverhältnisse sehr viel stärker durch die Produktion neuer Güter, durch neue Vermarktungsformen usw. als durch politische Entscheidungen verändert worden. Das Sozialverhalten wird in vielerlei Hinsicht durch das Automobil geprägt – um ein im Grunde triviales Beispiel aufzugreifen –, ohne daß hinter einer solchen Entwicklung die „sichtbare Hand des Rechts" oder eine politische Grundsatzentscheidung gestanden hätte. Der Intimbereich ist durch die „Pille" weit stärker beeinflußt worden als beispielsweise durch die Aufhebung der Strafvorschrift über den Ehebruch.[3] Dies wirft die Frage auf, welche Gestaltungspotentiale in diesem „außerrechtlichen" Bereich vorhanden sind. Läßt sich Technik auch so beeinflussen, daß wesentliche Teile der Bevölkerung die entwickelten und angebotenen Produkte nicht abnehmen? Inwiefern bauen künftige Techniksysteme auf einer darüber hinausgehenden Akzeptanz auf, deren Fehlen das ganze Vorhaben hinfällig machen würde? Inwieweit sind gesellschaftliche Kräfte vorhanden oder denkbar, die eine dezentrale, bereichsspezifische Techniksteuerung leisten könnten? Ist – um das wichtigste Beispiel aufzugreifen – ein Technologietarifvertrag denkbar, der beispielsweise bestimmte Nutzungsformen einzelner Techniksysteme in einigen bestimmten Bereichen von vornherein ausschließt?

Im folgenden wird zunächst versucht, die traditionellen Bahnen der Steuerung durch Recht etwas näher auszuleuchten, ehe dann die „gesellschaftliche Steuerung" ins Blickfeld geraten soll.

Staatliche Steuerung der Technikentwicklung

Technik als Privatsache

Neue Produkte oder Verfahren zu entwickeln, ist – vom Modell der Marktwirtschaft gesehen – Sache des einzelnen.

Faktisch steht nicht das Erfindergenie im Vordergrund, das im stillen Kämmerlein die große Entdeckung macht, sondern der in mittleren und größeren Unternehmen sich vollziehende Forschungsprozeß. Dies bedeutet, daß der Unternehmer als solcher – vom mittelständischen Einzelkämpfer bis zum Vorstand eines multinationalen Konzerns – die Entscheidung darüber trifft, in welche Richtung geforscht und welche Ergebnisse für die praktische Nutzung verwendet werden. Ob ein neues Medikament produziert, eine neue Chip-Generation hergestellt oder eine neue Pflanzenart gezüchtet wird, entscheidet sich letztlich auf der Direktionsetage. Das Unternehmen bewegt sich im Rahmen der Privatautonomie – und dazu gehört es, daß man für die getroffenen Entscheidungen nicht rechenschaftspflichtig ist, daß man niemandem die guten oder schlechten Gründe mitteilen muß, die für eine bestimmte Weichenstellung letztlich maßgebend waren.[4]

Bei bestimmten, die Umwelt gefährdenden Herstellungsverfahren tritt allerdings der Staat auf den Plan, indem etwa eine Genehmigung nach § 4 des Bundesimmissionsschutzgesetzes verlangt wird. Im Regelfall setzt die Kontrolle erst bei der Vermarktung der Produkte ein: Jeder neue Kraftfahrzeugtyp bedarf der Abnahme durch den TÜV, Arzneimittel unterliegen einer Wirksamkeitsprüfung durch die Gesundheitsbehörden. Wichtig ist, daß diese Restriktionen immer nur Ausnahmecharakter besitzen: Trägt der Unternehmer den staatlich verordneten Bedingungen Rechnung, hat er mit Rücksicht auf die Gewerbefreiheit des Art. 12 Abs. 1 GG einen Anspruch auf Genehmigung.

Neben diesem formalen System staatlicher Einflußnahme stehen eher informelle Möglichkeiten, die mit der finanziellen Förderung bestimmter Forschungen verbunden sind. Auf der Basis von Verwaltungsrichtlinien werden Jahr für Jahr viele Milliarden an öffentlichen Mitteln ausgegeben, um bestimmte „erwünschte" Entwicklungen zu fördern und unerwünschte an der unternehmerischen Rationalität scheitern zu lassen. Hier wird durchaus auf die „private" Entscheidung des Unternehmens Einfluß genommen – freilich in Formen, die die Privatheit im Grunde nicht antasten, die sich jedenfalls öffentlicher Kontrolle weithin entziehen. Auch der Gesetzgeber ist bislang darauf beschränkt, die benötigten Haushaltsmittel bereitzustellen. Immerhin wäre es denkbar, durch „Politisierung" des bereits vorhandenen

Instrumentariums zu mehr Öffentlichkeit und zu anderen Prioritäten zu kommen. Gleichwohl wird die Vorstellung von Privatheit ein beträchtliches Beharrungsvermögen aufzuweisen haben.

Technik als komplexer Regelungsgegenstand

Technik zu steuern, ist für einen Normgeber schon deshalb schwierig, weil es um sehr vielfältige Sachverhalte geht. Die traditionelle Regelungstechnik orientiert sich am abstrakten Rechtssubjekt, an seinen vertraglichen und außervertraglichen Beziehungen zu anderen Rechtssubjekten, an seiner Stellung als „Staatsbürger". In diesem generalisierenden Zugriff liegt eine enorme Reduktion von Komplexität; nicht mehr die konkreten Lebensverhältnisse, sondern nur die Eigenschaft als „Rechtssubjekt" ist juristisch relevant. Dasselbe gilt für Gegenstände aller Art: Geregelt wird meist nicht die Vielfalt der Gebrauchswerte, sondern der in Mark und Pfennig auszudrückende Tauschwert, der nicht nur im Vertragsrecht, sondern etwa auch bei der Bemessung von Schadensersatz beherrschende Bedeutung besitzt. Das in dieser Weise formale Recht ist aus der Perspektive des Gesetzgebers leicht zu handhaben; selbst Kodifikationen sind – wie die Erfahrung lehrt – auf einer solchen Grundlage möglich.

Will man demgegenüber Technik regeln, zum Beispiel übermäßige Umweltverschmutzung vermeiden oder eine bestimmte, der Menschenwürde, dem Rechtsstaats- und dem Demokratieprinzip entsprechende Ausgestaltung von Informationssystemen [5] erreichen, so muß man sich auf die Vielfalt der Erscheinungsformen von Technik einlassen. Dies ist eine unvergleichlich schwierigere Aufgabe, der man sich bislang vorwiegend mit Hilfe von zwei Kunstgriffen entledigte. Der eine liegt darin, daß der staatliche Normgeber nur relativ pauschale Festlegungen ausspricht, die konkreten Regelwerke jedoch einem mehr oder weniger großen Kreis von Experten überläßt. Als Beispiel mögen § 3 Abs. 1 des Gerätesicherheitsgesetzes stehen, wonach technische Arbeitsmittel den „allgemein anerkannten Regeln der Technik" entsprechen müssen, sowie § 7 Abs. 2 Nr. 3 Atomgesetz, der die „nach dem Stand von Wissenschaft und Technik erforderliche Vorsorge gegen Schäden" verlangt. Im Grundsatz ist gegen eine solche Verlagerung der Sachentscheidungen nichts einzuwenden, solange die „Expertokratie" sich nicht demokratischer Kontrolle entzieht.[6]

Der zweite Kunstgriff besteht darin, daß man insbesondere in bezug auf die zulässige Belastung von Leben, Gesundheit und Umwelt Grenzwerte etabliert. Ohne daß man sich dessen wohl bewußt wäre, nimmt man hier eine ähnliche Quantifizierung vor, wie dies bei der „Umrechnung" von Gebrauchswerten in Tauschwerte der Fall ist: Quantitative Größen erhöhen in ganz drastischer Weise die praktische Handhabbarkeit von Vorschriften. Im Einzelfall werden derartige Grenzwerte sogar von politisch verantwortlichen Instanzen festgesetzt; dies gilt etwa für das Strahlenschutzrecht [7] oder für den zulässigen Lärmpegel am Arbeitsplatz.[8] Freilich hat der „Kunstgriff" seine Grenzen: Die angewandten Kriterien würden meist auch eine strengere oder weniger strenge Größe zulassen, was nicht zuletzt daran deutlich wird, daß bisweilen unterschiedliche Grenzwerte in bezug auf die Belastung von Arbeitnehmern und in bezug auf die Belastung der Allgemeinheit bestehen.[9] Auch läßt sich dieses Mittel bislang nur bei faßbaren, naturwissenschaftlich belegbaren Risiken einsetzen. „Soziale Grenzwerte", die beispielsweise den Umfang der Verdatung bestimmen könnten[10], bedürfen erst noch der Ausarbeitung. Auch versagt das Grenzwertkonzept, wenn es beispielsweise um die Abwehr von Sabotage oder terroristischen Überfällen geht: Niemand würde im Ernst einen Fortschritt darin sehen, würde man durch bauliche Vorkehrungen, Personenüberprüfung usw. die Wahrscheinlichkeit eines bewaffneten Überfalls auf ein Kernkraftwerk auf ein Hundertstel Prozent reduzieren. Für interne Zwecke werden zwar auch insoweit bestimmte Annahmen zugrunde gelegt, die auf Grenzwerte hinauslaufen[11], die jedoch nur die in Wahrheit gegebene Lückenhaftigkeit des Schutzes verbergen.

Keinen Ausweg scheint mir auch die Formel zu bieten, die Selbstorganisationsfähigkeit des Systems Technik für bestimmte Zwecke zu nutzen; über die Technik und ihren Einsatz entscheiden Menschen; um die Steuerung *ihres* „Verhaltens" geht es.

Recht als Reaktionsform auf Erfahrungen

Bisherigem Rechtsverständnis entspricht es, daß Verhaltensregeln auf einem gesicherten Bestand an Wissen aufbauen. Dies gilt etwa für den Begriff der polizeilichen Gefahr nicht weniger als für die Risiken der Übervorteilung des Verbrauchers, die mit der Verwendung allgemeiner Geschäftsbedingungen verbunden sind. Auch der Sozialstaat repariert im Grunde nur Defizite, die schon sichtbar geworden sind. Dies hängt damit zusammen, daß es im liberalen wie im sozial-liberalen Rechtsverständnis keine gesamtgesellschaftliche Planung gibt. Man vertraut im Prinzip auf die (gezähmten) Kräfte des Marktes und die Vernunft des einzelnen; allenfalls im militärischen Bereich liegen die Dinge anders. Folge davon ist, daß eine „Rechtsfuturologie" nicht ins System paßt, daß deshalb Ansätze wie die Prüfung der Verfassungsverträglichkeit von Nuklear- und Informationstechnologien als singuläre Neuheit erscheinen. Die Rechtswissenschaft bleibt fast ohne Ausnahme insoweit hinter dem Stand an Zukunftsforschung zurück, der in anderen sozialwissenschaftlichen Disziplinen erreicht ist.[12] Dies hat zur Folge, daß die Interessen künftiger Generationen im Rechtssystem nur schwer einen Platz finden. Die „Goldene Regel": Wir dürfen durch unser Handeln nicht Wirkungen und Zwänge schaffen, die Künftigen die Wahrnehmung von Rechten verwehren, welche wir selber für uns in Anspruch nehmen[13], hat verfassungspolitischen, (noch) nicht verfassungsrechtlichen Charakter. Kann es Treuhänder geben, die die Interessen der Zukünftigen wahren? Reichen die bisherigen demokratischen Mechanismen aus, um irreversible Entscheidungen zu rechtfertigen? Ist das Entscheidungsverfahren nicht wenigstens so auszugestalten, daß die Zukunftswirkungen der Technik analysiert und bewertet werden?

Nicht nur für die Optik, auch für das Instrumentarium des Juristen muß sich einiges ändern. Der Grundsatz der Diskontinuität, wie wir ihn im Parlamentsrecht kennen, beruht auf dem sinnvollen demokratischen Prinzip, daß eine neue Mehrheit neue Entscheidungen soll treffen können. Müßte dies nicht in der Weise ernstgenommen werden, daß in Zukunft auch gesetzliche Regeln sehr viel häufiger befristet werden? Müßte nicht auch die Verwaltung, deren Entscheidungen oft nicht weniger weit als die des Gesetzgebers reichen, insoweit Vorsicht walten lassen, zumindest jedoch verpflichtet sein, bei einer wesentlichen Änderung der Umstände „nachzufassen" und eine neue Entscheidung zu treffen? [14] Bedürfen nicht auch die klassischen Klagefristen der Revision, ist doch schwer einsehbar, daß die nachfolgende Generation nicht das Recht haben soll, sich beispielsweise gegen die Lagerung von Giftgas oder die mangelhafte Sicherung von radioaktiven Abfällen zu wenden.

Widerstände der von staatlichen Auflagen Betroffenen

Gestaltung der Technik ist mit Unkosten verbunden. Wird einem Unternehmen von Staats wegen gesagt, es dürfe ein bestimmtes Produktionsverfahren wegen der Gefährdung der Umwelt nicht durchführen oder bestimmte Produkte dürften nicht auf den Markt, kann dies die Rentabilität entscheidend beeinträchtigen. Solange Technik im Hinblick auf den Markt konzipiert wird, bringen alle Veränderungswünsche im Regelfall geringere Ertragsaussichten. Dies ruft selbstredend den Widerstand der betroffenen Unternehmen hervor, die sich insbesondere darauf stützen werden, Weltmarktkonkurrenten könnten mangels entsprechender Auflagen sehr viel preiswerter produzieren. Soweit dieser Hinweis nicht bereits im Normsetzungsprozeß Berücksichtigung fand, sieht sich die Verwaltung nunmehr in der Lage, bei korrektem Gesetzesvollzug Arbeitsplätze zu gefährden: Wird im Ausland tatsächlich billiger produziert, steht zu erwarten, daß die innerstaatlichen Betriebsstätten in absehbarer Zeit aufgelöst werden und die Produktion im weniger kostenträchtigen Ausland fortgesetzt wird.

Nun sind die Dinge glücklicherweise ein Stück komplizierter als in diesem Modell. Für die Standortentscheidung eines Unternehmens sind sehr viele Faktoren von Bedeutung, so daß technikbezogene Auflagen für sich allein kaum je den Ausschlag geben werden. Auf der anderen Seite besteht im hier interessierenden Bereich die Besonderheit, daß Informationstechnologien universelle Bedeutung besitzen. Während „lästige“ Staatsinterventionen im Bereich Chemie, Mikrochipproduktion, Nukleartechnik immer nur eine ganz bestimmte Gruppe von Unternehmen betreffen, gehen staatliche Vorgaben hier die gesamte Wirtschaft an. Unterstellen wir den fiktiven Fall, der Staat würde verbindlich vorschreiben, daß Betriebsdatenerfassung nur mit Systemen erfolgen dürfe, die nicht mit den von der Personalabteilung benutzten Computern kompatibel sind:[15] Es gehört nicht übermäßig viel Phantasie dazu, sich den Sturm der Entrüstung vorzustellen. Das Verweigerungspotential der Unternehmer ist außerordentlich groß, zumal in einer solchen Konstellation durchaus auch mit einem konzentrierten Handeln gegen derlei „Staatsdirigismus“ zu rechnen wäre. Angesichts dieser Tatsachen auf die „Selbststeuerungskräfte“ der Unternehmen zu vertrauen [16], bedeutet, die staatliche Steuerung von vornherein auf solche Ziele zu beschränken, deren Realisierung die Gewinnerwartungen nicht schmälert. Das bedeutet im Normalfall nicht Gestaltung, sondern Kapitulation.

Der uneinheitliche Staat als Adressat von Forderungen

Entgegen der obrigkeitsstaatlichen Tradition, aber auch entgegen allzu vordergründigem Umgang mit Marx stellt der Staat keine homogene, nach einheitlichen Grundsätzen handelnde Größe dar. Schon im Bereich der Ministerialbürokratie macht man die Erfahrung, daß das eine Ministerium eine bestimmte Auffassung, das andere die genau gegenteilige besitzt und beide den Versuch unternehmen, ihre Position durchzusetzen. Auch in anderen größeren Organisationen läßt sich hin und wieder Vergleichbares konstatieren; so haben bestimmte Abteilungen gewerkschaftlicher Vorstandsverwaltungen bisweilen nicht ganz zu Unrecht den Ruf, „rechts" oder „links" zu sein. Eindrücke dieser Art schließen es keineswegs aus, daß es übergeordnete Organisationsziele gibt, die von allen Beteiligten respektiert werden. Sie pflegen jedoch einen relativ hohen Abstraktionsgrad zu besitzen; die Aussage des Kommunistischen Manifests, die moderne Staatsgewalt sei nur ein Ausschuß, der die gemeinschaftlichen Geschäfte der ganzen Bourgeoisklasse verwaltet [17], mag hierfür als Beispiel stehen.

Offen bleibt damit, wer die Konkretisierung vornimmt, wie groß die Spielräume sind, die innerhalb des allgemeinen Rahmens verbleiben. Hier kann es beispielsweise einen ganz wesentlichen Unterschied machen, ob eine Entscheidung von parlamentarischen Gremien zu treffen ist, die sich öffentlicher Kritik ausgesetzt sehen und die um ihre Wiederwahl fürchten müssen, oder ob eine Entscheidung im „Dickicht" der Ministerialbürokratie oder ob sie schließlich bei den Gerichten fällt, deren letztinstanzliche Erkenntnisse gemeinhin als kaum mehr revidierbar angesehen werden. Es ist hier nicht der Ort, daraus im einzelnen für eine bestimmte Handlungsstrategie Konsequenzen zu ziehen. Zunächst geht es nur um die vergleichsweise bescheidene Feststellung, daß sich hinter „staatlicher" Techniksteuerung sehr Unterschiedliches verbergen kann und daß bei der Konzipierung von Forderungen auch zu beachten ist, an welchen Teil der Staatsgewalt man sich wendet und wie dessen Freiheiten und Restriktionen beschaffen sind.[18]

Technikgestaltung durch Verweigerung von Akzeptanz?

Das Prinzip

Jede Neuentwicklung von Verfahren oder Produkten muß einen Käufer finden. Der Markt ist als solcher unerbittlich – die Abstimmung mit dem Geldbeutel kann nicht weniger wichtig sein als die an der Wahlurne.

Die Haltung potentieller Käufer kann durch viele Faktoren beeinflußt sein. Der Gebrauchswert des angebotenen Gegenstands kann – bezogen auf den Preis – zu gering oder die Ware mit Nebenfolgen belastet sein, die einen bitteren Beigeschmack besitzen und deshalb die konkrete Nützlichkeit erheblich reduzieren. Besteht etwa der Verdacht, daß jede Nutzung von Informationssystemen gespeichert wird, daß etwa das (elektronische) Blättern im Versandhauskatalog und der mehrmalige Abruf eines Video-Trivialfilms festgehalten werden, so kann dies dazu führen, daß man von solchen Dingen eher die Finger läßt. Weiß ein Arbeitgeber, daß eine bestimmte Software für ein Personalinformationssystem oder bestimmte Bildschirmgeräte den engagierten Widerspruch des Betriebsrats hervorrufen, wird er geneigt sein, auf weniger kontroverse Produkte auszuweichen.[19]

Nun wäre es freilich ein wenig vordergründig, wollte man nur derlei erfolgreiche Fälle von Konsumentensouveränität sehen. Diese versagt jedenfalls dann, wenn es auf der Angebotsseite im Grunde keine Alternativen gibt. Sind etwa die Produkte sämtlicher Anbieter weniger haltbar als sie dies nach dem Stand der Technik sein könnten (geplanter Verschleiß), so ist der Abnehmer machtlos. Erst recht gilt dies, wenn in bezug auf bestimmte dringend benötigte Waren ein Monopol besteht – würden etwa bestimmte Fernsehsendungen, die wie Fußballübertragungen zum Alltagsleben gehören, nur noch von privaten Sendern angeboten, könnte dies auch solche Bürger zum Kabelanschluß veranlassen, die diesem sonst eher skeptisch gegenüberstehen. Neben solchen objektiven Zwängen sieht sich der einzelne auch mehr oder weniger subtiler subjektiver Beeinflussung ausgesetzt; die Werbung hat nicht zuletzt den Sinn, Akzeptanz zu schaffen, die Käuferpräferenzen an das Angebotsspektrum anzupassen. Beliebiges läßt sich auf diesem Weg allerdings nicht erreichen. Die Tatsache, daß beispielsweise das Btx-System in der Bundesrepublik sehr viel weniger Interessenten findet als in Frankreich, verweist darauf, daß auch die Marketing-Strategen an bestimmte Grenzen stoßen.[20]

Von dieser marktbezogenen ist die gesellschaftliche Akzeptanz zu unterscheiden. Das Beispiel der Nukleartechnik macht deutlich, daß es Konstellationen geben kann, in denen die Abnahme der Leistung durch den Markt nicht ausreicht. Ist durch eine Technik ein weiter Kreis von Personen betroffen, ist die Steuerungsfunktion des Marktes im Grunde überfordert. Werden Gefahren für die eigene Existenz wahrgenommen, kommt es zu Reaktionen im politischen Bereich. Je nach Intensität der Ablehnung können sie zu Gerichtsverfahren und öffentlicher Kritik, aber auch zum Verbot einer bestimmten Technik (Zwentendorf) oder zu Sabotageakten führen.

Die flächendeckende Einführung von Informationstechnologien kann eine ähnliche Situation schaffen. Die Gefahr des „Überwachungsstaats" und der Austrocknung zwischenmenschlicher Beziehungen[21] kann zu Protestbewegungen führen, die sich die Verletzbarkeit der Informationsgesellschaft zunutze machen.[22] Eine vergleichsweise kleine Gruppe von „systemkritischen" Hackern kann möglicherweise das Funktionieren erheblicher gesellschaftlicher Bereiche beeinträchtigen. Von daher besteht ein weit über die Abnahmebereitschaft potentieller Kunden hinausgehender Bedarf an Akzeptanz. Sie zu erhöhen oder zu verringern läuft daher auf eine eminent politische Steuerung hinaus, die allerdings wenig mit dem Medium „Recht" zu tun hat.

Gefahren für die Akzeptanz von IuK-Technologien

Niemand kann mit Sicherheit prognostizieren, wie die Reaktion der Bevölkerung einschließlich aktiver Minderheiten auf die Informatisierung des gesellschaftlichen Lebens sein wird. Eine Reihe von Faktoren sprechen allerdings dafür, daß eine lineare Fortsetzung der bisherigen Entwicklung zu erheblichen Problemen führen wird. Ich beschränke mich auf drei Bereiche, die bisher eher im Hintergrund stehen.

Die heutige betriebliche Realität ist neben der offiziellen, auf Recht und Hierarchie beruhenden Struktur durch zahlreiche informelle Handlungsspielräume gekennzeichnet[23]: Auch als Arbeiter an der Maschine kann man hin und wieder eine inoffizielle Verschnaufpause machen, als Angestellter kann man mal ein (stillschweigend geduldetes) privates Telefongespräch führen, man kann sich die Arbeit erleichtern, indem man quer zu den Geschäftsverteilungsplänen mit Kollegen aus anderen Abteilungen kommuniziert und dort beispielsweise die nötigen Informationen oder Arbeitsmittel erhält. Die Bedeutung dieser „informellen Strukturen" wird nicht zuletzt daran deutlich, daß es eine Kampfform des „Dienstes nach Vorschrift" gibt, die die Arbeit auf das beschränkt, was die formalen Strukturen erfordern.

Die Einführung von Informationstechnologien tendiert nun dazu, genau diese informellen Spielräume zu beseitigen. Die Betriebsdatenerfassung kann dazu genutzt werden, selbst kleinste Arbeitspausen transparent zu machen, die moderne Telefonanlage zeichnet die Zielnummer auf und gibt so die Möglichkeit, den dienstlichen Charakter eines Gesprächs zu überprüfen.[24] Die präzise Steuerung des Materialflusses macht es schließlich überflüssig, bestimmte Probleme im Wege der (den Alltag auflockernden) Improvisationen zu lösen.

Viele Arbeitgeber haben erkannt, daß die Ausschöpfung des Kontrollpotentials der neuen Systeme zu kontraproduktiven Effekten führen würde. Würde dem einzelnen effektiv das letzte Stück eigener Dispositionsfreiheit genommen, müßte er sich für jede Pause und jedes Gespräch rechtfertigen, würde die Verdrossenheit drastisch zunehmen, müßte nicht selten von „innerer Kündigung" gesprochen werden. Ob die Vernunft auf Arbeitgeberseite zu einer allgemeinen Erscheinung wird, vermag niemand zu sagen. Naheliegend ist allerdings, daß zumindest einige informelle Spielräume abgebaut werden und sich so die Akzeptanz des Neuen verringert.

Zum zweiten reagieren Menschen bisweilen außerordentlich allergisch, wenn sie das Gefühl haben, in ihrer außerbetrieblichen, privaten Existenz überwacht zu werden. Viele sehen hier das „eigentliche Leben", mit dem sie sich identifizieren, das „in Ordnung sein" soll, von dem man seelische Ausgeglichenheit erwartet. Entsprechend heftig sind die Reaktionen auf Störungen; familien- und erbrechtliche Streitigkeiten werden meist mit größerer Erbitterung als Auseinandersetzungen am Arbeitsplatz geführt.[25] Sieht man nun das Risiko, auch in diesem Bereich nicht mehr tun und lassen zu können, was man will, weil – überzogen formuliert – der Große Bruder zuschaut, so ist Widerstand angesagt. Zurückgeworfen zu werden auf einen Zustand, wo – wie auf dem Dorf – jeder alles über jeden weiß, erscheint als erschreckende Perspektive.

Schließlich kann die Informationsgesellschaft auch zu einer Homogenisierung und Standardisierung von Lebensverhältnissen führen. Dies ist im vorliegenden Zusammenhang insofern von Bedeutung, als die grundsätzliche Bejahung der bestehenden Gesellschaftsordnung durch die weit überwiegende Mehrheit aller Bürger wohl auch damit zusammenhängt, daß dem einzelnen eine sehr individuelle Lebensplanung möglich wird. Für nicht wenige besteht die effektive Möglichkeit, sich der herrschenden Aufstiegsorientierung zu entziehen und alternative Lebensformen zu praktizieren. Unsere Gesellschaft kennt zahlreiche „Nischen", wo jeder nach seiner Façon selig werden und „sich ganz gut einrichten kann". Darin liegt vermutlich die Hauptursache dafür, daß alle Kritik an bestehenden „Mißständen" von der Arbeitslosigkeit bis zur Zerstörung der natürlichen Lebensgrundlagen nicht dazu führt, daß die „Systemfrage" ernsthaft gestellt wird. Würde an diese „Nischen" gerührt, müßte man mit relevanten Personengruppen rechnen, die „Computerviren" als politisches Kampfmittel einsetzen.

Organisiertes und unorganisiertes Bewußtsein

Wie die genannten Faktoren wahrgenommen und verarbeitet werden, welche Anforderungen man an das Leben in der Informationsgesellschaft stellt, steht nicht ein für allemal fest. Wie bei Lohnhöhe und Arbeitsbedingungen gibt es insoweit ein historisches und moralisches Element –

nationale Tradition und Bewußtseinshaltungen, sicher auch Zufälle führen zu höherer und geringerer Sensibilität gegenüber den Gefahren der Informationstechnologien. Der unterschiedliche Entwicklungsstand des Datenschutzes in den verschiedenen Ländern dokumentiert dies schon heute.[26] Aufklärungsarbeit über neue Techniken ist daher von ganz entscheidender Bedeutung. Ein bestimmtes herrschendes Bewußtsein beeinflußt auch die politischen Parteien. Erkennen sie, daß Untätigkeit und Konzeptionslosigkeit im Bereich Informationstechnologien zu einem Wählerschwund führen, besteht zumindest die Chance, daß sie ihr Verhalten ändern, daß sie auf den Staatsapparat jenen Druck ausüben, den dieser benötigt, um mit den Schwierigkeiten der Techniksteuerung fertigzuwerden. Besser als ein solches Modell der flexiblen Reaktion ist es freilich, wenn Parteien die Gestaltung von Informationstechnologien als eigenes Problem begreifen, dem nicht nur in der Programmatik, sondern auch im praktischen Tun zu Leibe gerückt wird.

Der Sonderfall: Technikgestaltung durch Gewerkschaften

Wenn abschließend auf die Handlungsmöglichkeiten von Gewerkschaften eingegangen werden soll, so aus einem doppelten Grund. Zum einen fassen Gewerkschaften Personen zusammen, die von bestimmten Technikanwendungen unmittelbar betroffen sind. Die Tatsache, daß viele Mitglieder gleichermaßen ihre Arbeitsplätze und ihre Qualifikation gefährdet sehen und eine Totalüberwachung am Arbeitsplatz befürchten, schafft günstige Voraussetzungen für Abwehr- und Umgestaltungskonzepte. Akzeptanzverweigerung kann in gewissem Umfang gesteuert werden; sie ist jedenfalls nicht allein auf die Naturwüchsigkeit individuellen Bewußtseins angewiesen. Zum zweiten besitzen die Gewerkschaften in Form des Tarifvertrags und – vermittelt über die Betriebsräte – durch das System der institutionellen Mitbestimmung ein spezifisches Handlungsinstrumentarium, das sich auch für die Gestaltung der Technik nutzen läßt.

Die deutschen Gewerkschaften haben sich bislang nie als fundamentale Technik-Kritiker oder gar als Maschinenstürmer verstanden. Dies hängt wohl nicht allein damit zusammen, daß sie auch die „Rationalisierungsgewinner“ organisieren. Vielmehr kommt darin die jahrzehntealte Erfahrung zum Ausdruck , daß der technische Wandel im ganzen gesehen zu einer Erhöhung des Lebensstandards geführt hat und damit auch den Arbeitnehmern nützte. Der Schwerpunkt gewerkschaftlicher Gestaltung lag und liegt unter diesen Umständen auf der Bewältigung der sozialen Folgen. Dies zeigt sich nicht zuletzt daran, daß Tarifverträge bislang fast nur Rahmenbedingungen für den Technikeinsatz aufgestellt haben – wird etwa ein genereller Kündigungsschutz oder die Beschränkung der Bildschirmarbeit auf vier Stunden täglich vereinbart, so läßt dies die Technik als solche unberührt: Lediglich die Auswirkungen auf die Beschäftigten werden in bestimmter Weise reglementiert. Eine größere „Techniknähe“ weisen jene Betriebsvereinbarungen auf, die die Kontrolle durch Informationssysteme betreffen. § 87 Abs. 1 Nr. 6 BetrVG gibt dem Betriebsrat die Möglichkeit, bestimmte Anwendungsformen von Technik zu verhindern.[27] Inwieweit davon effektiv Gebrauch gemacht wird, hängt von vielen Faktoren einschließlich betrieblicher Machtverhältnisse, Vorkenntnisse der Betriebsratsmitglieder usw. ab. Immerhin liegt hier ein Einfallstor für ein Stück gesellschaftlicher Selbststeuerung des Technikeinsatzes.

Man kann sich selbstredend die Frage stellen, warum die tariflichen und betrieblichen Rahmenbedingungen für die Einführung neuer Technologien im Grunde recht „sanft" ausgefallen sind. Eine Ursache liegt sicherlich in der Massenarbeitslosigkeit, die die Kampfkraft der Gewerkschaften schwächt: Viele Mitglieder haben Angst um ihren Arbeitsplatz und könnten jederzeit durch einen Arbeitslosen ersetzt werden. Dies allein erklärt freilich nicht alles, kann insbesondere nicht plausibel machen, weshalb einerseits beträchtliche Erfolge im Bereich Lohn und Arbeitszeitverkürzung erreicht wurden, während andererseits die Technikgestaltung kaum ernsthaft angegangen wurde. Die Hauptgründe scheinen mir in der Tradition wie in konzeptionellen Problemen zu liegen.

Nach deutscher Tradition verstehen sich die Gewerkschaften nicht als Gegenspieler des Staatsapparats, den sie – etwa durch Streiks – unter Druck setzen könnten. Politik ist vielmehr grundsätzlich Sache der Parteien, an Parlament und Regierung wird nur appelliert. Dies hat zur Folge, daß die in der staatlichen Bürokratie getroffenen Entscheidungen über die Förderung bestimmter Technologien außerhalb des gewerkschaftlichen Interessenhorizonts bleiben. Dazu kommt, daß auch Unternehmerentscheidungen herkömmlicherweise nicht in Tarifverträge einbezogen werden; der Weg zu den Direktionsetagen soll über die Mitbestimmung in den Aufsichtsräten laufen. Beides ist kein Dogma, aber es ist im Bewußtsein auch vieler Mitglieder tief verankert.

Die konzeptionelle Schwierigkeit liegt darin, sich einen besseren, sozial verträglicheren Einsatz der Technik nicht nur abstrakt, sondern konkret vorzustellen. Man müßte im Grunde eine Art „Gegenforschung" installieren, einen „braintrust", der humane Formen der Technik entwickelt. Die für Forschung und Entwicklung aufgewandten 52 Mrd. DM[28] müßten völlig anders verteilt werden – ein geradezu gigantisches Vorhaben, wobei noch völlig ungeklärt ist, woher eigentlich innerhalb weniger Jahre eine zureichende Zahl von arbeitnehmerorientierten Forschern kommen sollte. Solange sich hier jedoch nichts ändert, ist das Nachdenken über Alternativen durch betriebliche Gruppen dem Kampf eines Amateurvereins gegen einen Bundesligisten vergleichbar. Wissenschaftlicher ausgedrückt: Ohne grundsätzliche Änderung der politischen Machtverhältnisse läßt sich die Richtung der Technologieentwicklung nicht verändern, läßt sich gewinnorientierte nicht durch menschenorientierte Technologie ersetzen.[29] Solange diese Bedingung nicht erfüllt ist, geht es im Grunde immer nur um ein Stück Korrektur der Technik im Hinblick auf elementare menschliche Bedürfnisse. Was erreichbar ist, sind einzelne „negatorische" Erfolge, ist das Verbot bestimmter als besonders sozialschädlich erkannter Technikanwendungen.

Eine auf soziale Korrekturen beschränkte Technikgestaltung läßt sich eher mit deutschen Traditionen und den vorhandenen Machtverhältnissen vereinbaren. Auch sie steht freilich vor dem großen Problem, daß sich soziale Auswirkungen mit Sicherheit immer erst dann feststellen lassen, wenn eine Technik bereits realisiert ist und so Millionen, wenn nicht Milliarden ausgegeben wurden. Nachträgliche Korrekturen haben es unter solchen Umständen schwer.[30] Auch das Recht hat so gut wie nie eine Chance, den Wettlauf mit der Technik zu gewinnen.[31] Umso wichtiger ist es, nicht nur auf staatliche Gestaltung zu bauen, sondern das Bewußtsein für bessere und humanere Formen von Technik zu entwickeln: Die Gefahr, am Markt vorbei zu produzieren, wird auf zahlreichen Direktionsetagen erheblich mehr Wirkung entfalten als eine mögliche staatliche Auflage. Auch Gewerkschaften können ihren Teil dazu beitragen, daß sich im öffentlichen Bewußtsein strengere Maßstäbe für die Akzeptanz von Technik durchsetzen.

[1] Grundlegend *Teubner/Willke,* ZRSoz 6 (1984), S. 4 ff. — [2] Die mangelnde empirische Absicherung der Konzeption vom reflexiven Recht kritisiert zu Recht *Ronge:* Funktionale Äquivalente zum Recht. In: Görlitz-Voigt (Hrsg.): Jahresschrift für Rechtspolitologie, Bd. 1: Grenzen des Rechts. Pfaffenweiler 1987. S. 104. — [3] Zu sozialen Veränderungen außerhalb der Sphäre staatlich initiierten Rechts siehe *Däubler:* Zur Rolle des Rechts in Reformprozessen. In: Greiffenhagen (Hrsg.): Zur Theorie der Reform. Heidelberg/Karlsruhe 1978. S. 191 ff. — [4] Zutreffend beschrieben bei *Zöllner,* AcP 188 (1988), S. 11. — [5] Dazu etwa *Podlech:* Unter welchen Bedingungen sind neue Informationssysteme gesellschaftlich akzeptabel? In: Steinmüller (Hrsg.): Verdatet und vernetzt. Frankfurt/M. 1988. S. 118 ff. — [6] Zur Demokratisierung der Expertenherrschaft siehe etwa *Däubler-Gmelin:* Freiheit – Teilhabe – Recht. In: Dies./Adlerstein (Hrsg.): Menschengerecht. 6. Rechtspolitischer Kongreß der SPD. Heidelberg 1986. S. 83. — [7] §§ 49 bis 55 Strahlenschutzverordnung vom 13. Oktober 1976, BGBl I S. 2905. — [8] § 15 Arbeitsstättenverordnung vom 20. März 1975, BGBl I, S. 729. — [9] Dazu *Winter* (Hrsg.): Grenzwerte. Göttingen 1987. — [10] Überlegungen dazu bei *Däubler,* ZRP 1986, S. 47. — [11] So wird beispielsweise unterstellt, daß Terroristen in bestimmter Weise bewaffnet sind und daß der „Widerstandszeitwert" der baulichen Anlagen auf dieser Grundlage zum Beispiel 60 Minuten beträgt. Der Fall, daß Terroristen mit Granatwerfern ausgerüstet sind, wird bei der Risikovorsorge im Kernkraftwerk nicht berücksichtigt, die daraus folgenden Risiken sind nicht einkalkuliert, etwa nach dem Motto: Das ist nicht nur verboten, das darf überhaupt nicht passieren. — [12] Das konstatieren auch *Teubner/Willke* (Anm. 1), S. 10. Einen Überblick über die Anfänge der Futurologie im nachrevolutionären Rußland gibt *Bestuschew-Lada:* Die Welt im Jahr 2000. 2. Auflage Freiburg 1986. S. 12 ff. — [13] *Saladin/Leimbacher:* Mensch und Natur: Herausforderung für die Rechtspolitik. In: Däubler-Gmelin/Adlerstein (Anm. 6), S. 217. — [14] Vgl. dazu auch *Brohm:* Polyzentrische Steuerung durch das Recht. In: Görlitz-Voigt (Hrsg.) (Anm. 2), S. 31 ff. — [15] Zur informationellen Gewaltenteilung im Betrieb, die auch auf andere Weise (etwa über Zugriffsrechte) realisiert werden kann, siehe *Däubler:* Gläserne Belegschaften? Datenschutz für Arbeiter, Angestellte und Beamte. Köln 1987. S. 101 ff. — [16] Vgl. *Ladeur:* Umweltrecht und technologische Innovation (Ms.). Bremen 1988. S. 21: Mobilisierung der Selbsterneuerungsfähigkeit von Unternehmen im Umweltrecht. — [17] MEW Bd. 4, S. 464. — [18] In der arbeitsrechtlichen Diskussion wird etwa die Frage eingehend erörtert, inwieweit es sinnvoll ist, gewerkschaftliche Rechtsforderungen an die Judikative zu richten. Dazu *Wolter:* Für ein besseres Arbeitsrecht, Hamburg 1986. Im hier interessierenden Zusammenhang ist insbes. auf den Beitrag von *Brohm* (Anm. 14) zu verweisen. — [19] Vgl. auch *Ronge* (Anm. 2), S. 111, der von der Mobilisierung von Marktinteressen spricht. — [20] Vgl. *Kubicek:* Mit integrierten Fernmeldenetzen auf dem Weg in die „post"-industrielle Gesellschaft? DBW 47 (1987), S. 456, der darauf hinweist, daß die Datenübertragungsdienste Datex-L und Datex-P wegen geringer Teilnehmerzahlen weniger als 40 Prozent Kostendeckung erbringen. — [21] Dazu *Kubicek* (Anm. 20), S. 464 mwN. — [22] Dazu *Pordesch:* Der Beitrag der Telekommunikation zur Verletzlichkeit der Gesellschaft, Projektgruppe verfassungsverträgliche Technikgestaltung, Arbeitspapier Nr. 6. Darmstadt September 1987. — [23] Dazu *Dombois,* Leviathan 1980, S. 375 ff. — [24] Zur (Un-)Vereinbarkeit der Zielnummernerfassung mit Art. 10 GG siehe *Däubler* (Anm. 15), S. 220 ff. — [25] Diese Einschätzung beruht auf – zugegebenermaßen nicht repräsentativen – Erfahrungen des Verfassers bei der Beratung von Rechtsuchenden; menschliche Niedertracht taucht als Vorwurf an den Gegner typischerweise nur im Familien- und Erbrecht auf. — [26] Übersicht bei *Bergmann:* Grenzüberschreitender Datenschutz. Baden-Baden 1985. S. 101 ff. — [27] Vgl. *Däubler* (Anm. 15), S. 222 ff. — [28] Zahlenangabe nach *Schneider, R.:* Technologie. In: Kittner (Hrsg.): Gewerkschaftsjahrbuch 1986. Köln 1986. S. 220. — [29] Näher dazu *Däubler,* ZRP 1986, S. 42 ff. — [30] Zur Unbestimmtheit der Folgen der geplanten Netze der Bundespost siehe *Kubicek* (Anm. 20), S. 453. — [31] Richtig BVerfGE 49, 89, (135): Die Rechtsordnung hinkt stets hinter einer weiterstrebenden technischen Entwicklung her.

Möglichkeiten verfassungsverträglicher Technikgestaltung

Alexander Roßnagel, Darmstadt

Die Analysen des zweiten Teils dieses Buchs haben gezeigt, daß viele künftig zu erwartende Nutzungsformen der Informations- und Kommunikations(IuK)-Technik die Bedingungen, Freiheit und Demokratie, Machtbegrenzung und sozialstaatlichen Schutz zu verwirklichen, verschlechtern dürften. Die befürchteten Entwicklungen sind jedoch keineswegs unausweichlich. Sie sind nur dann wahrscheinlich, wenn keine Gegenkräfte mobilisiert und keine Gegenstrategien eingeleitet werden. Wie diese aussehen könnten, soll anhand einiger Probleme verfassungsverträglicher Technikgestaltung angedeutet werden.

Gelingt es rechtlicher Techniksteuerung nicht, die Technikentwicklung in verfassungsverträgliche Bahnen zu lenken, besteht nicht nur die Gefahr, daß die Verwirklichungsbedingungen für Verfassungsziele nachteilig verändert werden. Darüber hinaus kann von technischen Veränderungen ein starker Zwang ausgehen, das Recht der veränderten Wirklichkeit anzupassen. Mit den Realisationsbedingungen gingen gleichzeitig auch die normativen Maßstäbe verloren, an denen gemessen der Verlust von Freiheit und Demokratie überhaupt erst als ein solcher bemerkt werden kann. Die Analyse dieser Gefährdungen basiert allerdings weitgehend auf der Annahme, daß die Formen der Techniknutzung vor allem von den herrschenden Interessen und bestehenden Strukturen bestimmt werden. In dem Maße, wie es künftig gelingt, diese zu verändern und jene zu begrenzen, entstehen Chancen, die sozio-technischen Systeme so zu gestalten, daß ihre Risiken für Verfassungsziele gemindert werden und ihre Vorteile für die Ausübung von Grundrechten zum Tragen kommen.

Gestaltungsmöglichkeiten

Im Gegensatz zu den monofunktionalen Systemen der alten Technik sind die neuen Informations- und Kommunikationstechniken universell verwendbar. Während in herkömmlichen technischen Geräten das „Verwendungsprogramm" in ihrer Struktur materialisiert ist, besteht für Informations- und Kommunikationstechniken ein entscheidender Unterschied zwischen Programm und technischem Gerät: Jedes neue Programm macht aus der Hardware ein neues technisches System. Das materielle Gerät kann eine unbegrenzte Anzahl verschiedener Aufgaben erfüllen.[1] Die Informations- und Kommunikationstechnik ist daher wie keine andere Technik gestaltungsfähig und -bedürftig. Viele ihrer Verwendungsmöglichkeiten würden es auch erlauben, mit ihrer Hilfe die Verwirklichungsbedingungen für Freiheit, Demokratie, Machtbegrenzung und sozialstaatlichen Schutz zu verbessern. Es geht nicht wie bei der Atomtechnik um ein „Ja" oder „Nein", sondern um ein „So" oder „Anders" für jede einzelne Entwicklungslinie.[2] Allerdings dürfen sich solche Gestaltungsversuche nicht auf das technische System als solches beschränken, sondern müssen auch die sozialen und politischen Anwendungsbedingungen einbeziehen.

So würde etwa ein umfassendes Informationszugangsrecht zu den Datensammlungen der öffentlichen Verwaltung die Kontrolle des Verwaltungshandelns und die Informationsbasis für die bürgerschaftliche Mitwirkung an der politischen Willensbildung verbessern. Würde die durch Informations- und Kommunikationstechnik mögliche Transparenz staatlicher Willensbildung ausgenutzt, könnte dies sowohl den Freiheitsschutz fördern als auch das demokratische Engagement beleben. Informations- und Kommunikationstechnik könnte dadurch sowohl das Entwickeln politischer Alternativen als auch den Wettbewerb der Ideen fördern.[3]

Eine breit ausgebaute, nicht kommerzialisierte Informationsinfrastruktur, die jedem einen leichten und billigen Zugang zu gesellschaftlich relevantem Wissen ermöglicht, würde es dem einzelnen gestatten, „sich in einer intellektuell außerordentlich reichhaltigen Welt psychisch mobil zu bewegen" [4]. Sie würde gleichzeitig die soziale und politische Chancengleichheit erhöhen. Verbesserte und öffentlich nutzbare Möglichkeiten, Informationen zu erlangen und zu verbreiten, könnten einige Einflußunterschiede zwischen den bisher benachteiligten Interessen und den gut organisierten und mächtigen Gruppen verkürzen.[5]

Die Überwachung der Telekommunikation wäre weitgehend ausgeschlossen, wenn ihre Inhalte generell verschlüsselt und ihre Anonymität durch eine spezifische Struktur des Kommunikationsnetzes verwirklicht würde.[6] Jeder könnte im Rahmen der Fernkommunikation von seiner Meinungs- und Informationsfreiheit Gebrauch machen, ohne befürchten zu müssen, hierdurch möglicherweise einen Nachteil zu erleiden.

Die Teilung staatlicher Macht könnte mit Hilfe der Informations- und Kommunikationstechnik besser als bisher verwirklicht werden. Sie ermöglicht eine Aufteilung von Organisationseinheiten und eine Dezentralisierung von Kompetenzen, ohne daß der zusätzliche Informations- und Kommunikationsaufwand die Leistungsfähigkeit der Verwaltung beeinträchtigen muß.[7] Der wachsenden Bürokratisierung könnte durch eine Aufteilung bürokratischer Macht begegnet werden und die Freiheit der Bürger durch Verkleinerung der Machteinheiten besser gesichert werden.[8]

Die Dezentralisierung von Aufgaben, Kompetenzen und Ressourcen könnte auch die Demokratie vor Ort stärken. Die Informations- und Kommunikationstechnik erst schafft in einer hochkomplexen und interdependenten Gesellschaft wie der Bundesrepublik die notwendigen Koordinationsmöglichkeiten, um eine echte Dezentralisierung im Sinn von Autonomie und Mitentscheidung der unteren Ebenen realisierbar erscheinen zu lassen.[9] Die gezielte Verlagerung von Entscheidungszuständigkeiten verschafft der Basis eine kollektive Freiheit, die Voraussetzung für eine aktive demokratische Mitbestimmung sein kann.

Durch Einsatz von Informations- und Kommunikationstechnik könnten die individuellen und gesellschaftlichen Grundbedürfnisse weitgehend automatisch befriedigt und die gesellschaftlich notwendige Arbeit reduziert werden. Der Mensch würde von schwerer, gefährlicher und monotoner Arbeit entlastet. Die Fesseln der Arbeitsteilung könnten für die verbleibenden Tätigkeiten durch entsprechende Umstrukturierung weitgehend gelockert werden. Die mögliche Befreiung von Arbeit wäre allerdings nur dann sozial verträglich, wenn die verbleibende Arbeit und mit ihr der Anteil am gesellschaftlichen Reichtum gerecht verteilt wird.[10]

Die Erkenntnisse, die mit Informations- und Kommunikationstechniken anonym über viele soziale Bereiche gewonnen werden können, erlaubten Strategien, die statt einer individuellen Verhaltenssteuerung auf institutionelle Veränderungen zielen. Statt subjektiver Anpassung an feststehende Verhältnisse könnte Prävention auch eine Entlastung der Subjekte von Systemzwängen bewirken.[11] So könnten etwa in der Gesundheitsvorsorge die Lebens- und Gesundheitschancen der Menschen nicht nur in der Weise verbessert werden, daß individuelle Verhaltensempfehlungen gegeben werden, sondern auch dadurch, daß die in Arbeits- und Lebensbedingungen wurzelnden Krankheitsursachen erkannt, thematisiert und verändert werden.[12]

Wie aber könnten solche positiven Nutzungsformen gefördert und die in den vorherigen Beiträgen genannten Risiken vermieden werden? Wer als Antwort auf diese Frage einen Maßnahmenkatalog erwartet, verkennt, wie neu die Aufgabenstellung ist und wie vielfältig die Gestaltungsaufgaben sind. Außerdem erfordert jede Technikanwendung spezifische Gestaltungskonzepte. Daher können im folgenden die Schwierigkeiten, aber auch die Möglichkeiten, Technik verfassungsverträglich zu gestalten, nur dadurch angedeutet werden, daß einzelne grundsätzliche Probleme sozialverträglicher Techniksteuerung aufgegriffen und an ihrem Beispiel mögliche Lösungen erörtert werden.

Interessenwidersprüche

Die technische Entwicklung wird heute vor allem durch private Gewinninteressen, bürokratisches Machtbewußtsein und wissenschaftlichen Forscherdrang gesteuert. Gegenüber dieser Allianz handfester Interessen muß verfassungsverträgliche Technikgestaltung immer wieder für jedes Techniksystem eigens durchgesetzt werden. Obwohl ein Allgemeininteresse von höchstem Rang, wird es sich nicht von selbst gegen die vielen Partikularinteressen behaupten, die von der Entwicklung in die „Informationsgesellschaft“ echte oder vermeintliche Vorteile haben. Auf Selbsteinsicht und spontane Interessenvertretung zu vertrauen, ist angesichts des Tempos der ökonomisch-technischen Entwicklung, der Irreversibilität mancher Strukturentscheidungen und der Gefährdungsdimensionen zu riskant. Gegen die Dominanz ökonomischer Interessen und das Verdrängen der Risiken muß dieses Interesse institutionell verselbständigt und verfahrensmäßig verankert werden.

Verfassungsverträgliche Technikgestaltung wird folglich nur dann möglich sein, wenn die technische Entwicklung möglichst frühzeitig in institutionalisierte Verfahren einmündet, in denen die Interessen der Allgemeinheit und der Betroffenen ausreichend zur Geltung gebracht werden können. Nur dann wird es möglich sein, das Zukunftsweisende einer Technologie nicht nach ihrem Wachstumsmarkt für die private Kapitalverwertung, sondern nach ihrem Beitrag zur Lösung der großen sozialen Probleme und zur Verwirklichung der Emanzipationshoffnungen unserer Gesellschaft zu bestimmen.[13]

Technischer „Determinismus“

Wie aber kann das Kriterium verfassungsverträglicher Technikgestaltung so umgesetzt werden, daß seine Anforderungen auch in technischen Systemen realisiert werden können? Dies ist neben einer zielgerichteten Technikforschung[14] nur möglich, wenn Nutzungskonzepte nicht als die einzig mögliche Lösung dargestellt, sondern mit technischen Alternativkonzepten konfrontiert werden. Technikgestaltung ist darauf angewiesen, daß ihr statt einspuriger Problemlösungen unterschiedliche Gestaltungsmöglichkeiten geboten werden, die nach ihrer Verfassungsverträglichkeit vergleichend bewertet werden können. Dabei ist immer auch zu berücksichtigen, soziale Funktionen nicht auf die Technik zu übertragen, sondern im gesellschaftlichen Raum zu belassen. Alternativen sind auf allen Ebenen zu suchen – von der konkreten Ausgestaltung eines Arbeitsplatzes bis hin zum gesellschaftspolitischen Entwurf.

So werden derzeit etwa für den elektronischen Zahlungsverkehr unterschiedliche Systeme erprobt. Eine technische Möglichkeit sind Online-Verbindungen, mit deren Hilfe der Kunde an der „Geschäftskasse" den Kaufpreis direkt von seinem Konto an den Geschäftsinhaber überweisen kann. Eine andere Möglichkeit sind Chipkarten, in deren Mikroprozessor ein Guthaben gespeichert und an dem Kassenterminal abgebucht werden kann. Eine dritte Möglichkeit sind einmal verwendbare Wertkarten mit Magnetstreifen, wie sie bei Fotokopierern und öffentlichen Telefonapparaten genutzt werden. In der Reihenfolge der Nennung sinkt der Verdatungsaufwand und die Kontrollierbarkeit individuellen Verhaltens. Je nachdem, welche der funktional weitgehend äquivalenten Alternativen gewählt wird, könnte sich die Verfassungsverträglichkeit des elektronischen Zahlungsverkehrs erheblich unterscheiden.[15]

Die Anstrengungen müssen darauf gerichtet sein, solche historische Verzweigungssituationen für die weitere technische Entwicklung in allen Anwendungsbereichen zu identifizieren. Der Prozeß der Technikentwicklung jedenfalls bietet immer wieder ein breites Spektrum funktional-äquivalenter Alternativen und abgestufter Zwischenlösungen. Es kommt daher darauf an, diesen Prozeß so zu organisieren, daß diese Alternativen auch zum Tragen kommen können. Ihren Entscheidungsspielraum kann sich eine Gesellschaft nur erhalten oder sogar ausweiten, wenn sie sich nicht auf ein Techniksystem fixiert und sich von diesem abhängig macht, sondern technologiepolitisch neutral möglichst viele technische Alternativen fördert.

Das Tempo technischer Veränderungen

Das Tempo technischer Umwälzungen ist bereits zu schnell geworden, um die Veränderungsprozesse und ihre Wirkungen kognitiv ausreichend zu durchdringen. Das Innovationstempo wird künftig noch erheblich gesteigert. Wichtigste Voraussetzung jeder bewußten Technikgestaltung wird es daher sein, für die Analyse und Bewertung von Technikfolgen sowie die Entwicklung von Gestaltungskonzepten ausreichend Zeit zu gewinnen.

Der Prozeß der Technikumsetzung jedenfalls könnte auf ein erträgliches Maß verlangsamt werden, wenn die Öffentlichkeit und die Betroffenen – auch aus anderen Gründen – präventiv an der Kriterienwahl, der Folgenabschätzung, der Alternativenbestimmung und den Gestaltungsentscheidungen beteiligt werden. Sie müssen vor jeder gesellschaftsrelevanten technischen Neuerung ausreichend Gelegenheit haben, im demokratischen Willensbildungsprozeß informiert zu ihr Stellung zu nehmen und Alternativen zu entwickeln.

Insbesondere muß dies für großtechnische Systeme – wie die Telekommunikation oder große Datensammlungen – gelten, die aufgrund ihrer Trägheit grundsätzliche Korrekturen später kaum noch zulassen. Solange schwerwiegende Bedenken hinsichtlich der Verfassungsverträglichkeit eines Nutzungskonzepts nicht beseitigt sind, ist es besonders wichtig, alternative Entwicklungsmöglichkeiten möglichst lange offenzuhalten. Reversibilität und Korrigierbarkeit der technischen Entwicklung müssen in angemessenen Zeitfristen möglich bleiben. Riskante Systeme sollten daher erst eine zeitlich bemessene „Versuchs- und Irrtumsphase" durchlaufen.

Vollendete Tatsachen

Technikgestaltung, die erst erfolgt, wenn ein Techniksystem bereits entwickelt ist und seine Anwendung bevorsteht, kann zu spät kommen. Wenn in das Techniksystem bereits investiert wurde, läuft staatliche Techniksteuerung Gefahr, an den bereits formierten Interessen zu scheitern. Parlamentarische, betriebliche, behördliche und gesellschaftliche Technikmitbestimmung, wo sie denn möglich ist und versucht wird, erfolgt meist zu spät und bleibt daher auf gelegentliche Initiativen beschränkt.

Technische Veränderungen werden jedoch schon immer gesteuert – indem private Unternehmen und staatliche Forschungsbürokratien bestimmte wissenschaftliche Projekte fördern und andere wissenschaftliche Ansätze und Techniken vernachlässigen. Um die Verwirklichung von Verfassungszielen zu gewährleisten, kommt es darauf an, das Gestaltungskriterium der Verfassungsverträglichkeit möglichst schon im Stadium der Technikerforschung und -entwicklung zur Geltung zu bringen.[16] Denn je früher in dem Entwicklungsprozeß einer Technik ihre Steuerung einsetzt, umso größer ist ihr Gestaltungsspielraum. Sie sollte mindestens auf drei Ebenen vorgesehen werden: auf der Ebene der Gesetzgebung, der technischen Normung und der Zulassung technischer Systeme. Präventive Technikgestaltung durch gesetzgeberische Alternativenauswahl, Normung technischer Systeme und die Überprüfung ihrer sozialen und rechtlichen Folgen ist erheblich wirksamer als nachträgliche, kaum kontrollierbare Verwendungsverbote. Freiheitsschutz muß durch Ausgestaltung in die Technik inkorporiert werden. Nachträgliche Ge- und Verbote, die schwer durchzusetzen, je nach politischer Situation jedoch leicht zu ändern sind, können keinen ausreichenden Schutz gewähren.

Komplexität

Wenn sozialverträgliche Gestaltung technischer Systeme notwendig und möglich ist, so muß ihre Reichweite doch begrenzt bleiben. Zum einen ist die Wirklichkeit viel zu komplex, als daß sie einer planvollen Konstruktion nach Kriterien der Sozialverträglichkeit zugänglich wäre. Zum anderen bleibt das Wissen, das wir über die Zukunft haben können, stets hinter dem zurück, das wir haben müßten, um konstruierend zu gestalten. Die Durchsetzung der sozialen und technischen Voraussetzungen der „Informationsgesellschaft" wird ein sehr langwieriger und komplexer Prozeß sein. Niemand kann heute die vielfältigen Wechselwirkungen künftiger Technikanwendungen und heutiger Steuerungseingriffe sicher vorhersagen.

Verfassungsverträgliche Technikgestaltung sollte daher vor allem darauf zielen, Rahmenbedingungen für die Techniknutzung zu setzen. Sie kann zum einen versuchen, defensiv durch gezielte Technikauswahl und die bewußte Stärkung von Ge-

gengewichten erkannte negative Auswirkungen für die emanzipativen Gehalte des Grundgesetzes zu schwächen und deren notwendige Verwirklichungsbedingungen zu erhalten. Wenn aber der rasante Veränderungsprozeß die Gesellschaft bis in ihre Grundlagen hinein erfaßt, können die Voraussetzungen, Verfassungsziele zu realisieren, oft weniger dadurch gesichert werden können, daß – letztlich wohl vergeblich – versucht wird, an den gegebenen gesellschaftlichen Verhältnissen festzuhalten. Außerdem sind diese Verhältnisse den Zielen des Grundgesetzes auch nicht immer förderlich. Vielmehr wird die Bewahrung ihres emanzipativen Gehalts vielfach nur durch eine Politik möglich sein, die bewußt auf gesellschaftliche Veränderungen zielt. Verfassungsverträgliche Technikgestaltung muß daher zum anderen versuchen, aktiv die Rahmenbedingungen so zu gestalten, daß technische Systeme möglichst betroffenen-transparent, kontrollfreundlich, arbeitsunterstützend, nicht arbeitsersetzend, bedienungsfreundlich und billig sind.[17] Ziel einer aktiven Veränderungsstrategie muß es sein, die Möglichkeiten der Informations- und Kommunikationstechnik zu nutzen, individuelle und demokratische Freiheitsspielräume zu erweitern und die Begrenzung und Kontrolle staatlicher und wirtschaftlicher Macht zu effektivieren.

Ungewißheit künftiger Technikfolgen

Die Beschränktheit unseres Wissens um künftige Technikrisiken und um nützliche Anwendungen begrenzt nicht nur die Reichweite bewußter Techniksteuerung, sondern kann sie sogar ausschließen. Die sozialen Auswirkungen eines Technik-Systems können nur für einen sehr kurzen Zeitraum relativ sicher vorhergesagt werden. Sind die künftigen Folgen klar erkennbar, ist es für gestalterische Maßnahmen jedoch meist zu spät. Technikgestaltung kann daher nie auf die letzte Gewißheit sozialer Technikfolgen warten. In einem dynamischen, komplexen und von Ungewißheit geprägten Handlungsfeld wie der Entwicklung der Informations- und Kommunikationstechnik muß sie ein gewisses Risiko in Kauf nehmen, durch Steuerungseingriffe letztlich auch negative Effekte zu erzielen.

Wenn die Konturen der „Informationsgesellschaft“ erst im Laufe der Zeit erkannt und bewertet werden können, müssen wir vor allem die Lernfähigkeit der Gesellschaft erhalten. Die Strukturen und Formen künftiger Nutzungskonzepte werden in langwierigen und weitverzweigten Entscheidungsprozessen gestaltet. In diesen kann die Ungewißheit über die Folgen der Techniknutzung im Zeitablauf nur nach und nach aufgehoben werden. Die Entscheidungsstrukturen müssen daher auf allen Ebenen so gestaltet werden, daß die Gesellschaft, die Behörden, die Unternehmen und die Betroffenen aus der Entwicklung lernen und diese jederzeit korrigieren können. Technikgestaltung hat daher vorrangig darauf zu achten, daß die Zukunft offenbleibt und Entscheidungen rückgängig gemacht werden können. Sie muß versuchen, die Abhängigkeit von Informations- und Kommunikationstechnik zu verringern und Substitutionsalternativen zu erhalten.

Beispielsweise darf Gesetzgebung nicht mehr auf eine abgeschlossene Kodifikation eines allgemeinen Verhaltensmodells zielen und sich in einer einmaligen gesetzgeberischen Entscheidung sowie gelegentlichen Novellierungen erschöpfen. Der Dynamik und Komplexität der Entwicklung in die „Informationsgesellschaft“ entsprechen nur solche Entscheidungsmodelle, die nicht zu punktuell reduzierten Entscheidungen führen, sondern einen der

Entscheidungsmaterie ähnlich komplexen und dynamischen Entscheidungsprozeß organisieren.

Die notwendige Lernfähigkeit des Gesetzgebers[18] muß allerdings systematisch gesichert und institutionalisiert werden, da soziale Erfahrungsbildung bei so komplexen und in die Zukunft reichenden Auswirkungen „spontan" nicht mehr ausreichend möglich ist. Der Prozeß eines „Nachfassens" des Gesetzgebers[19], also die Reflexivität der Gesetzgebung, bedarf der organisatorischen Unterstützung, indem in den gesetzgeberischen Prozeß der Technikgestaltung systematisch Rückkopplungsmechanismen eingebaut werden.[20] Gesetzgebung zu Hochtechnologien muß also als ein offener, auf Selbstkorrektur angewiesener Prozeß gestaltet werden, der gesellschaftliche Erfahrungen mit der Technik, Konflikte um die Technik und das jeweils vorhandene Wissen über künftige Technikauswirkungen möglichst weitgehend aufnimmt.

Um die Zukunftsoffenheit gesellschaftlicher Lernprozesse sicherzustellen, ist der Typ des „Jahrhundertgesetzes" zu ersetzen durch Sequenznormen, die die Entwicklung technischer Systeme zeitlich strukturieren. Sie sind zeitlich befristet und binden die einzelnen Entwicklungsschritte an jeweils vorangegangene Folgenanalysen und Sicherungen gegen ungewollte Folgen. Diese legislatorische Vorgehensweise ermöglicht, Fehlentwicklungen relativ schnell zu korrigieren und technische wie systemare Alternativen länger offenzuhalten. Dadurch würde zwar der Bestandsschutz riskanter Technikentwicklungen auf den Geltungszeitraum des Gesetzes beschränkt, dafür aber die politische Lern- und Handlungsfähigkeit erheblich erhöht. Nur so kann verhindert werden, daß technische Systeme ausschließlich nach privaten oder beschränkten öffentlichen Interessen entwickelt werden. Die sozialen Risiken würden nicht mehr allein auf die Allgemeinheit oder bestimmte Bürgergruppen abgewälzt, sondern auch von denen getragen, die die Sozialverträglichkeit ihrer Entwicklung behaupten.[21]

Universalität der Verwendungszwecke

Wie aber soll eine Technik gesteuert und normiert werden, die universell verwendbar ist, deren Verwendungszwecke von vornherein nicht feststehen, sondern oft erst in der ganz konkreten Anwendung – am einzelnen Arbeitsplatz – festgelegt werden? Informations- und Kommunikationstechniken sind im Gegensatz zu der bisher bekannten Technik auch nicht mehr zeit- und ortsgebunden. Sie *be*stehen nicht, sondern *ent*stehen in zum Teil vielfältigen Auswahl- und Gestaltungsprozessen, sind dynamisch, tragen Prozeß-, System- und Netzcharakter.[22]

Gesellschaftliche Techniksteuerung kann aus diesen Gründen nur wirksam erfolgen, wenn sie jeweils die spezifischen Bedingungen der Technikentwicklung und -anwendung berücksichtigt. Von Fall zu Fall können daher auch völlig unterschiedliche Regelungsstrukturen und Kontrollinstanzen erforderlich sein. Vor allem aber sind auf den verschiedenen Ebenen der Gesellschaft die jeweils Betroffenen in den Gestaltungsprozessen zu beteiligen. Werden geeignete Verfahren zur Verfügung gestellt und die Rahmenbedingungen für eine wirksame Beteiligung geschaffen, werden in vielen Fällen die Betroffenen die notwendige Diskussion über alternative Problemlösungen erzwingen und unberücksichtigte Interessen zur Geltung bringen.

Verschiedenartige Gestaltungsformen

Informations- und Kommunikationstechniken werden auf unterschiedliche Weise entwickelt, verbreitet und gestaltet. Sie breiten sich zum Teil in vielen kleinen Schritten über den Markt aus, zum Teil werden sie von Bürokratien geplant und verwirklicht. Von der völlig atomistischen „Steuerung“ durch Marktmechanismen bis hin zu zentralistischer Realisierung von Großsystemen sind alle Zwischenformen technischer Gestaltung zu finden. Selbst innerhalb eines Techniksystems können unterschiedliche Steuerungsformen zu finden sein. So werden die Telekommunikationsnetze zentral von der Deutschen Bundespost geplant, errichtet und unterhalten. Auf diesen Netzen aber können unendlich viele Anwendungen in allen Lebensbereichen abgewickelt werden, die insgesamt unüberschaubar und damit im Detail auch nicht zu steuern und zu kontrollieren sind.[23] Entsprechend unterschiedlich müssen auch die Ansatzpunkte für eine verfassungsverträgliche Technikgestaltung gewählt werden.

Die über den Markt geregelte Verbreitung von Produkten der Informations- und Kommunikationstechnik sollte weniger durch Verbote als vielmehr durch Akzeptanzbildung oder -verweigerung gesteuert werden. Wie dies geschehen kann und wie hier die Verbraucherverbände und die Gewerkschaften ihre spezifische Aufgabe wahrnehmen können, hat Däubler in seinem Beitrag gezeigt.

Als Voraussetzung marktförmiger Einführung von IuK-Produkten sollte deren verfassungsverträgliche Gestaltung auch eine genuine Aufgabe technischer Normung sein. Die vielen privaten Vereine, die technische Produkte normen, sollten auch das Allgemeininteresse berücksichtigen[24] und auf eine Technikgestaltung dringen, die freiheits- und demokratieverträglich ist. Um jedoch eine Selbststeuerung der Technik[25] auszuschließen, sind die Normungsverfahren zu demokratisieren und Verbraucher- und Arbeitnehmerinteressen verbindlich zu berücksichtigen.

Dennoch kann verfassungsverträgliche Technikgestaltung nicht allein dem Markt anvertraut werden. Vielmehr hat der Staat die notwendigen Rahmenbedingungen zu setzen, um die Interessen zu stärken, die zu einer verfassungsverträglichen Technikgestaltung beitragen könnten. Hierzu liegen bereits eine Reihe von Vorschlägen vor: Schutzregelungen und Mitbestimmungsmöglichkeiten für Konsumenten und Arbeitnehmer[26], Zulassungsverfahren für Systeme der Informations- und Kommunikationstechnik[27], ein Telekommunikationsverkehrsgesetz, das eine Anmeldungs- und Genehmigungspflicht für öffentliche und private Telekommunikationsdienste vorsieht[28] und die Einführung einer Datenabgabe, um eine möglichst hohe Dateneinsparung zu erreichen.[29]

Zentralistisch-bürokratische Steuerungsformen der Informations- und Kommunikationstechnik sind zu demokratisieren. Die Entscheidungen zum Beispiel über die künftige Infrastruktur der Telekommunikation und damit über den Weg in die „Informationsgesellschaft“ dürfen nicht von weitgehend verselbständigten Bürokratien nach „rein sachlichen“ oder „rein wirtschaftlichen“ Kriterien getroffen werden. Über sie ist nach politischen Kriterien in demokratischen Verfahren zu entscheiden. Hierfür ist ein Telekommunikationsplanungsgesetz erforderlich, das entsprechend dem Wesentlichkeitsgrundsatz des Bundesverfassungsgerichts[30] die grundrechtsrelevanten Entscheidungen dem Gesetzgeber vorbehält. Das Parlament hat dabei durch Verfahrensgestaltung die Lernfähigkeit der Gesellschaft in dem weiteren Prozeß technischer Steuerung zu sichern und zu gewährleisten, daß neben anderen Interessen auch das Kriterium der Verfassungsverträglichkeit berücksichtigt wird.[31]

Privatisierung

Wie aber kann Technik verfassungsverträglich gestaltet werden, wenn durch Deregulierung und Privatisierung öffentlicher Aufgaben Verantwortlichkeit zunehmend zerfasert und Entscheidungen verstärkt privaten Interessenkalkülen unterworfen werden? Beispielsweise will die Bundesregierung in ihrem Entwurf zur Neustrukturierung der Bundespost diese in drei organisatorisch und wirtschaftlich weitgehend verselbständigte öffentliche Unternehmen aufspalten und private Anbieter zu Telekommunikationsdiensten zulassen.[32] Sie versteht dies als einen ersten Schritt zur Deregulierung und hofft, daß gerade die Konkurrenz dezentraler Marktkräfte positive Auswirkungen für das Allgemeinwohl haben wird. Sie sieht jedoch keine Instanz vor, die mögliche Risiken für die Allgemeinheit oder einzelne, die von der künftigen Telekommunikationstechnik und ihren Anwendungen ausgehen können, rechtzeitig erkennt und ihnen durch Technikgestaltung präventiv begegnet. Trotz der Ungewißheit über die positiven und negativen Entwicklungen gibt die Bundesregierung durch ihre Maßnahmen zur Privatisierung von Telekommunikationsdiensten und ihr Zurückdrängen des politischen Einflusses auf die Deutsche Bundespost bestehende Gestaltungschancen zum Schutz der Grundrechte aus der Hand.

Als Grundvoraussetzung jeder Technikgestaltung dürfen Steuerungsmöglichkeiten jedoch in keinem Fall aufgegeben werden. Nur eine der Allgemeinheit verpflichtete Institution ist in der Lage, jenseits kurzfristiger wirtschaftlicher Interessen die notwendigen Gestaltungsmaßnahmen durchzusetzen. Soll die Gestaltung der Technik demokratischen Prinzipien folgen, sind die Möglichkeiten zur Einflußnahme auf Technikentwicklungen und Technikfolgen nicht zu privatisieren, sondern zu demokratisieren. Die Entwicklung der Informations- und Kommunikationstechnik wird sozial nur dann beherrschbar sein, wenn die Entscheidungen über technische Neuerungen nicht verselbständigten öffentlichen Unternehmen oder privaten Investoren überlassen werden, sondern die bestehenden Instrumente politischer Einflußnahme auf die Technikgestaltung erhalten und ausgebaut werden. Auch um die notwendige Lernfähigkeit der Gesellschaft zu gewährleisten, ist daher zum Beispiel nicht eine Deregulierung, sondern eine Demokratisierung der Bundespost geboten.[33]

Internationale Einflüsse

Schließlich ist zu fragen, ob Informations- und Kommunikationstechniken überhaupt noch auf nationaler Ebene wirksam gestaltet werden können, wenn der Weltmarkt weitgehend die technische Entwicklung bestimmt und wesentliche Gestaltungssentscheidungen auf der Ebene der Europäischen Gemeinschaft getroffen werden?

Die Konkurrenz auf dem Weltmarkt setzt zwar relativ enge Rahmenbedingungen für die Gestaltung der Technik. Der verbleibende Spielraum wird jedoch oft unterschätzt und der Weltmarkt gern als Argument benutzt, unliebsame Gestaltungsforderungen abzuwehren. Außerdem kann der nationale Handlungsspielraum durch gezielte politische Maßnahmen maßgeblich beeinflußt werden. Der Einfluß der Weltmarktkonkurrenz kann zum Beispiel zurückgedrängt werden, wenn der europäische und nationale Binnenmarkt stärker ausgebaut wird oder das

Schwergewicht der Konkurrenzanstrengungen von der Hardware auf die arbeitsintensive Software verschoben wird. Entscheidend wird künftig vor allem die Anwendungsreife eines Systems sein – bezogen auf die nationale Kultur, Infrastruktur, Akzeptanz und Ordnungspolitik. Gerade diese Faktoren aber können durch nationale Politik beeinflußt werden – sowohl zur Wiedergewinnung staatlicher Souveränität gegenüber Weltmarktzwängen als auch zur Sicherung von Freiheit und Demokratie.[34]

Der Europäischen Gemeinschaft wurden zwar wichtige Kompetenzen abgetreten und sie bestimmt durch Normungsaktivitäten und wirtschaftspolitische Vorgaben stark künftige Anwendungsformen der Informations- und Kommunikationstechnik. Dennoch verbleiben der Bundesrepublik im Rahmen des Gemeinschaftsrechts wichtige Regelungsmöglichkeiten, um auf eine verfassungsverträgliche Gestaltung der Technik hinzuwirken. Um zwei Beispiele herauszugreifen: Trotz der künftigen Standardisierung europaweiter Zulassungen von Endgeräten für die Telekommunikation [35] kann die Bundesrepublik etwa wegen datenschutzrechtlicher Bedenken die Zulassung verweigern, wenn diese Maßnahme verhältnismäßig ist sowie in- und ausländische Produkte gleichermaßen trifft. Die grundsätzliche Möglichkeit, private Telekommunikationsdienste anzubieten, kann in nichtdiskriminierender Form durch zwingende Allgemeininteressen nichtwirtschaftlicher Art eingeschränkt werden, wenn wiederum der Grundsatz der Verhältnismäßigkeit beachtet wird.[36] Werden diese Möglichkeiten konsequent genutzt, kann das Übergewicht wirtschaftlicher Interessen auf EG-Ebene verfassungsverträglich korrigiert werden. Darüber hinaus ist es eine Aufgabe der Bundesregierung, in der Gemeinschaft selbst auf eine freiheits- und demokratieverträgliche Technikgestaltung zu dringen.

Verfassungsverträgliche Technikgestaltung ist nötig und möglich

Das hier angedeutete Programm umzusetzen, dürfte selbst unter politisch günstigen Randbedingungen sehr schwierig sein. Die Probleme, die künftigen Folgewirkungen abzuschätzen, sie zu bewerten und schließlich zu steuern, wachsen mit jedem dieser Schritte.[37] Andererseits kann Politik, die sich dem Grundgesetz verpflichtet weiß, einer schleichenden Veränderung tragender Bestandteile des Verfassungssystems nicht tatenlos zusehen. Sie muß versuchen, die Verwirklichungsbedingungen für Verfassungsziele durch Technikgestaltung zu erhalten und zu optimieren. Nur dadurch kann sie dem Schutzauftrag des Grundgesetzes gerecht werden, „alle Anstrengungen zu unternehmen, um mögliche Gefahren (für Verfassungsziele) frühzeitig zu erkennen und ihnen mit den erforderlichen, verfassungsmäßigen Mitteln zu begegnen“ [38].

Die Notwendigkeit verfassungsverträglicher Techniksteuerung zu betonen, verringert zwar nicht die Schwierigkeiten dieser Aufgabe. Sich ihnen zu stellen, wird aber der einzige Ausweg sein, solange der Versuch einer bewußten, einer Emanzipationsidee verpflichteten Einflußnahme auf die Entwicklung der Gesellschaft nicht aufgegeben werden soll. Wer künftig in Freiheit und Demokratie leben will, wer die geschichtlich mühsam errungenen Begrenzungen wirtschaftlicher und staatlicher Macht sowie den erkämpften Schutz des sozial Schwächeren bewahren will, hat keine andere Chance, als die Technik verfassungsverträglich zu gestalten.

[1] Siehe hierzu z. B. *Bammé* u. a.: Maschinen-Menschen/Mensch-Maschinen. Hamburg 1983. S. 150; *Steinmüller:* Demokratische und soziale Informationstechnologiepolitik. In: ders. (Hrsg.): Verdatet und vernetzt. Frankfurt 1988. S. 29. – [2] Siehe hierzu auch *Kubicek:* Telematische Integration: Zurück in die Sozialstrukturen des Frühkapitalismus? In: *Steinmüller* (Hrsg.): Verdatet und vernetzt (Anm. 1), S. 93; *Steinmüller* (Anm. 1), S. 21 f., 29; ders.: Soziale Technikgestaltung bei Informationstechnologien. In: Rolf (Hrsg.): Neue Techniken Alternativ. Hamburg 1986. S. 71 ff.; *Lutterbeck:* Das Restrisiko der Informationstechnologie. In: Löwe/Schmidt/Wilhelm (Hrsg.): Umdenken in der Informatik. Berlin 1987. S. 54. – [3] Siehe hierzu z. B. *Kevenhörster:* Politik im elektronischen Zeitalter. Baden-Baden 1984. S. 352. – [4] *Haefner:* Mensch und Computer im Jahr 2000. Basel 1984. S. 169; ders., iur 1986, S. 5; ders./*Eichmann/Hinze:* Denkzeuge. Basel 1987. S. 26 ff. – [5] Siehe hierzu z. B. *Alemann/Schatz:* Mensch und Technik. Opladen 1986. S. 631. – [6] Siehe hierzu *Pfitzmann/Pfitzmann/Waidner,* DuD 1986, S. 178 ff; *Pfitzmann/Mann,* DuD 1987, S. 393 ff.; *Waidner/Pfitzmann/Pfitzmann,* DuD 1987, S. 293 ff. – [7] Siehe z. B. *Lenk,* RuF 1983, S. 253; ders.: Informationstechnik und Gesellschaft. In: Siemens AG: Chancen mit Chips. München 1984. S. 95. – [8] Siehe hierzu z. B. *Kevenhörster* (Anm. 3), S. 75, 355. – [9] Siehe hierzu *Lenk,* RuF 1983, S. 253 f. – [10] Siehe hierzu z. B. *Gorz:* Wege ins Paradies. Berlin 1984. S. 66 ff.; *Negt:* Lebendige Arbeit, enteignete Zeit. Frankfurt 1984. S. 165 ff. – [11] Siehe hierzu z. B. *Vobruba:* Prävention durch Selbstkontrolle. In: Wambach (Hrsg.): Der Mensch als Risiko. Frankfurt 1983. S. 29. – [12] Siehe hierzu z. B. den Beitrag von Hammer und Roßnagel. – [13] Siehe hierzu auch *Kubicek:* Entwicklungen und Trends nationaler und internationaler Technologiepolitik. Arbeitspapiere zu Organisation, Automation und Führung 88/3. Universität Trier 1988. S. 7. – [14] Siehe z. B. die Arbeiten von SOVT, Darmstadt, siehe hierzu z. B. *Scholz:* Datenschutz als Sozialverträglichkeitskriterium und als informationstechnisches Gestaltungsprinzip, DuD 1988, S. 117. – [15] Siehe hierzu *Kubicek* (Anm. 2), S. 88 ff. – [16] Siehe hierzu aber auch die Gestaltungsschwierigkeiten durch die Universalität der Verwendungszwecke weiter unten. – [17] Siehe auch *Steinmüller* (Anm. 1), S. 34. – [18] Siehe hierzu BVerfGE 49, 89 (132); siehe auch *Bull,* RuP 1987, S. 131. – [19] Siehe hierzu näher *Roßnagel:* Gesetzesvorbehalt für die Wiederaufarbeitung? In: ders. (Hrsg.): Rechtsprobleme der Wiederaufarbeitung. Baden-Baden 1987. S. 37 ff. – [20] Siehe hierzu *Ladeur,* ZfG 1987, S. 150; *Scherer,* DBW 1987, S. 636 sowie die Vorschläge in *Kubicek* (Anm. 13), S. 29. – [21] Siehe hierzu auch *Roßnagel:* Großtechnik und Bürgerfreiheit. Referat zum 6. Rechtspolitischen Kongreß der SPD in Essen, 20. bis 22. Juni 1986. In: Däubler-Gmelin/Adlerstein: Menschengerecht. Heidelberg 1986. S. 364 ff. und *Roßnagel/Wedde,* DVBl 1988, S. 569 ff. – [22] *Steinmüller* (Anm. 1), S. 22; siehe auch *Kubicek* (Anm. 13), S. 13. – [23] Siehe hierzu *Kubicek* (Anm. 13), S. 12. – [24] Siehe hierzu z. B. auch den Vertrag zwischen der Bundesrepublik Deutschland und dem Deutschen Institut für Normung (DIN) aus dem Jahr 1975 sowie DIN-Norm 820. – [25] Siehe hierzu z. B. *Roßnagel,* UPR 1986, S. 46 ff. mwN. – [26] Siehe z. B. *Reese:* Sozialverträgliche Technikgestaltung. In: ders./Koch/Sacher: Sozialverträgliche Gestaltung der Informationstechnik. Kassel 1988. S. 21; *Steinmüller:* Soziale Beherrschbarkeit offener Netze. ÖVD-Online 10/1985. S. 146 ff.; ders. (Anm. 1) S. 35, ders.: Rechtspolitik im Kontext einer informatisierten Gesellschaft. In: ders. (Hrsg.): Verdatet und vernetzt (Anm. 1), S. 157. – [27] Siehe z. B. *Kubicek* (Anm. 13), S. 28; *Roßnagel/Wedde/Hammer/Pordesch:* Die Verletzlichkeit der „Informationsgesellschaft". Opladen 1989. S. 252 f. – [28] Siehe *Kubicek* (Anm. 13), S. 28; *Steinmüller* (Anm. 26), S. 159. – [29] Siehe hierzu *Roßnagel:* Eine Datenabgabe als ein Instrument zur Dateneinsparung, CR 3/1989; siehe auch *Kubicek* (Anm. 13), S. 29 f. – [30] Siehe z. B. BVerfGE 49, 89 (132) mwN. – [31] Siehe hierzu näher *Roßnagel/Wedde,* DVBl 1988, S. 569 ff. – [32] Siehe BR-Drs 240/88. – [33] Siehe hierzu näher *Roßnagel/Wedde,* DVBl 1988, S. 569 ff. – [34] Siehe auch *Reese/Lange* u. a.: Die Entwicklung der Informationsgesellschaft aus der Sicht der Bundesrepublik, in: Hessendienst der Staatskanzlei (Hrsg.): Informationsgesellschaft oder Überwachungsstaat. Wiesbaden 1984. S. 55 ff.; *Steinmüller* (Anm. 1), S. 36, 39 f. – [35] Siehe z. B. die Richtlinie des Rates vom 24. Juli 1986 über die erste Phase der gegenseitigen Anerkennung der Allgemeinzulassungen von Telekommunikationsendgeräten, ABl L 217 vom 5. August 1986, S. 21. – [36] Siehe hierzu Art. 36, 86 und 90 EWG-Vertrag. – [37] Siehe hierzu näher *Roßnagel,* RuP 1987; S. 9 ff. – [38] BVerfGE 49, 89 (132); siehe auch *Bull,* RuP 1987, S. 131.

Abkürzungen

aaO	am angegebenen Ort
AcP	Archiv für die civilistische Praxis (Zeitschrift)
AFG	Arbeitsförderungsgesetz
Anm.	Anmerkungen
AO	Abgabenordnung
Art.	Artikel
AZR	Ausländerzentralregister
BetrVG	Betriebsverfassungsgesetz
BGBl	Bundesgesetzblatt
BIGFON	Breitbandiges integriertes Glasfaser-Ortsnetz
BKA	Bundeskriminalamt
BR-Drs	Bundesratsdrucksache
BT-Drs	Bundestagsdrucksache
BVerfG	Bundesverfassungsgericht
BVerfGE	Entscheidungen des Bundesverfassungsgerichts
BZR	Bundeszentralregister
CAD	Computer Aided Design
CM	Computer Magazin (Zeitschrift)
CR	Computer und Recht (Zeitschrift)
CW	Computerwoche (Zeitschrift)
DBP	Deutsche Bundespost
DBW	Die Betriebswirtschaft (Zeitschrift)
DGB	Deutscher Gewerkschaftsbund
DÖV	Die öffentliche Verwaltung (Zeitschrift)
DuD	Datenschutz und Datensicherung (Zeitschrift)
DV	Datenverarbeitung
DuR	Demokratie und Recht (Zeitschrift)
DVBl	Deutsches Verwaltungsblatt (Zeitschrift)
DVR	Datenverarbeitung im Recht (Zeitschrift)
DVS	Datenvermittlungssystem
EDV	Elektronische Datenverarbeitung
FAZ	Frankfurter Allgemeine Zeitung
Fn	Fußnote(n)
FR	Frankfurter Rundschau
GG	Grundgesetz
GKV	Gesetzliche Krankenversicherung
GRG	Gesundheitsreformgesetz
HFF	Hörfunk, Film, Fernsehen (Zeitschrift)
Hrsg.	Herausgeber
ISDN	Integriertes Text- und Datennetz
IBFN	Integriertes Breitband-Fernmeldenetz
INPOL	Informationssystem der Polizei
IR	Information Retrieval
KAN	Kriminalaktennachweissystem
KBA	Kraftfahrtbundesamt
KG	Kammergericht
KJ	Kritische Justiz (Zeitschrift)
KR	Kriminalistik (Zeitschrift)
KRG	Krebsregistergesetz
LKA	Landeskriminalamt
LSK	Landessystemkonzept
LT-Drs	Landtagsdrucksache
MEW	Marx-Engels-Werke
Ms.	Manuskript
mwN	mit weiteren Nachweisen
NJW	Neue Juristische Wochenschrift
ÖVD	Öffentliche Verwaltung und Datenverarbeitung (Zeitschrift)
PIOS	Dokumentations- und Recherchesystem Personen, Institutionen, Objekte, Sachen
PTV	Polizei, Technik, Verkehr (Zeitschrift)
Rdnr.	Randnummer
RDV	Recht der Datenverarbeitung (Zeitschrift)
RGZ	Entscheidungen des Reichsgerichts in Zivilsachen
RuF	Rundfunk und Fernsehen (Zeitschrift)
RuP	Recht und Politik (Zeitschrift)
SGB	Sozialgesetzbuch
SPUDOK	Spurendokumentationssystem
TAZ	Die Tageszeitung
UIS	Umweltinformationssystem
UPR	Umwelt- und Planungsrecht (Zeitschrift)
WAZ	Westdeutsche Allgemeine Zeitung
WSI	Wirtschafts- und sozialwissenschaftliches Institut des DGB
W+S	Wirtschaftsschutz und Sicherheitstechnik (Zeitschrift)
ZfG	Zeitschrift für Gesetzgebung
ZPI	Zentraler Personenindex
ZRP	Zeitschrift für Rechtspolitik
ZRSoz	Zeitschrift für Rechtssoziologie

E 9986 E

DM 12,–

UNIVERSITAS

Zeitschrift für Wissenschaft, Kunst und Literatur

Literatur und Friede
Siegfried Lenz, Hamburg
Am Rande des Friedens

Rechtsphilosophie
Otfried Höffe, Fribourg/Schweiz
Rechtsordnung als gerechter Tausch

Essay
Reimer Gronemeyer, Gießen
Gewalt und Zivilisation

Ästhetik
Johannes Heinz Fischer, Dortmund
Gestaltungswille und technisches Interesse

Kultursoziologie
Sigrid Paul, Salzburg/Österreich
Schwangerschaftsverhütung, Abtreibung, Kindestötung in außereuropäischen Kulturen

Spracherwerb
Willem J. M. Levelt, Nijmegen/Niederlande
Hochleistung in Millisekunden – Sprechen und Sprache verstehen

Medizin
Michael Wirsching, Gießen
Krebskranke und ihre Familien

Debatte um die Postmoderne
Wilfried Gruhn, Freiburg
Postmoderne Gesellschaft, Kultur und Künstliche Intelligenz

1
Januar 1989

Nummer 511

44. Jahrgang

Ihre Bestellung können Sie binnen einer Woche durch schriftliche Erklärung bei uns widerrufen. Zur Wahrung der Frist genügt die rechtzeitige Absendung des Widerrufs.

UNIVERSITAS,
Postfach 10 53 39, 7000 Stuttgart 10

UNIVERSITAS

Zeitschrift für Wissenschaft,
Kunst und Literatur

Senden Sie bitte je ein kostenloses Probeheft an folgende Adressen:

____

____

____

____

____

____

Abs.: s. Vorderseite — – bitte wenden –

Bitte als Postkarte freimachen

Postkarte / Carte postale

Wissenschaftliche
Verlagsgesellschaft mbH
Postfach 10 53 39

7000 Stuttgart 10